KB051098

종교개혁, 그리고 이후

500년

REFORMATION

종교개혁, 그리고 이후 500년

라은성 · 이상규 · 양희송 지음

16세기 유럽부터 21세기 한국까지

을유문화사

종교개혁, 그리고 이후 500년

16세기 유럽부터 21세기 한국까지

발행일
2017년 10월 30일 초판 1쇄

지은이 | 라은성·이상규·양희송
펴낸이 | 정무영
펴낸곳 | (주)을유문화사

창립일 | 1945년 12월 1일
주소 | 서울시 마포구 월드컵로16길 52-7
전화 | 02-733-8153
팩스 | 02-732-9154
홈페이지 | www.eulyoo.co.kr
ISBN 978-89-324-7363-5   03900

들어가는 글

2017년은 개신교[1]의 시작을 알린 마르틴 루터의 개혁 운동 원년에서 5백 년을 헤아리는 해다. 널리 알려진 이야기는 1517년 10월 31일 독일 북쪽의 비텐베르크대학교의 교회 출입문에 면죄부 판매에 반대하는 95개조의 반박문을 게시했다는 것이다. 또한 루터는 그 내용을 마인츠의 대주교 알브레히트에게도 서신으로 보냈는데, 그해 연말까지 여러 신학자들과 지식인들 사이에 회람되면서 당시 아래로부터 끓어오르던 문제의식을 폭발시키는 뇌관이 되었다. 루터는 스스로 개혁 운동의 기수를 자처한 것은 아니었으나, 다음해 연초부터 그의 글은 라틴어와 독일어로 유럽 전역에 퍼져 나갔고 그는 개혁 운동의 대변인이 되고 말았

---

1   개신교(改新教)라는 단어는 구교인 로마가톨릭교회에 대비되는 이름이다. 이에 반해 종교개혁 시기에 핍박을 받으면서도 신앙을 지켜 온 사람들을 프로테스탄트라 부른다. 이 이름은 1529년 2차 슈파이어 의회(Diet of Speyer)에서 나온 것이다.

다. 교황으로부터 파문당하고, 종교재판에 끌려나가고, 신성로마제국의 심문도 받아야 하는 상황에 놓이면서 아마도 그의 고민은 깊었을 것이다. 백 년 전 체코의 얀 후스가 어떻게 이단으로 몰려 화형을 당했는지도 잘 알려진 사실이고, 당대의 지식인들이 중세 교회의 정치적-종교적 전횡을 비판해 온 것도 이미 오래되었으니 루터 자신이 개혁의 대의를 홀로 지고 위험을 감수할 일은 아니었을 것이다. 그러나 그는 뒤로 물러서지 않았다. 과정에서의 시행착오는 있었을지언정 그 방향의 정당함에는 주저함이 없었다. 그는 교회를 분열시켰다는 집요한 비난을 받았지만 결국 지금 우리가 알고 있는 개신교 신앙을 출범시켰다. 그 개혁은 단지 교회의 변화에만 머문 것이 아니고 당대 서구 문명의 향배를 결정짓는 일이기도 했다. 그 역사가 이제 5백 년이다.

2017년 한국 사회의 현실에서 종교개혁과 그 이후의 역사를 되새겨 본다는 것은 복합적 의미가 있다. 첫째는 역사 그 자체에서 배우는 유익이 있다. 5백 주년이란 특별한 계기에 과거 사건의 역사적 의미를 새겨 보는 일은 언제나 유익이 있다. 더구나 그것이 근대를 열어젖힌 매우 중요한 사건이기도 했으니 이는 단순히 개신교인들만의 관심사는 아닐 것이다. 역사적 사건의 전후좌우 맥락을 살피다 보면 오늘날 우리의 모습이 많이 포개지고, 겹쳐 보이는 법이다. 둘째는 한국 사회와 개신교 간의 공감과 소통의 근거를 역사에서 확인하는 작업이다. 불과 얼마 전까지도 한국 사회는 역사 논쟁을 길고 숨 가쁘게 겪은 바 있다. 이참에 좀 더 긴 호흡으로 개신교 역사와 한국사, 그리고 한국 사회와의 어우러짐을 짚어 볼 기회를 마련한다면 좋을 것이다. 개신교가 자화자찬의 미화에 갇히지 않고 자기 성찰적으로 역사를 조명한다고 할 때 주요한 역사의 대목이 어떻게 기록되고, 어떤 평가가 가능할지 살펴보며 의미 있는 대화를 시작할 수 있을 것이다. 셋째는 미래를 향한 전망을 공유하는 작업으로 의미가 있다. 우리는 한국 사회에서 개신교의 사회적 평판이 그다지 좋지 않은 시절을 보내고 있다. 개신교로서는 반성과 성찰이 중요한 시절이다. 아울러 개신교 내부의 개혁적 고민들이 좀 더 폭넓게 논의되고 내부와 사회적으로 공유될 필요도 있다. 종교개혁 시기에 화산처럼 분출해서 개신교의 시작을 촉발한 개혁 정신은 오늘날에도 심화, 재현될 필요가 있다. 개신교의 본령에 충실한 존재 방식을 스스로 모색하는 개신교 내부의 논의가 좀 더 분명히 표현되는 것이 종교개혁을 기념하는 가장 나은 방식이 아닐까 싶다. 한국 사회로부터도 신뢰를 회복하고, 개신교계 내부에서도 개혁의 정신과 방향에서 공감대가 확장되기를 기대한다.

이 책의 기획은 출판사의 주도적 제안에서 비롯되었다. 사실 두 사람의 교회사 교수와 한 사람의 기독 운동가를 묶어서 책을 내자는 아이디어는 한 번쯤 구상해 볼 만은 하지만 시도하기는 쉽지 않은 일이다. 의욕에 비해 과제가 너무 컸다. 세 명의 저자는 이런 과제에 감히 완결된 답을 했다기보다는 우리가 피해 갈 수 없는 질문 앞에 겸허히 서고자 했다. 그 결과물의 넘치고 모자람에 대해서는 독자들의 예리한 평가를 기다린다.

이 책은 기본적으로 적절한 정보와 지식을 제공함으로써 독자들의 이해를 돕고 통찰을 자극하는 데 일차적 목적을 두었다. 언론에 종종 개신교 관련 사건 사고 소식이 전해질 때마다 개신교인으로서 늘 민망하고, 미안한 마음을 안고 있다. 타 종교와의 관계에서도 긴장과 갈등의 사례가 더 많이 보도된다. 그러다 보니 개신교 교계에서는 미담 기사를 발굴하자든지, 언론은 좋은 이야기는 다루지 않고 나쁜 이야기만 찾아서 소개한다며 반발하는 이들도 있다. 그러나 개신교에 대한 제대로 된 이해나 평가가 그런 식으로 사건 사고 기사에만 근거할 수도 없고, 자화자찬의 미담 기사에 토대를 둘 수도 없는 노릇이다. 이 책은 무엇보다 종교개혁 이래로 개신교 역사 전체와 한국 개신교의 역사와 현실을 큰 그림 아래 볼 수 있도록 하려는 시도다. 개신교 성도들도 자신들의 역사와 현실을 객관화시켜서 보지 못하다 보니, 사회적으로 접하는 파편화된 내용만으로 전모를 파악하기는 힘들다.

이 책은 총 3부로 구성되는데 세 명의 저자는 각자 한 부씩을 맡아서 저술했다. 라은성 교수가 쓴 제1부는 16세기 종교개혁 사건을 통해 시작된 개신교의 역사를 20세기까지 개관하고 있다. 5백 년의 역사를 압축적으로 구성했는데, 그럼에도 불구하고 핵심 인물, 사상, 사건을 가능한 밀도 있게 소개함으로써 개신교인이 아니더라도 이 흥미진진한 이야기를 쭉 따라잡는 데 어려움이 없도록 했다. 관심 있는 주제를 찾아 필요한 내용만 보아도 좋지만 5백 년간의 흐름을 살펴본다면 더욱 좋을 것이다. 이상규 교수는 제2부를 맡아 한국 교회사의 전개를 소개하였다. 개신교 전래 이후 한국 개신교가 걸어 온 발자취를 추적하며 주요한 사건들과 그 의미를 새기는 데 비중을 두었다. 그리고 사회 안팎의 평가들도 공정하게 소개했다. 개신교의 모습을 한국사의 흐름 속에서 객관화시켜서 볼 수 있는 기회가 될 것이다. 양희송 대표가 쓴 제3부는 오늘의 한국 교회 상황을 다룬다. 최근 30년 사이에 개신교 인구의 변동이 잘 보여 주듯, 외형은 커져 가지만 그 내부에서는 격렬한 진통을 하고 있는 모습을 묘사하고 있다. 사람들이 궁금해 하는 질문들을 염두에 두고 이에 대해 답하고자 했으며, 가능한 한 근거를 밝히고 분석하고자 했기에 이후에라도 다른 해석과 처방이 나올 가능성은 열어 놓았다.

세 명의 저자 모두 한국 개신교에서는 내부인이다. 라은성, 이상규 두 사람은 비교적 보수적이라 평가받는 교단의 목회자요, 신학교 교수로 재직해 왔기에 한국 개신교계에서 폭넓게 수용할 수 있는 평균적 역사 이해와 관점을 이 책에 잘 반영하고 있다고 자임할 수 있다. 양희송은 특정 교단이나 교파의 울타리를 넘어선 복음주의 연합 운동의 장에서 꾸준히 활동해 왔으며, 신학 공부를 했지만 목회자로 안수받지 않은 평신도 입장에서 교계의 비제도권과 시민사회의 고민을 이 책에 적극 반영하고자 노력했다. 아무쪼록 세 저자의 협업이 혼란이 아니라, 저마다의 특성이 잘 드러나고 창조적 긴장을 유발하는 즐거운 독서 경험으로 이어지기를 기대한다.

2017년 9월 25일, 종교개혁 5백 년을 기념하며
라은성, 이상규, 양희송

차례

2부 한국 교회의 역사 : 선교사의 내한부터 오늘까지

3부 지금 여기의 한국 교회

◉ 1부에서는 16세기에 일어난 종교개혁부터 20세기까지의 교회 역사를 사건과 인물 중심으로 살펴볼 것이다. 많은 사건이 일어났고 많은 인물이 등장했기에 하나씩 거론하며 살피는 것이 쉬운 일은 아니지만 간략하게나마 살펴보면서 오늘날 한국 교회의 현주소를 파악하고자 한다. 크게는 세기별로, 작게는 국가별로 나누어 종교개혁의 태동과 그 영향을 살펴보고, 종교개혁에서 일어난 프로테스탄트가 어떤 과정을 거쳐 우리 곁에 이르렀는지를 가늠하는 데 필요한 기초를 제공하고자 한다.

1부

종교개혁과
500년
기독교의 역사

종교개혁이 태동하기까지

어두운 천 년(6세기 말~15세기 말)의 끝에 이르러 모든 상황이 바뀌게 되었다. 먼저 약 2백 년(1096~1270) 동안의 십자군운동으로 인해 각 지역의 군주는 경제적으로나 정치적으로 중심체가 되어 교회에 의존하지 않아도 국가를 통치할 수 있었다. 또 동양과 서양의 교류로 하늘나라에 대한 소망이 신세계에 대한 야망으로 대치되었다. 로마가톨릭의 죄악상은 말로 형용할 수 없을 정도였다. 교회는 점차 거룩하지 못하고 정치단체보다 더 추악한 곳이 되어 버리고 만다.

먼저 수도사들은 로마가톨릭교회의 비밀경찰처럼 활동하는 종교재판자들이 되었다. 어느 수도원이든 한 세대를 지나면서 쇠퇴하거나 타락하지 않은 곳이 없었다. 순결하다고 하던 프란체스코 수도회 역시 이단으로 정죄를 받을 정도였다. 또 교황 제도의 이론적 지지 기반이었던 스콜라주의는 점차 아리스토텔레스 철학에 매료되어 보편보다 개체의 중심을 더 강조하게 되었다. 교황이나 교회보다 각 개인의 문제가 더 중요하게 다뤄졌다. 그리고 성직자가 되는 것은 중세의 봉건제도라는 족쇄에 갇혔던 신분에서 벗어날 수 있는 유일한 길이었다. 그러니 제프리 초서Geoffrey Chaucer, 1343?~1400가 쓴 『캔터베리 이야기The Canterbury Tales』에 나오는 것처럼 성직자들은 대단히 무식했고 성적으로 타락해 있었다. 비근한 예로 로마교황 알레산드로 6세Alessandro VI, 1492~1503를 들 수 있다. 알레산드로는 늘 매춘녀와 놀아났고 바티칸 숙소에서 나체 쇼를 행할 정도였다. 독신을 앞세운 로마가톨릭교회였지만 그는 성적으로 문란했고 스페인 보르히아 가문의 이탈리아 통치를 위해 자신의 세 아들과 딸을 통해 정치력을 키워 나가다가 결국 독살당하고 만다.

또 16세기 말은 르네상스 말기였기에 여기저기서 신보다 인간을 더 앞세웠다. 이것은 신의 위치에 이성을 놓았던 17~18세기의 자연신론과 유사하다. 또 르네상스의 특징은 예술에서 신을 인간으로 표현하였다는 것, 음악이 단순한 멜로디에서 혼성으로 바뀌었다는 것, 건축에서는 하늘로 치솟는 고딕건축보다 조화를 바탕에 둔 웅장함에 치중했다는 것이다. 사회 계층에도 큰 변화가 일어났는데 부르주아지라는 자본가 계층이 일어났다. 이로 인해 사람들은 신앙의 힘이 없어도 물질을 통해 권력과 꿈을 이룰 수 있다는 것을 깨닫게 되었다.

르네상스는 지역에 따라 다른 양상을 띠었는데 남부 이탈리아를 중심으로 일어난 르네상스, 즉 예술 부흥과는 달리 알프스 북쪽에서는, 흔히 '북부 르네상스'의 중심 사상이라고 하는 인문주의Humanism가 일어났다. '기원으로ad fontes'라는 슬로건은 남부에서는 그레코로만Greco-Roman시대로 돌아가는 것이었고, 북부에서는 1세기부터 6세기에 이르는 초대 교회 시대로 돌아가는 것이었다. 다른 말로 중세 시대를 건너 성경의 시대와 가장 가깝게 있는 그 이전의 시대로 돌아가는 것이었다. 이 일을 위해 북부 르네상스의 주역 중 한 명인 에라스뮈스Desiderius Erasmus, 1466~1536는 그리스어로 된 신약성경을 새롭게 출판하면서 성경을 보다 분명하게 읽고 해석하도록 이끌었다. 그가 출판한 성경을 16세기 종교개혁자들은 모두 읽었다.

봇물처럼 솟아오르고 쓰나미처럼 밀려오는 시대에 대응하지 못한 로마가톨릭교회는 결국 몰락하고 만다. 이 몰락은 예견된 것이었다. 그 이유는 로마가톨릭은 스스로 정화하는 능력을 상실하고 있었고, 모든 면에서 세속화되어 하나님의 권능을 상실했기 때문이었다. 성직자는 귀족으로서 정치에 관여했고 사치스럽게 살았고, 교회는 정치단체로서 모든 국가의 정치에 관여했다. 또 세속화되어 가는 것보다 더 무서운 일을 자행했으니 그것은 바로 진리를 숨기고 왜곡했다는 것이다.

어느 시대든 교회가 부패하지 않은 시대가 없었지만 교회가 고수해야 할 신리를 상실한다면 낙나든 플톡에 이든 것이고 널방을 피알 수 없는 것이다. 또 르네상스 시대에 이를 때까지 로마가톨릭교회는 구원의 진리인 복음을 간과하고 숨기고 왜곡했다. 그 복음을 외치는 자들을 종교재판이라는 미명하에 화형시키거나 처참하게 사형시키곤 했다. 독일 보름스에 가면 루터의 종교개혁 기념비가 세워져 있다. 루터가 중앙에 서 있고 그 주위에 네 명의 전 종교개혁가가 앉아 있다. 피터 왈도Peter Waldo, 1140?~1206?, 존 위클리프John Wycliffe, 1330?~1384, 얀 후스Jan Hus, 1370~1415, 지롤라모 사보나롤라Girolamo Savonarola, 1452~1498다. 이들을 전 종교개혁가들이라 부르는 이유는 어두운 중세 시대에도 빛처럼 살았기 때문이다. 이들 외에도 무명의 개혁자들이 희생을 당하면서 교회를 청결케 하려고 노력했다. 이들의 노력에도 불구하고 이들이 종교개혁가라 불릴 수 없는 이유는 구원의 복음이 제도나 환경의 변화에서 이뤄지는 것이 아니라 진리의 재발견을 통해 이뤄지기 때문이다. 이 구원의 진리인 복음을 재발견한 사람들에 의해 앞으로 세계 역사의 흐름을 바꾸게 될 '종교개혁Reformation'이 일어난다.

1장

16세기 이야기: 격동의 시대

16세기는 이전의 세기들과 다르다. 많은 변화가 일어난 격변의 세기였다. 이탈리아를 중심으로 예술의 재부흥(르네상스)이 일어났고, 북유럽을 중심으로 인문주의가 일어났다. 이 시기는 선각자들이 하나님 앞에서 인간의 존재 가치에 대한 질문을 던지면서 어두웠던 천 년의 시대를 경멸하고 순전한 시대를 꿈꾸었던 시기라고 말할 수 있다. 지난 중세 시대의 과거를 잊고 싶을 정도로 교회는 정치와 전혀 다를 바 없는 모습을 보였다. 성직자들이 성경의 진리를 교묘하게 숨겼기에 신자들은 묵묵히 맹종하며 로마가톨릭교회를 따랐다. 하지만 이 모든 것이 명백하게 드러나자 선각자들은 어디로 갈 것인지 방황하지 않고 성경으로 돌아가서 그 답을 찾았고, 성경의 시대와 가장 가까웠던 초대 교회로 돌아가고자 했다. 길을 잃고 방황했던 천 년을 거슬러 가야만 했고, 그곳에서 다시 출발해야만 했다. 이 여정은 이집트에서 탈출하기 위해 이스라엘 백성이 겪은 열 가지 재앙과 40년의 기나긴 광야 생활처럼 힘든 과정이었다. 하지만 종교개혁 5백 주년을 맞이한 이 시점에 반드시 되새겨야만 하는 교회의 역사다.

1

**루터파
종교개혁**

왜 독일에서 종교개혁이 먼저 일어났을까? 다른 민족이나 국가보다 특별한 뭔가가 있었기 때문에 독일을 종교개혁의 출발지로 보는 것일까? 많은 사람이 루터에게서 종교개혁이 시작되었다고 보지만 어떤 이들은 이런 견해가 역사가들의 이론일 뿐 실제는 다르다고 한다. 하지만 종교개혁의 첫머리에 루터를 놓을 이유는 분명히 있다. 당시 독일의 정치 상황부터 살펴보면서 루터의 이야기로 들어가 보자.

1356년 '금인칙서', 즉 신성로마제국의 헌법과 같은 법령이 선포된 이후 4백 년 동안 황제는 일곱 명의 선제후選帝侯, electors에 의해 다수결로 결정되었다. 항상 일곱 명은 아니었지만 대체적으로 이 규칙을 지켜 나갔다. 그렇다고 황제를 현대 민주정치처럼 선출하는 것은 아니었다. 당시 선제후는 공작들로서 지역 군주인 동시에 황제가 될 수 있는 후보였다. 선제후들은 언제든 황제가 될 수 있었기 때문에 비록 황제라 하더라도 타 선제후의 지역에서 일어나는 일들에 마음대로 간섭하지 못했다. 이런 가운데 스페인 출신 카를 5세Karl V, 1500~1558가 황제 후보가 되었다. 하지만 그는 1530년에 이르러서야 황제로 취임하였다. 그러니 그때까지 카를 5세는 늘 불안한 가운데 있었는데 그 시기에 종교개혁이 일어난 것이다.

루터

루터의 생애는 곧 루터파 종교개혁이라 말할 수 있다. 좀 더 정확하게 표현하면 1530년까지의 그의 생애는 루터파 종교개혁의 과정이었다. 그의 생애를 살펴보면 종교개혁이 어떻게 해서 일어났는지 그 단초를 알 수 있다.

1 루터는 누구인가

마르틴 루터Martin Luther, 1483~ 1546는 독일의 작은 마을 아이슬레벤에서 태어나 그곳에서 임종을 맞았다. 그의 이름을 마르틴이라 부르게 된 것은 그가 유아세례를 받은 날인 11월 11일이 로마가톨릭교회의 연력에 따르면 '마르틴'의 날이었기 때문이다. 가난했던 부친

마르틴 루터

한스는 아들이 태어난 지 6개월도 되기 전 아이슬레벤에서 얼마 떨어지지 않은 만스펠트로 이주하여 광산업에 종사하며 생계를 유지했다. 현재도 루터의 생가나 만스펠트의 집을 방문할 수 있다.

가정 형편이 나아지자 부친은 아들 마르틴이 법률가가 되었으면 하는 심정으로 그를 만스펠트의 라틴어 학교로 보냈다. 그곳에서 루터는 십계명, 어린이 신앙, 주기도문, 도나투스 라틴어 문법 등을 배웠다. 이 시기는 콜럼버스가 신대륙을 발견하기 위한 여정을 떠난 시기이기도 하다.

1497년 14세 때, 루터는 마그데부르크로 가서 '공동체 형제단'에서 공부하였다. 1년도 되지 않은 짧은 기간이었지만 그곳에서 그는 수도원의 삶에 대해 배웠다고 한다.

1498년 15세 때는 아이제나흐에 있는 학교에 입학했다. 이곳은 후에 음악의 아버지라 불리게 될 바흐가 태어난 도시이기도 하다. 루터는 10대 청소년 시기 4년을 이곳에서 보내면서 학문의 열정을 키웠다.

1501년 루터는 에르푸르트대학교에 입학하여 고전 작품들을 배웠고, 스콜라주의를 접했다. 20세 때부터는 부친의 권면을 따라 법률가가 되기 위해 법학을 배웠다. 그는 이곳에서 처음으로 라틴어 성경을 접하였고 복음서와 서신서들을 읽게 되면서 처음으로 영적인 각성을 하게 되었다.

1502년 학사 학위를, 1505년 석사 학위를 받은 후 루터는 인생에서 크나큰 경험을 하게 된다. 루터는 석사 학위를 받고 법학대학원에 등록을 마친 후 금의환향하는 심정으로 만스펠트를 방문했다가 1505년 7월 2일 에르푸르트로 돌아오는 도중 슈토테른하임이란 작은 마을 근처에서 몇 시간 동안 천둥과 번개로 인해 몸을 피했다. 번개가 점점 가까이

오자 죽음의 공포에 직면한 루터는 "안나! 살려 주시면 수도사가 되겠습니다!"라고 외쳤다고 한다. 이 일이 있은 후 그는 7월 17일 약속대로 아우구스티누스 수도원으로 들어갔다.

슈토테른하임에 세워진 돌비석

수도사가 된 루터는 철저히 은자의 삶을 살았다. 처음에는 문지기와 머슴살이로 시작했기에 연구나 묵상의 시간을 거의 가질 수 없었다. 그래도 수도원의 삶에 적응하려고 노력했다. 수도원에서는 엄격한 규율을 지켜야 할 뿐만 아니라 금식과 기도에 힘써야 했다. 하지만 이러한 삶에서 루터는 심정의 평정을 결코 찾지 못했다. 왜일까? 이런 엄격한 규율에 순종하면서 참된 평화를 맛볼 수 없었던 것일까? 세상에서 그를 동요시켰던 두려움들은 독방까지 쫓아와서 그를 괴롭혔다. 가끔씩 하나님의 진노나 복수의 손길을 명상할 때마다 몰려오는 두려움을 물리칠 수 없었다. 독방에 들어가 기도하면서 부르짖곤 했다. 하나님의 말씀을 묵상하면서 거룩하게 살려 했지만 또 자신의 양심은 거룩하라고 말하지만 오히려 공포만이 그에게 엄습해 왔다.

루터는 수도원의 삶에 적응하면 할수록 엄습해 오는 내적 투쟁에서 벗어날 수 없었다. 영적 고통이라고 말하는 내적 시련을 겪게 된 것이다. 루터는 일종의 양심의 가책을 느꼈다. 하나님이 죄로 가득 찬 자신을 버릴 수도 있다는 두려움을 갖게 되었고, 심판대 앞에서 과연 의롭고 당당하게 설 수 있을지 의문이었다. 루터는 수도원에서 제공하는 온갖 프로그램을 따랐지만 좀처럼 두려운 생각에서 벗어날 수가 없었다.

괴로워하는 그를 보고 어떤 친구는 합창단에 가입하도록 권유했다. 하지만 합창 시간이 지나면 루터는 다시 독방에 쓰러져 있었다. 그의 멘토인 슈타우피츠Johann von Staupitz, 1460?~1524도 루터에게 사도신경의 의미를 음미하라고 권하면서 상담을 통해 그의 고통을 덜어 주고자 했다. 하지만 이것도 잠시뿐이었고 근본적인 구원의 길은 아니었다. 루터는 그야말로 황량한 광야에 외롭게 서 있는 사람이었다. 누구의 위로와 관심도 그에게 도움이 되지 않았다.

2 종교개혁의 발단

루터가 무슨 개혁 운동이나 혁명을 일으키려고 한 것은 아니다. 하지만 루터의 움직임은 그 이후 역사의 수레바퀴를 돌리는 단초가 되었다. 우리가 아는 루터의 「95개 항목」은 1517년 비텐베르크대학교의 교회, 즉 슐로스키르헤Schlosskirche(성교회) 입구에 붙여졌다. 하지만 당시는 그가 붙인 것에 누구도 관심을 가지지 않았다.[1]

당시 로마가톨릭교회는 면죄부[2]가 죄로 인해 겪어야 하는 지옥 형

---

[1] 루터가 이 항목을 붙인 정확한 일자에 대해선 다양한 견해가 있었다. 그러다가 1717년에 이르러 독일에서 10월 31일로 정했다. 루터 역시 일자에 대해 무관심했고 언급하지 않았다.

[2] 면죄부는 은혜 또는 관대한 용서의 의미를 가진 라틴어 인둘젠티아(indulgentia)에서 나온 말이다.

벌을 줄여 주는 방편이라고 주장했다. 고해성사를 통해 죄는 사해졌지만 벌은 여전히 남아 있다는 식으로 죄와 벌을 구분했고, 그 벌을 돈으로 해결할 수 있다는 얄팍한 수작을 부린 것이다. 로마가톨릭교회가 바티칸의 성베드로대성당 건축으로 인해 재정의 어려움을 겪고 있던 때 독일에서 가장 큰 교구였던 마인츠의 주교 알브레히트Albrecht가 무제한적으로 면죄부 판매권을 허락해 준다면 로마가톨릭교회 측에 수입의 절반가량을 주겠다고 제안했다. 교황 레오 10세Leo X, 1475~1521는 이것을 받아들였고 알브레히트는 독일에서 면죄부 판매를 대대적으로 시행했다.

　　루터는 「95개 항목」에서 다음과 같이 주장했다. 먼저 루터는 1항을 이렇게 시작한다. "우리 주님 예수 그리스도께서는 '회개하여라(「마태복음」 4: 17)'고 하셨는데 그 의미는 신자들의 삶은 회개의 삶이어야 한다는 것이다." 회개의 참된 의미를 밝힌 후 그는 5~7항에서 교황이라도 죄를 용서하거나 벌을 감해 줄 자격이 없다고 했다. 8~13항에서는 죽은 자들을 교회법으로 좌지우지할 수 없다고 했고, 14~29항에서는 연옥 교리를 비판했다. 30~40항에서 면죄부는 인간이 가공한 교리임을 밝혔고, 41~47항에서 면죄부는 진리를 어둡게 하는 것이라고 주장했다. 48~52항에서는 교황의 임무에 대해 비판했고, 53~55항에서 면죄부 판매와 복음 선포를 비교했다. 56~66항에서는 모든 기독교인이 교리와 복음을 배워야 한다고 했고, 67~80항에서 면죄부 판매법에 대해 성토했으며, 81~91항에서 면죄부가 거짓 가르침이라 공격한다. 끝으로 92~95항에서 루터는 죄를 용서하고 벌을 면하게 하는 것은 오직 그리스도 한 분뿐임을 강조한다.

　　그해 11월 초 루터는 이 내용을 친구들과 주교들에게 보냈다. 그 서신을 받은 친구들이 입장을 분명히 밝히면서 그것을 알리기 시작했고, 그 복사본이 뉘른베르크, 라이프치히, 바젤 등으로 퍼져 나갔다. 12월에는 여러 다른 도시에도 알려졌고, 2주 후에는 전 독일에 「95개 항목」이 알려졌다. 하지만 이런 방향과 달리 주교들은 자신들의 의향을 밝히는 것을 자제했다. 그런데 알브레히트 주교는 달랐다. 그는 마인츠대학교 교수들과 이 문제를 의논했고 로마교황 레오 10세에게 면죄부 판매의 고충을 표명하면서 이 사실을 보고했다. 교수들은 이 문제를 주교의 차원보다 교황청의 차원에서 폭넓게 다뤄야 한다고 권면했다. 하지만 로마교황은 이를 대수롭지 않게 여겼다. 단지 루터가 속한 아우구스투스 수도회의 수도원장이며 루터의 멘토인 슈타우피츠에게 명을 내려 루터를 적당하게 타이르도록 했다. 쉽게 말해 입단속을 시켰던 것이다.

한편 루터의 글에 대한 반응은 신앙적인 면에서보다 정치적으로 민감하게 나타났다. 당연히 루터는 예상치 않은 결과에 당황스러웠다. 예를 들어 비텐베르크대학교를 설립한 작센의 선제후 프리드리히가 루터의 생각처럼 자신의 지역 내에 면죄부 판매를 금지시킨 것이다. 정치적인 이유 때문이었는데, 자신의 영내 재정이 면죄부 구입으로 인해 다른 지역으로 옮겨 간다는 것이었다.

다른 한편으로 루터는 1518년 3월 말 「면죄부와 은혜에 관한 강론 Ein Sermon von Ablaß und Gnade」이라는 제목의 설교를 했고 이것이 4월에 인쇄되어 유포되었다. 이 설교에서 루터는 면죄부의 문제점을 지적한 항목들에 대해 해설했다. 문서는 독일어로 쓰였기 때문에 지식층에만 전달된 것이 아니라 일반 독일인들에게도 쉽게 알려졌다. 이것이 문학적인 측면에서 루터의 최초의 작품이라 말할 수 있다.

3 논쟁

이제부터 루터는 자신이 재발견한 진리에 대해 로마가톨릭 신학자들과 논쟁하기에 이른다. 루터는 논쟁을 통해 자신의 견해와 주장을 정리하거나 보완해 간다. 네 차례의 논쟁이 있었는데 간략하게 정리하면 다음과 같다.

일시	대상자	장소	주제
1518년 4월 26일	아우구스티누스 종회	하이델베르크	영광의 신학, 십자가 신학
1518년 10월 12일	카예탄	아우크스부르크	성경의 권위
1519년 7월 4~16일	요하네스 에크	라이프치히	교황의 권위
1521년 4월 16~18일	황제와 고위 성직자들	보름스	주장의 철회

부패하고 무력한 로마교황청은 루터의 문제에 진지한 자세로 임하지 않았다. 여전히 중세 시대의 망상이나 착각 속에서 벗어나지 못하고 있었기 때문이다. 이 논쟁들을 통해 유럽인들, 특별히 독일인들은 루터주의에 큰 관심을 가졌을 뿐 아니라 그 사상을 수용하고 개종했다.

루터의 논쟁은 1415년 화형을 당해 죽은 얀 후스의 경우와 대조적이다. 후스는 콘스탄츠종교회의 도중에 화형을 시켰지만 루터의 경우는 간단하지 않았다. 그 이유는 신성로마제국 황제 선출 문제가 있었기 때문이다. 1519년 1월 12일 황제 막시밀리안 1세가 죽게 되자 황제 후보로 스페인 왕 카를로스 1세, 프랑스 왕 프랑수아 1세, 영국 왕 헨리 8세 그리고 작센 선제후 현명한 프리드리히 등이 거론되었다. 당대 최고의 군주들이었다. 결국 황제권은 1519년 6월 28일에 카를 5세라는 황제명을 택한 카를로스 1세에게 주어졌다.

하이델베르크 논쟁(1518년 4월)

아우구스티누스 수도회에 속한 수도승 루터라는 자가 일으킨 신학적 문제가 사회적 문제로 확산되자 레오 10세는 그 수도회 수장인 가브리엘 델라 볼타Gabriel della Volta에게 루터를 출교시키라고 명한다. 볼타는 슈타우피츠에게 그 책임을 맡겼다. 볼타는 루터를 하이델베르크로 소환하여 아우구스티누스 수도사들에게 자신의 복음적 신학에 대한 견해를 말하라고 했다. 그 내용은 죄, 자유의지 및 은혜에 관한 것이었다. 이 내용은 이미 1517년 9월에 『스콜라주의 신학에 대한 논쟁Disputation gegen die scholastische Theologie』에서 다뤘던 내용들이었다.

장소는 하이델베르크 아우구스티너그라세의 동쪽에 있는 자그마한 방인 '예술가들의 강의실'이었다. 현재 그 장소의 바닥에는 다음과 같은 내용이 새겨져 있다. "마르틴 루터(1483~1546). 1518년 4월 26일에 있었던 하이델베르크 논쟁과 아우구스티누스 수도원에 그가 거주한 것을 기념하기 위해 1983년 새기다."

루터는 아우구스티누스의 수도사인 친구 레오나르도 바이엘과 함께 4월 11일 비텐베르크에서 출발하여 회의가 시작되기 3~4일 전에 하이델베르크에 도착하였다. 루터는 로마가톨릭을 공격하는 내용의 「40개 항목」으로 자신의 입장을 밝혔다. 1~28번 항목은 신학적 내용이

하이델베르크 논쟁을 기념하여 새긴 동판

고, 29~40번 항목은 철학적 내용이다. 이 내용은 1517년 루터가 내걸었던 「95개 항목」보다 훨씬 중요하다.

특별히 19~21번 항목을 소개한다.

19. 실제로 일어난 일들 가운데 불가시적 일들을 분명하게 인식할 수 있는 것처럼 여기는 사람은 신학자라 불릴 수 없다.
20. 신학자라 불릴 만한 자격이 있는 사람은 고통과 십자가를 통해 나타난 하나님의 가시적이고 명시적인 일들을 이해해야 한다.
21. 영광의 신학자는 악을 선이라, 또 선을 악이라 말한다. 이에 반해 십자가의 신학자는 본래의 모습대로 말한다.

한마디로 '십자가 신학Theologia Crucis'이라고 불리는 루터의 핵심

사상을 여기서 제시한 것이다. 이런 루터의 신학이 완성체로 나타나기 전 1516년 4월 8일, 그는 친구 게오르게 슈팔라틴에게 보내는 서신에서 이미 이 내용을 밝힌 바 있다.

> 사랑하는 형제!
> 난 그리스도와 십자가에 못 박힌 그분을 알고 싶네. 그분을 찬양하려면 자신을 포기해야 함을 깨달았네. 그분에게 이렇게 말해 보세나. "사랑하는 주 예수여! 당신은 나의 의가 되시고, 난 당신의 죄가 되옵니다."[3]

루터의 십자가 신학은 인문주의자로 유명한 에라스뮈스와의 자유 의지 논쟁에서도 어김없이 등장한다. 의義, righteousness의 열매가 고통 가운데 감춰진 것처럼 구원은 십자가 뒤에 숨겨져 있다는 것이다. 감춰진 하나님Deus absconditus과 십자가 신학은 맥을 같이한다. 감춰진 하나님은 인간의 고통 가운데 자신을 나타내고 그 고통을 통해 인간에게 능동적으로 활동한다. 루터는 이런 하나님의 비밀스러운 활동을 풀 수 있는 열쇠는 믿음이라고 강조한다.

당시 로마가톨릭주의가 주장했던 '영광의 신학theologia gloriae'은 십자가 신학과 정반대다. 영광의 신학은 고통보다 번영을 추구하고 내적인 면보다 외적인 면의 부강을 원하는 20세기 번영 신학과 별다를 바

---

3 Karl Wengenroh, "The Theology of the Cross", *Concordia Theological Quarterly*, vol. 46, no. 4(October 1982): 273.

없다 하겠다.

영광의 신학이란 외형적 부귀와 영화만을 성취하기 위해 기독교를 택하는 사상을 일컫는다. 언제든 형통하고, 성공하고, 건강하고, 부유하기 위해 하나님께만 외형적으로 잘 보이면 된다는 바리새파 신앙을 의미한다. 심정을 살피거나 진정한 삶을 바라는 하나님의 의도와는 상관없이 자신의 안일과 행복을 위해 신앙을 가지고, 바라는 대로 이뤄지지 않으면 신앙 규칙을 수정해서 순종하는 척하는 경우다.

십자가 신학은 자기 부인이나 십자가 지는 삶, 말하자면 내외적으로 힘든 일이 있더라도 그 가운데서 그리스도의 고난을 생각하며 견디고 자신의 내면을 살피면서 바르고 진실한 삶을 사는 것을 중시한다. 이에 반해 영광의 신학은 가정과 국가의 참된 안정을 위해 공정한 삶을 살기보다는 기독교라는 단체의 이익만을 추구하며 초월적 법을 실행하는 것을 내세운다.

말했듯이 십자가 신학과 '감춰진 하나님'의 개념은 매우 중요하다. 감춰진 하나님은 인간의 상상이나 개념으로 이해될 수 없지만 어진히 또 실제로 존재하는 하나님을 의미한다. 영Spirit인 하나님을 인간의 형체로 파악할 수 없다는 것이다. 하나님이 자신을 우리에게 나타내더라도 우리가 무시하고 만다. 인간은 자신이 원하는 하나님이 아니기 때문에 형상을 만들어 하나님이라 칭하고 경배한다. 이것은 이스라엘 자손이 "우리를 인도할 신을 만들어 주십시오"(「출애굽기」 32: 1)라고 요구하는 그릇된 심정과 다를 바 없다고 여겨진다. 이런 현상은 기독교를 인간을 위한 종교로 전락시킨다. 이제 두 번째 논쟁을 살펴보도록 하자.

아우크스부르크 논쟁(1518년 10월)

하이델베르크에서 비텐베르크로 돌아온 루터는 심적으로 매우 불편했다. 그는 한 달쯤 지난 후 『95개 항목 설명서*Erläuterungen zu den fünfundneunzig Thesen*』를 교황에게 보내고 이를 출판했다. 여기서 그는 성경에서 재발견한 진리, 즉 '이신칭의'를 설명하면서 과거에 미신적으로 맹신했던 로마가톨릭주의와 단절할 수밖에 없었던 근거들을 하나씩 밝혀 나갔다. 어떻게 보면 십자가 신학의 부가 설명이라 말할 수 있다. 하지만 이런 진리를 재발견하여 발표하는 심적 고통을 글에서 감출 수는 없었다.

이에 대해 로마가톨릭 고위 성직자들은 오만한 행동을 자행한 루터를 좌시할 수 없었고, 1518년 6월 추기경 카예탄Thomas Cardinal Cajetan, 1469~1534[4]을 파송했다. 8월이 돼서야 루터는 그 소환장을 받아들고 매우 불쾌해 했다. 변론도 듣지 않고 신학에 대한 의문을 제시한다고 이단성 있는 것으로 판정하는 것은 불공정하다고 불평했다. 또 자신에 대한 여러 공격성 문서들을 접한 루터는 「파문에 대한 설교Sermon on the Ban」를 써서 불편한 심정을 쏟아 냈다.

교황 사절단으로 파송된 카예탄은 루터를 데리고 가기 위해 작센의 선제후 현명한 프리드리히의 도움을 요청했다. 프리드리히는 로마교황의 소환에 불만을 가졌다. 그 이유는 자신의 영지에 속한 자이고 교수인 자를 이탈리아까지 보내 공판을 받게 한다는 점이 못마땅했기 때문이다.

---

4 그는 본래 이탈리아인으로 본명은 토마소 드 비오(Tommaso de Vio)다.

당시에 루터는 사절단을 만나기 위해 카르멜 수도사들과 함께 잔안 나키르헤St. Anna-Kirche(성안나교회)에 머물고 있었다. 10월 7일 아우크스부르크에서 카예탄을 만나기로 했지만 안전보장을 위한 서신을 받기 전에는 나서지 않았다. 다음 날 루터는 멘토인 슈타우피츠와 제국의 네 명의 변호사와 함께 카예탄 앞에 섰다. 카예탄은 루터를 조용하게 타이르려고 했지만 의지를 굽히지 않는 루터를 보고 강경한 자세로 돌변했다.

3일째 되는 날 루터는 현명한 프리드리히가 보낸 두 명의 변호사와 함께 다시 카예탄을 만났다. 여기서 그는 로마교황의 무류성[5]을 반박했고, 공의회가 로마교황보다 우위에 있고, 세례를 받는 자의 믿음이 세례를 베푸는 자보다 훨씬 중요할 뿐 아니라 그 믿음으로 은혜를 받는다고 주장했다. 그는 이신칭의 교리를 확고하게 밝혔다. 루터가 제출한 글을 로마교황에게 전달하겠다고 말한 카예탄은 그의 글을 읽고 경악을 금치 못했다.

10월 18일 루터는 자신의 과격하고 무분별한 행동에 대해 카예탄에게 용시를 빌었지만 카예탄은 이미 분노를 삼수지 않고 루터를 체포하라고 명령을 내린 상태였기에 당황한 슈타우피츠와 루터는 서둘러 아우크스부르크를 떠나야만 했다.

10월 31일 루터는 비텐베르크로 돌아온 후 『아우크스부르크 절차 Das Weiter in Augsburg』를 써서 출판했다. 급하게 출판한 이유는 카예탄

---

5 교황의 무류성(Papal infallibility)이란 교황이 전 세계 로마가톨릭교회의 수장으로서 신앙 및 도덕에 관하여 내린 징식 결징은 하나님의 은총으로 말미암아 오류가 있을 수 없다는 뜻이다.

이 선제후 프리드리히에게 자신을 체포하여 넘기라고 요구한 사실을 접했기 때문이다. 아무튼 루터를 로마로 소환하려는 카예탄의 계략은 수포로 돌아가고 말았다. 이제 세 번째 논쟁의 무대인 라이프치히로 가 보자.

라이프치히 논쟁(1519년 7월)

1517년 루터는 요하네스 에크Johannes Maier von Eck, 1486~1543에게 자신의 「95개 항목」의 복사본을 보낸 적이 있다. 당대 최고의 신학자로 존경받았던 에크는 처음엔 그 복사본에 아무런 반응도 하지 않고 무시했다. 단지 얀 후스의 견해를 추종하는 한 명의 독일인이라는 정도로 루터를 판단하고 있었다.

그런데 에크가 루터와 논쟁하게 된 계기는 루터의 동료인 카를슈타트Andreas Karlstadt, 1486~1541에 의해 만들어졌다. 비텐베르크대학교의 신학과 과장이었던 카를슈타트는 에크에게 개인적으로 모욕을 받았다고 생각하여 370개 항목의 변증문을 써서 보내고 출판한 적이 있다. 이에 대해 에크는 매우 불쾌해 했다. 그래서 그는 카를슈타트에게 공개 토론을 제안하게 된다. 동료가 연루된 논쟁이기에 루터도 관심을 가질 수밖에 없었다. 결국은 카를슈타트를 통해 루터와 논쟁하고픈 에크의 계략이었다고 생각된다.

1518년 12월 29일 라이프치히에서 카를슈타트와 에크는 열두 개 항목을 두고 논쟁하였는데 열한 개 항목은 주로 면죄부에 관련된 주제였고, 마지막 열두 번째 항목은 교황의 수위권[6]에 관련된 주제였다. 여기에다가 에크는 루터와 논쟁하고 싶었기에 자유의지에 관한 열세 번째 항목을 추가했다. 하지만 이 항목은 루터를 끌어당기려는 것에 불과했고 결국 논쟁의 주제는 교황의 수위권과 사법권이 주를 이루었다. 열세 번째 항목은 다음과 같다.

> 4백 년 동안 지속시킨 로마교황청의 보잘것없는 법령들은 로마교회가 다른 교회들보다 우위에 있다는 것을 증명하는 것처럼 보였습니다. 천백 년 동안의 역사, 성경의 본문, 그리고 어떤 종교회의의보다 신성한 니케아공의회의 법령은 그것들에 반대하고 있습니다.

루터는 로마 감독들이 결코 베드로의 계승자들이 아닐 뿐 아니라 그리스도께서 베드로에게 어떤 다스리는 권한도 부여하지 않았다고 강력하게 주장했다. 교회와 사제들의 기능은 그리스도의 양 떼를 양육하는 것이고 그분의 말씀을 가르치는 것이지 그들을 지배하는 것이 결코 아니라고 비판했다. 게다가 루터는 모든 권위가 성경에만, 즉 오직 성경에만 기초해야 한다고 강조했다. 또 로마교황보다 종교회의가, 종교회의보나 성경이 권위상 우위에 있다고 상소했다. 왜냐하면 인간이나 인간들의 집단은 언제든 오류를 범할 수 있지만 성경은 하나님의 말씀이기에 결코 오류가 없기 때문이다.

이런 배경을 바탕으로 라이프치히 논쟁이 시작되었다. 1519년 6월 27일 아침, 대중들이 리터스트라세에 모여 행진할 때 토마스교회의 합창 지휘자 게오르크 라우가 특별히 작곡한 미사곡 〈하나님께te Deum〉를

---

6   교황의 수위권(Papal Primacy)이란 모든 기독교회의 수장인 교황이 갖는 권리라는 뜻이다.

불렀다.

　루터와 에크의 논쟁은 1519년 7월 4일에 이뤄졌다. 모인 곳은 플라이센부르크성이었다. 현재 이곳에는 시청 건물이 들어서 있다. 이 논쟁은 골리앗과 다윗의 만남이라는 비유를 드는 것이 적절하다고 여겨진다. 에크는 루터가 얀 후스를 따르는 후스파라는 논조로 몰아갔다. 여기서 루터가 후스파를 지지한다고 하면 로마가톨릭교회와 영영 결별하게 될 뿐만 아니라 이단자를 지지했기에 이단으로 정죄 받을 가능성이 많았다. 하지만 루터는 후스파라고 정죄를 받을지언정 자신의 주장을 굽히지 않았고 후스뿐 아니라 위클리프를 지지한다고 강조했다.

　에크가 루터를 후스파라고 몰아세운 또 다른 이유는 15세기 후스가 보헤미아(현재는 체코)에서 민족운동과 함께했기 때문이다. 이 운동의 결과로 독일인이 지배하던 프라하대학교가 독립을 선언했다. 프라하대학교에서 물러난 독일인들은 독일, 즉 여기 라이프치히에 와서 1409년에 대학교를 세웠다. 그래서 루터가 후스를 지지한다는 것은 라이프치히 주민들에겐 반감을 살 수 있는 상황이었다. 아니 실제로 주민들은 루터에게 분노를 드러냈다. 어떤 상황이든지 간에 루터는 두려워하지 않았다.

　거의 7월 16일에 이르러 대학교 총장의 연설로 논쟁은 공식적으로 끝을 맺었다. 끝난 동시에 어디선가 〈하나님께〉라는 노래가 흘러나왔다. 이 논쟁을 지켜보던 라이프치히대학교의 대부분의 학생이 비텐베르크로 전학을 갔고 많은 사람이 종교개혁운동에 동참했다. 특히 라이프치히 중심에 있던 토마스교회는 루터주의를 고수하는 대표적 교회가 되었다. 이 교회에서 바흐는 세상을 떠날 때까지 27년간 합창단을 지휘했다.

　라이프치히 논쟁은 적잖은 반응과 파장을 일으켰기에 교황은 더 이상 루터를 그냥 내버려 둘 수 없었다. 교황은 1520년 6월 15일 '일어나소서! 주여Exsurge Domine'라는 교서를 내려 루터를 출교시켰다. 그러자 루터는 1520년 6월 23일 『독일의 기독교 귀족에게 보내는 공개 서신An den christlichen Adel deutscher Nation』을 써서 프로테스탄트 주요 원리인 '만인 제사장' 교리를 피력했다. 그해 9월 교황의 교서는 작센의 모든 지역에 유포됐다. 루터에게 누구도 혜택을 베풀어서는 안 된다는 것이다. 당연히 어떤 교회의 예배에도 참석하게 해서는 안 되었다.

출교장이 9월에 작센에 유포되는 것을 보고 10월 루터는 『교회의 바빌론 유수Von der babylonischen Gefangenschaft der Kirche』를 써서 일반 신자들에게도 분잔을 행해야 한다고, 즉 포도주 잔을 베풀어야 한다고 강조하면서 로마가톨릭주의가 주장하는 일곱 가지 성례를 강력하게 비판했다. 이 작품을 쓴 지 며칠이 지나지 않은 10월 10일 루터는 에르푸르트대학의 학생들이 보는 가운데 그 출교장의 복사본을 찢어 물속에 던져 버렸다. 대학교 직무자들은 멍하게 쳐다보기만 할 뿐이었다.

11월 12일 루터의 작품들을 독일 쾰른에서 불태운 것에 이어 다른 도시에서도 불태우는 일이 일어났다. 그러자 루터는 11월 20일 세 번째 작품인 『기독교인의 자유Von der Freiheit eines Christenmenschen』를 써서 로마교황 레오 10세에게 보낸 공개 서신과 함께 출판했다. 여기서 루터는 칭의를 받은 기독교인의 자유에 대해 설명하고 있다.

이상의 세 권은 루터의 '3대 소논문'이라고 불리고 루터의 신학 사상이 가장 잘 드러나는 글들이다.

보름스 의회 논쟁(1521년 4월)

1521년 3월 황제 카를 5세는 제국 의회가 개최되는 독일 보름스로 루터를 소환했다. 루터를 보호하고 있던 프리드리히가 독일 지역에서 공판을 받게 해야 한다고 주장했기 때문이다. 카를 5세는 루터가 소환에 응하면 공정하게 루터의 교리와 작품에 대한 견해를 펼칠 기회를 주겠지만 그렇지 않으면 이단자로 정죄할 것이라고 으름장을 놓았다.

1521년 4월 16일 오전 열 시 루터는 보름스에 도착했다. 이때 〈내 주는 강한 성이요!〉라는 찬송을 불렀다고 한다. 수도승 복장을 한 루터의 마차 뒤에 수많은 사람이 따르면서 환호성을 질렀다.

다음 날 4월 17일 오후 네 시 루터는 의회 앞에 섰다. 트리어 대감독이며 판사인 요하네스 에크Johannes Eck(라이프치히 논쟁에서의 에크와는 다른 인물)가 그에게 두 가지 질문을 했다. 첫 번째로 루터 앞에 놓인 긴 의자 위에 펼쳐진 작품들이 그의 것인지 물었고, 두 번째로 그 내용들을 철회할 것인지 아니면 변호할 것인지 물었다. 당황하고 긴장했던 루터는 섣불리 대답하지 못했다. 그러다가 조심스럽게 낮은 목소리로, 놓여 있는 책들이 자신의 것이지만 내용에 대한 질문이 복잡하기 때문에 간단하게 대답하기 어렵다고 말하면서 생각할 수 있는 시간을 달라고 요청했다. 루터의 긴장된 목소리를 들은 황제 카를 5세는 에크에게 명하여 다음 날 아침에 와서 대답하도록 했다.

4월 18일에는 더 큰 방에서 공판이 열렸는데 너무나 많은 청중이 자리했다. 참석한 자들 중에는 선제후들, 영주들, 황제 및 자문 위원들도 있었다. 오후 여섯 시까지 루터는 혀가 바짝 탈 정도로 긴장해 있었고 온몸이 식은땀으로 젖었을 정도였다. 회의가 시작되자 15분 동안 라틴어와 독일어로 어제의 일이 간략히 보고되었다. 그러고 루터에게 자신의 모든 책을 변호할 준비가 되었는지, 그리고 자신이 썼던 모든 것을 철회할 것인지 물었다. 루터는 직접적인 대답을 피하려고 노력했다.

먼저 루터는 많은 주제를 다루는 책들을 썼다고 대답한 후 믿음과 기독교적 삶에 관해 다루는 것들은 날카롭지도 않고 논쟁적이지도 않다고 했다. 또 그 외 작품들은 교회를 타락시키고 있는 교황 제도와 교황주의자들에 반대하여 썼던 것이라고 변호했다. 그의 유명한 마지막 말을 들어 보자.

> 황제 폐하와 군주들께서 간단한 대답을 원하신다면, 정말 솔직하게 대답하겠습니다. 제가 성경과 소박한 이성에 비추어 볼 때 잘못이 없다면, 또 서로서로 모순되는 교황들과 종교회의들의 권위를 받아들일 수 없는 저의 양심이 하나님의 말씀에 매어 있기 때문에, 저는 어떤 것이라도 철회할 수 없으며, 어떤 것이라도 철회하지 않을 것입니다. 그 이유는 제 양심을 거슬러 행하는 것이 길도 안전하지도 않을 것이고 올바르지도 않을 것이기 때문입니다. 제가 여기 있습니다. 하나님이여! 저를 도우십시오. 당신 외에 어떤 분도 저에게 필요하지 않습니다. 아멘.

이런 증언을 들은 황제를 비롯한 참석자들은 어안이 벙벙했다. 예기치 않은 답변이었기 때문이다. 하는 수 없이 저녁 여덟 시 의회는 정회되고 말았다. 또 루터가 검거되어 어려운 일이 일어날 것이라고 걱정한 독일인들이 폭동을 일으킬 조짐이 있을 정도였다. 숙소로 돌아온 루터는

"나는 끝냈어! 끝냈단 말이야!"라고 연달아 말했다.

다음 날인 4월 19일, 황제 카를 5세는 약속대로 루터를 안전하게 비텐베르크로 돌려보내라고 명을 내렸지만 주위 사람들에게 과연 그를 그대로 내버려 둘 것인지 물었다. 주위 사람들은 그를 설득하여 결국 그의 주장을 철회시켜야 한다고 의견을 모았다.

4월 26일 마침내 루터는 보름스를 떠나 비텐베르크로 향했고, 도중에 슈타인바흐 숲속에서 현명한 프리드리히가 보낸 기사들에 의해 납치되었다. 본래는 이 자리에 밤나무가 있었는데 현재는 탑이 세워져 있다. 그리고 그가 마셨다는 우물도 볼 수 있다. 이제 루터는 아이제나흐가 훤히 내려다보이는 바르트부르크성으로 끌려갔다. 이날이 1521년 5월 4일이었다. 이때부터 루터는 이곳에서 10개월 동안, 그러니까 1522년 3월까지 지내게 된다.

4 바르트부르크성 (1521년 5월~1522년 3월)

바르트부르크성은 현명한 프리드리히의 소유지였다. 단칸방에 거하게 된 루터는 융커 외르크 Junker Jörk라는 이름으로 불렸다. 그 성 안에선 자유롭게 거할 수 있었지만 성을 벗어나서 산보하거나 말을 타는 것은 허용되지 않았다. 바르트부르크성은 산 정상에 있어 들어오고 나가는 것이 통제되어 있었다. 루터는 수도승이 아니라 일반인의 모습으로 바뀌어 갔다.

바르트부르크성에서 10개월을 거하는 동안 루터는 열두 권의 책을 쓰는 등 많은 일을 했지만 그중 가장 주목할 만한 것은 1522년 '9월의 성경'의 번역을 시작했다는 것이다. 루터가 최초로 독일어로 번역한 것은 아니었고 열여덟 개의 부분적으로 번역된 독일어 성경이 이미 있었지만 루터는 신약을 비롯하여 구약까지 전체를 번역했다는 것에 우리는 주목해야 한다.

루터의 번역에서 특이한 점을 간과해선 안 되는데, 바로 「로마서」 3장 28절에 원어에는 없는 "오직allein"이란 단어를 넣었다는 것이다. "오직"이란 단어가 성경에 없지만 종교개혁가들이 이구동성으로 이 단어를 사용하는 큰 이유는 구원의 조건으로 행위를 고려하지 않고 배제한다는 의미를 살리기 위함이었다. 믿음을 선물로 받는 것은 의의 전가 imputation of righteousness인 것이지 어떤 행위의 결과가 아니라는 점을 확고하게 밝히고자 했기 때문이다.

그가 비텐베르크에 나타나지 않자 모세를 상실했다고 여긴 이스라엘 백성들처럼 여러 곳에서 나름대로 종교개혁을 이끄는 자들이 일어났다. 그 대표적 인물이 루터의 동료였던 카를슈타트였다. 급진적이었던 그는 수녀와 결혼하기도 하고 교회당에 세워진 성상들을 파괴하고 성찬식에서 일반 신자들에게도 분잔과 분병을 행했다. 게다가 사제복을 입지도 않고 성찬식을 집행했다.

이런 상황을 지켜보던 루터는 하는 수 없이 비텐베르크로 돌아와야겠다고 여겨 1522년 3월에 은자복으로 갈아입고 몰래 돌아와 여덟 편의 설교를 하면서 기독교 사랑을 무시하고 변화만을 일삼는 자들을 깨우치고, 기독교 자유를 무시하고 힘만을 사용하려는 자들을 꾸짖고, 그리고 믿음을 혼란스럽게 하는 어떠한 의식이나 예식도 행해서는 안 된다고 강조했다. 또 성직자들의 결혼, 수도원주의, 금식, 그리고 형상과 화상 사용 등과 같은 비본질적인 문제들에 대한 결정은 개인의 양심에 맡겨야 한다고 강조했다. 루터의 설교는 매우 감동적이었고 설득력이 있었다. 점차적으로 안정이 찾아왔다.

한편 카를슈타트는 그를 떠나 토마스 뮌처Thomas Münzer와 뜻을 같이하고 급진파 종교개혁이나 농민전쟁을 일으키는 데 앞장섰다. 자신의 신념을 포기하지 않고 농민 옷으로 갈아입고 극단적인 행동을 지속했던 그는 스위스 바젤로 옮겨 살다가 1541년에 죽었다.

농민전쟁(1524~1525)

1524년 여름, 검은 숲속이라 불리는 독일의 북부 지역에서 농민전쟁이 일어났다. 1525년 봄에 이르러서는 독일 전역에서 농민들이 귀족들과 전쟁을 일으켰다. 어떻게 보면 1894년에 발발한 조선의 동학혁명과 유사하다 할 수 있을 것이다. 이들은 누구나 할 것 없이 불평등하고 불공정하게 대접받는 것에 대한 울분을 터뜨렸다. 이 전쟁의 동기는 루터가 1520년에 쓴『기독교인의 자유』였다. 하지만 루터는 이 전쟁을 반대했다.

루터는 「평화에 대한 충고: 슈바벤에서 일어난 농민들의 12개 항목에 대한 답변서」를 썼다. 이 글의 초두에서 그는 이렇게 말한다. "그들은 사회와 국가의 개념을 잘 이해했고, 그 두 개념과 복음의 관계를 잘 이해했다." 루터는 농민들에 대한 군주들과 영주들의 나쁜 자세를 공격하기도 했다. 하지만 농민들에게 예수그리스도를 따르는 자들은 결코 잘못된 것을 수정하기 위해서라도 무력을 사용해서는 안 된다고 경고했다. 그래서 귀족들이나 농민들이 모두 잘못되었다고 결론을 내렸다. 1525년 4월 21일~5월 4일 루터는 작센 지역을 다니며 농민들에게 설교하고, 분노하는 그들을 위로하였으나 40여 개의 수도원과 수많은 성을 파괴시키는 등 폭력을 일삼는 농민들을 보면서 그의 자세는 바뀌어 갔다.

그래서 루터는 또 다른 글을 썼는데 「살인하고 강도질하는 농민 폭도들에 반대하여」다. 그들을 향해 루터는 "미친개"라는 표현을 쓴다. 그는 「12개 항목」 자체가 거짓이라고 비난했다. 루터가 이 같은 글을 쓰기 전부터 무력으로 농민들을 진압했던 군주들에게 루터의 글은 정당성을 제공했다. 로마가톨릭과 프로테스탄트 군주들은 이 일에 하나가 되어 농민들을 잔인하게 진압했다.

슈파이어 의회(1526, 1529)

사태가 걷잡을 수 없는 상황으로 번하면서 이는 독일 국가 문제로 확대되었다. 신학적 문제를 해결하기 위해서가 아니라 이제는 사회적 문제를 해결하기 위한 모임이 필요한 상황이었다. 농민전쟁을 겪으면서 루터파 종교개혁의 주도권은 군주들에게로 넘어갔다. 루터의 종교개혁은 귀족 종교개혁이라는 말이 들릴 정도였다.

1526년 황제 카를 5세의 동생 페르디난트의 명령으로 독일 슈파이어에서 의회가 개최되었다. 농민전쟁을 해결한다는 목적도 있었지만 프랑스와 오스만튀르크 제국의 투쟁 속에서 독일 군주들의 지지가 필요한 상황이었다. 아무튼 독일 군주들은 사회적 문제를 해결하는 데 초점을 맞췄다. 그리하여 "*Cuius regio, eius religio*"라는 결론을 내렸다. 문자적으로 해석하면, "지배하는 자가 자신의 종교를"이고, 다시 풀이하면, 지배자가 백성들의 종교를 선택할 수 있다는 것이다. 독일 군주들 대부분은 종교개혁을 수용했다. 종교의 관용을 허용하겠다는 뜻을 담고 있었다.

하지만 카를 5세는 만족하지 않았고 다시금 1529년 2차 슈파이어 의회를 개최하기로 했다. 자칫하면 루터파만이 아니라 개혁파와 재세례파도 종교의 관용을 얻을 수 있는 방향으로 나갈 수 있었기 때문이다. 그래서 1522년 보름스 칙령7을 강행하겠다는 의지가 의회에서 강력하게 표명되자 여섯 명의 독일 군주들과 열네 개의 자유 도시의 대표들은 반발하며 의회를 떠났다. 얼마 후에 돌아온 그들에게 페르디난트는 강력한 의지를 표현하면서 황제의 뜻을 전했다. 하지만 4월 20일 군주들은 저항의 서신을 제출하며 의회의 모든 결정에 반발했다. 이들을 가리켜 저항하는 자, 즉 '프로테스탄트'라고 불렀다. 이제 사태는 풀리는 것이 아니라 꼬여만 갔다.

아우크스부르크 의회(1530)

1530년 마침내 공식적으로 황제직에 오른 카를 5세는 그해 4월 8일에 아우크스부르크로 독일 군주들을 소집하여 작금에 일어나는 문제를

7　1521년 보름스 의회가 개최된 후 카를 5세는 5월 26일에 루터에 대해 칙령을 선포했다. 어떤 면으로도 루터를 돕지도 보호하지도 말아야 한다는 내용이었다.

해결하려고 했다. 이 소식을 전해 들은 독일 루터파 군주들은 3월 14일 신학자인 멜란히톤에게 「아우크스부르크 고백서Confessio Augustana」라 불리는 신앙고백서를 작성해 달라고 부탁했다. 이 고백서는 6월 25일 황제 카를 5세에게 전달되었다.

「아우크스부르크 고백서」의 핵심 내용은 '오직 은혜로sola gratia', '오직 믿음으로sola fide', 그리고 '오직 그리스도로solus Christus'다. 루터파는 자신들이 서 있는 곳이 초대 교회의 신앙을 그대로 고수하고 있으며, 로마가톨릭은 그 신앙을 부패시켰고 애매모호하게 만들었다고 비판했다. 어떻게 보면 루터주의의 마그나카르타magna carta(대헌장)라 할 수 있는 이 고백서는 오늘날까지 루터파가 고수하고 있다.

로마가톨릭의 반응은 매서웠다. 로마가톨릭 신학자들은 그 고백서를 상세히 점검했다. 그런 후 「아우크스부르크 고백서에 대한 논박서Antwort darauf, die Apologie der Confessio Augustana」라 불리는 답변을 썼다.

그러자 위협감을 느낀 루터파 군주들은 군사적 동맹을 맺었는데 이것이 1531년 2월 27일의 슈말칼덴 동맹이다. 황제의 군사적 움직임에 대한 대응책으로 향후 6년 동안 서로 돕기로 하는 동맹을 맺은 것이다. 다음 해에는 프랑스와도 동맹을 맺었고, 1535년에는 동맹 기간을 10년으로 연장하기도 했다. 1538년에는 덴마크와도 동맹을 맺었다.

이렇게 하여 순전한 종교개혁운동은 이제 군주들의 불장난으로 바뀌고 만다. 루터 역시 1530년까지 순전한 신학적 인물로 존경받았으나 이후에는 그 운동의 무대에서 떠나게 되고 이어서 등장하게 될 칼뱅에게 그 자리를 물려주게 된다. 루터가 1546년 2월에 세상을 떠나자마자 바로 그해 7월에 슈말칼덴 전쟁(1546~1547)이 발발한다.

루터의 임종

루터의 죽음은 세계 역사에서도 큰 의미가 있는 사건이다. 루터는 천 년의 암흑시대인 중세 시대에 홀로 맞선 위대한 인물로 평가받는다. 이런 평가에 대해선 종교개혁의 역사를 좀 더 살핀 후에 결론을 내려야 하겠지만 그 누구도 행할 수 없는 업적을 남긴 위대한 인물임에는 틀림없다.

1538년 「슈말칼덴 항목」을 작성한 후 질병으로 고생하던 루터는 점점 가족과 함께 보내는 시간을 많이 가졌다. 그가 이 시기에 큰 관심을 가진 사건은 1545년부터 이뤄진 트렌토종교회의였다. 그가 죽은 후에도 이 기나긴 종교회의를 칼뱅이 지켜보게 된다. 아무튼 말년의 루터는 주석을 쓰고 가까운 친구들과 함께 보내는 시간을 많이 가졌다. 자신의 죽음을 직감했을 때는 어릴 때 지냈던 만스펠트를 방문하기도 했다.

루터는 1546년 추운 겨울이었지만 자신의 고향 아이슬레벤으로 가서 마지막 시간을 갖고 싶어 했다. 그곳에서 2월 14일 아내와 멜란히톤에게 서신을 보낸 후 17일에 마지막 저녁식사를 한다. 점점 추위를 느낀 그는 한밤중에 말했다.

> 나의 영혼을 아버지의 손에 부탁합니다. 진리의 하나님 당신께서 저를 구원하셨습니다.

이 말을 한 후 다음 날 새벽 한 시까지 잠을 잔 후 잠시 깬다. 그러면서 라틴어로 말했다.

저는 … 영혼을 내려놓으려고 합니다. 아버지여! 저의 영혼을 부탁

드립니다. 저를 구원하신 주님! 진리의 하나님!

이 말을 한 후 얼마 지나지 않아 루터는 임종을 맞이했다. 이 시각이

1546년 2월 19일 새벽 세 시다.

루터가 세상을 떠난 후 독일의 루터파에서는 어떤 일들이 일어났을까?

아우크스부르크화의(1555)

마침내 독일의 루터파는 1555년 아우크스부르크화의의 결정으로

종교의 자유를 얻었다. 루터가 세상을 떠난 지 10년이 되는 해였다.

루터가 세상을 떠나자마자 루터파 독일 군주들과 황제 카를 5세는

슈말칼덴 전쟁을 일으켰다. 이 전쟁에서 카를 5세가 승리를 안았지만 그

이면에는 작센의 공작 모리츠Moritz von Sachsen, 1521~1553의 간계가 있

었다. 그런데 그 후 선제후로 임명하겠다는 약속을 지키지 않는 카를 5세

에게 배신감을 느낀 모리츠는 프랑스 왕 앙리 2세와 연맹을 맺고 루터

파 군주들과 더불어 카를 5세를 공격했다. 이번에는 카를 5세가 대패하

고 말았다. 그 후 황제 카를 5세는 동생 페르디난트에게 황제직을 이양

하여 독일 지역을 다스리게 했고, 나머지 지역인 스페인, 부르고뉴 및 이

탈리아를 아들 펠리페 2세에게 다스리게 했다. 승리를 안은 루터파 독

일 군주들은 황제 페르디난트와 아우크스부르크화의를 맺어 독일인, 즉

루터파에게 종교의 자유를 준다는 서명을 이끌어 냈다. 아쉬운 점이 있

1555년 아우크스부르크화의

다면 칼뱅주의자, 즉 개혁파나 재세례파와 같은 다른 프로테스탄트들은 독일 내에 거주하는 독일인이라도 종교의 자유를 가질 수 없었다는 것이다.

　아무튼 종교개혁 시기 로마가톨릭교회를 지지하는 신성로마제국과 독일 간에 종교의 자유가 공식화되었다는 것은 313년 최초로 기독교를 공인한 밀라노칙령 이후 처음 있는 일이라는 점에서 의미가 있다 하겠다. 화의의 핵심 내용인 15항과 17항은 다음과 같다.

　15항
　로마제국과 선제후, 군주, 그리고 영주들은 독일령의 신성로마제국 내의 평화 유지를 위해 아우크스부르크 고백서에 근거하여 제국의 어떤 재산에 폭력이나 상해를 가해서는 안 된다. 또 그들의 종교적 신앙, 예식, 의식뿐만 아니라 재산, 권리, 특권까지 보장받아야 한다. 제국으로부터의 추방이라는 위협 또는 기독교에 대한 적대감으로부터 종교적 평화가 보장되어야 한다.

17항. 다른 고백서들은 제외
그렇지만 위에서 언급한 두 종교들[루터파와 로마가톨릭]을 고수하지 않는 모든 사람은 이 화의에 포함되지 않고 철저하게 배제되어야 한다.

루터파 종교개혁이 남긴 것

루터파 종교개혁은 루터의 삶을 의미한다고 말할 수 있다. 루터에 대한 평가는 다양하지만 대체로 인정하는 것은 1530년까지의 루터와 그 이후의 루터를 나누어 파악해야 한다는 것이다. 루터의 처음 신앙은 퇴색되어 갔다고 말할 수 있다. 그 이유는 평민들을 동반자로 만들기보다 귀족 중심으로 종교개혁을 이끌었기 때문이다. 그가 후반기에 남긴 것은 우리에게 별 영향을 주지 못했고 특별한 신학 사상의 발전도 없었다. 그래서 루터주의는 그가 세상을 떠난 후 급작스런 변화를 겪는다. 바로 무의미하고 메마른 신학 논쟁에 휩싸이고 마는 것이다.

1 멜란히톤

필리프 멜란히톤

현재도 루터파의 핵심 도시인 비텐베르크를 방문하면 루터와 함께 나란히 서 있는 동상을 볼 수 있는데 바로 필리프 멜란히톤Philipp Melanchthon, 1497~1560이다. 그는 일찍부터 뛰어난 학문적 능력을 발휘했다. 그리고 모친 바르바라는 인문주의자 요하네스 로이힐린Johannes Reuchlin, 1455~1522의 여동생이었다.

1509년 가을 멜란히톤은 하이델베르크대학교에 입학하여 철학, 수사학, 천문학, 그리스어를 배웠다. 고전 언어에 워낙 탁월하여 그리스어 이름으로 불릴 정도였다.[8] 여기서 학사 학위를 받은 멜란히톤은 1514년 튀빙겐대학교에서 석사 학위를 받았다. 그 이후 학자의 삶을 살다가 1518년 8월 루터가 있는 비텐베르크대학교에 그리스어 교수로 오게 되었다. 이곳에 올 시점은 루터의 1518년 하이델베르크 논쟁이 있은 직후였다. 여기서 그는 성경 신학 교수 루터를 만나 가까운 친구가 되었고, 인생의 큰 전환점을 맞았다. 그는

---

8 본래 그의 이름은 '검은 땅'을 의미하는 슈바르츠에르트(Schwartzerdt)였지만 멜란히톤(Μελάγχθων)이라는 그리스어로 이름을 바꿀 정도였던 것이다.

특히 루터의 신학과 철학 강의를 들었다.

루터와 멜란히톤의 만남은 어떻게 보면 종교개혁운동과 인문주의의 만남과 같다고 하겠다. 루터는 멜란히톤으로부터 고대와 성경 언어에 대한

1534년에 출판된 루터의 성경

지식을 배웠다. 예를 들면, 신약성경을 1522년에 번역하고, 구약성경을 1534년에 번역할 때 멜란히톤이 없었다면 불가능했을지도 모른다. 멜란히톤은 루터를 통해 신학과 종교개혁운동에 깊이 있게 접근할 수 있었다.

멜란히톤의 걸작은 1521년 4월에 출판된『신학총론*Loci communes rerum theologicarum seu hypotyposes theologicae*』과 1532년에 출판된『바울의 로마서 주석*Commentarii in Epistolam Pauli ad Romanos*』이다. 또 멜란히톤은 '독일의 교사'라는 별명을 갖고 있기도 했다. 40년 이상 독일의 학교 개혁과 설립에 큰 관심을 가지고 있었기 때문이다. 그는 학교 조직과 개혁을 위한 규정들과 헌법들을 작성했을 뿐만 아니라 교화서, 문법서, 지침서도 썼다.

멜란히톤은 63세의 나이에 임종을 맞았는데 1560년 4월 11일 비텐베르크에 있는 아우구스티누스 수도원에서 마지막 대중 설교를 마친 후 자리에 눕고 말았고, 4월 19일 세상을 떠났다. 임종이 다가왔을 때 그에게 원하는 것이 있느냐고 조카가 묻자 그는 하늘나라 외에는 아무것도

없다고 했다. 그의 시신은 지금 비텐베르크의 슐로스키르헤 바닥에 루터와 함께 나란히 묻혀 있다.

2 논쟁

루터가 세상을 떠난 후 루터파는 멜란히톤과 신학 논쟁에 들어간다. 루터의 신학 논쟁과는 전혀 다른 아무런 유익도 없는 텅 빈 논쟁이다.

첫 번째 논쟁은 안드레이스 오시안드Andreas Osiander, 1498~1552와의 칭의론 논쟁이다. 그의 주장은 로마가톨릭주의와 유사하다. 그리스도의 의로 인해 인간에게 본질적 의가 생긴다는 것이다. 그 의로 힘 입어 선행을 통해 최종적 구원을 받게 되는 의를 받는다는 주장이다. 이것은 로마가톨릭주의 칭의론을 옮겨놓은 것 같다. 이것에 관해 칼뱅은『기독교강요Institutio christianae religionis』3권 5항부터 12항까지 신랄하게 비판한다.

두 번째 논쟁은 마티아스 플라시우스Matthias Flacius, 1520~1575와의 원죄 논쟁이다. 그는 로마교황을 적그리스도로 규정했다. 로마가톨릭교회에 대한 반대는 그가 1559~1574년에 쓴『교회사Ecclesiastica historia』에 잘 나타나 있는데 로마교황 그레고리오 1세와 스콜라주의 신학자 토마스 아퀴나스를 교황의 적그리스도를 반대했던 사람들 안에 포함시키고 있다. 이 작품은 초대 교회부터 1400년대에 이르는 '반교황사anti-papal history'를 다루는 것으로 후에『마그데부르크 세기들Magdeburg Centuries』이라 불린다.

또 플라시우스는 원죄가 우연이 아니고 본질적이라고 말했다. 인류의 타락은 아담에게 본질적이어서 죄를 지을 수밖에 없다는 것이 되고 만다. 이렇게 생각하면 하나님이 죄의 저자나 원인자가 된다는 오해가 생길 수 있다. 이 점에 관해 1577년에 작성되는 루터주의 신앙의 총체인 '협화신조'에서 원죄가 우연이 아니라 자발적으로 만들어진 것이라고 분명하게 규명하게 된다.

3 협화신조

루터파는 자신들의 신앙고백을 종교개혁이 일어난 60년에 완성하게 된다. 그것을 가리켜 '협화신조協和信條, Konkordienformel'라 부른다. 이것은 루터파 신학자들이 토르가우에 모여 1576년 4월 9일부터 6월 7일까지 작성한 것으로 크게 둘로 나눠지는데 하나는 '요약본epitome'이고 다른 하나는 '확고한 선언Sold Declaration'이다. 요약본은 '협화신조'의 열두 항목을 간략하게 적은 것이고, 확고한 선언은 자세한 설명까지 덧붙인 것이다. 그 열두 가지 항목은 다음과 같다.

1. 원죄
2. 자유의지
3. 하나님 앞에 믿음의 의
4. 선행
5. 율법과 복음
6. 율법의 세 가지 사용
7. 그리스도의 성찬

8. 그리스도의 인격

9. 그리스도의 지옥에 내려가심

10. 교회 의식들(아디아포라 또는 무관심한 것들)

11. 하나님의 영원한 예지와 선택

12. 기타 이단들과 종파들

이상의 내용을 통해 루터파가 고수하는 기본 진리가 무엇인지 알 수 있다. 이 내용은 1517년 이후 루터파 종교개혁의 결산이며, 현재도 루터파가 고수하는 교리들이다.

2

개혁파 종교개혁

혹자는 개혁파 종교개혁이 루터의 영향을 받아 스위스에서 시작되었다고들 한다. 종교개혁을 말하면 독일 종교개혁, 즉 루터파 종교개혁을 먼저 떠올리고 개혁파 종교개혁은 부수적인 것으로 취급하기도 한다. 하지만 루터파 종교개혁과 개혁파 종교개혁은 다른 근원을 갖고 있음을 잊지 않았으면 좋겠다. 츠빙글리 역시 그의 생애가 곧 개혁파 종교개혁의 과정이기 때문에 그에 대해 먼저 살펴보도록 하자.

츠빙글리

스위스의 작은 도시 빌하스에서 태어난 울리히 츠빙글리Ulrich Zwingli, 1484~1531는 루터보다 불과 두 달 정도 후에 태어났다. 루터가 1483년 11월 10일 생이고, 츠빙글리가 1484년 1월 1일 생이다. 츠빙글리는 삼촌 바돌로매의 도움으로 학문을 접하면서 바젤과 베른에서 라틴어에 심취했고, 빈 대학교에서는 수도사였지만 인문주의에 심취했다. 다시금 그는 바젤로 돌아와 신학을 배우면서 개혁 정신을 갖게 되었고 1504년 학사 학위와 1506년 석사 학위를 취득했다.

울리히 츠빙글리

1 목회

츠빙글리는 1506년부터 글라루스에서 사제로서 10년 동안 사역하면서 초대 교회 교부들의 작품들과 라틴어 고전 작품뿐 아니라 존 위클리프와 얀 후스의 작품에도 심취하면서 로마가톨릭교회의 거짓된 부분에 대해 비판적 견해를 갖게 된다. 그러다 1515년 주민들과 함께 마리냐뇨 전투에 참여한 후 용병 제도에 대한 부정적 견해를 피력했다가 글라루스에서 1516년 4월 추방당했다.

추방당한 츠빙글리는 아인지델른에서 3년간 목회하면서 이곳으로 순례 오는 자들에게 큰 감명을 끼치는데, 이때부터 그의 존재가 조금씩 알려지게 된다. 그의 명쾌하고 진솔한 설교는 대중의 인기를 얻기에 충분했다. 이 시기 루터는 로마를 방문하여 신앙적 갈등을 겪는다.

이름을 알린 츠빙글리는 취리히로 초청을 받아 1519년 1월 1일에 그로스뮌스터Grossmünster의 목회를 시작했다. 츠빙글리 설교의 핵심은 역시 '오직 성경으로'였다. 츠빙글리의 설교는 담대했고 확신에 찼으며, 많은 사람이 그의 설교를 회제로 삼았다.

하지만 그의 목회에서도 어려움이 비껴가지 않았는데 취임한 그해 2월 면죄부 판매 사건이 일어나자 츠빙글리는 면죄부 판매에 반대했고, 또 그해 여름에는 성직자들의 결혼을 찬성하는 데 앞장섰다. 이 일로 인해 콘스탄츠 대감독은 그를 더욱 미워하게 되었다. 그리고 그해 8월 역병이 돌아 죽음을 맛보게 된다. 또 황제 카를 5세로부터 용병 요청을 받지만 이에 반대해 어려움을 겪었다. 그리고 '소시지 사건'이 일어났다.

1522년 소시지 사건으로 인해 츠빙글리는 본격적으로 종교개혁운동에 앞장섰다고 알려져 있다. 인쇄업을 하는 크리스토퍼 프로샤우어 Christopher Froschauer, 1490?~1564는 사순절에 금식하지 않고 친구들과 함께 마른 소시지 두 조각을 서로 나눠 먹었다. 츠빙글리는 먹지 않았지만 그 모임에 참석했다는 이유로 비난을 받았다. 이 일에 관해 츠빙글리는 3월 23일 『먹는 것의 선택과 자유Von Erkiesen und Freiheit der Speisen』라는 제목으로 금식을 어기는 것이 죄가 아닐 뿐만 아니라 교회가 관련된 사람들에게 처벌할 수 없다는 내용의 설교를 했다. 이 설교는 한 달 후 인쇄되어 널리 유포되었다.

설상가상으로 츠빙글리의 친구이며 피에르대성당의 목회자인 레오 유다Leo Juda, 1482~1542는 하나님 앞의 행위로 그분의 공의를 만족시킬 수 없다는 설교를 했다. 이런 주장에 대해 수도사들은 반감을 가졌다. 의회는 소시지 사건과 유다 사건으로 인해 일어난 문제를 해결해야겠다고 여겨 양편의 대표자들을 불렀다. 이에 대해 츠빙글리는 「67개 항목」을 쓰게 된다. 1~15번 항목은 복음주의적 진리, 즉 그리스도를 중심하는 내용이고 나머지 16~67번 항목은 고대 규칙들, 규율들, 그리고 로마가톨릭교회의 예식들에 대해 정죄하는 내용이다. 루터의 40개 항목과 유사하다.

2 논쟁

1차 논쟁은 1523년 1월에 6백 명이 모인 시청에서 진행되었다. 발언자로 나선 츠빙글리는 말했다.

> 여기 이 자리에 히브리어와 그리스어로 하나님의 말씀을 읽을 수 있는 박사들, 신학자들, 교회법학자들, 그리고 학식 있는 자들이 참석하여 있습니다. 제가 묻는 모든 질문에 대해 하나님의 말씀이 무류한 규율임을 알 수 있는 분들입니다. 그렇지 않습니까?

침묵을 지키던 청중들 가운데서 이런 소리가 들려왔다.

> 기독교계는 천사백 년 동안 잘못을 저질렀습니다!

그러자 츠빙글리는 이 말이 끝나기도 전에 말을 받아쳤다.

단순한 잘못이 아닙니다. 그것으로 인해 천사백 년 동안 로마가톨릭교회가 자행한 일들을 기억하시기 바랍니다. 고대 신앙에서 찾아볼 수 없고 성경에서도 찾을 수 없는 이상한 근거와 허위 보장들을 얼마나 많이 내세웠습니까? 초대 교회에서는 도무지 찾아볼 수 없는 거짓 교리와 우상숭배의 관습을 기억하실 것입니다. 그것들이 사람을 기록하게 만들고 계몽시킨디고 얼미나 부르짖었습니까? 심지어 사제들의 결혼까지 금한다고 하니 말이 안 됩니다.

이 논쟁으로 취리히에 상당한 파장이 일어났다. 많은 사람이 극기훈련과 같은 수도원 생활을 그만두고 복음적 삶을 살게 되었고 수도원들이 병원으로 개조되기도 했다.

2차 논쟁은 형상 숭배에 관한 것으로, 그해 10월 26일부터 시작되었다. 장소는 취리히 시청이었고 이번에 회집한 대중은 9백 명에 달했다. 여러 지역의 감독들뿐만 아니라 대학교들, 12개 주州. canton의 대표들 또는 그들의 대리자들이 참석했다.

츠빙글리는 개혁 신학에 입각한 교회론을 말했다. 교회의 머리는 로마교황이 아니라 그리스도임을 분명하게 밝혔다. 취리히는 콘스탄츠 감독의 사법권하에 있지 않고 독립적이라는 점도 강조했다. 또 성경만이 교회법의 기반이 된다고 하자 어떤 이도 반대 주장을 펼치지 못했다.

이어서 레오 유다는 교회당에 있는 모든 형상과 그림을 철거해야 한다고 외쳤다. 또 미사 역시 그리스도께서 제정한 성찬과 아무런 상관이 없기에 철폐되어야 한다고 강조했다. 미사를 성례라고 받아들인 그동안의 실수를 더 이상 지속해선 안 된다고 했다. 모든 주장은 성경에 기반을 둔 것이기에 이따금 등장하는 초대 교회 문서를 가지고 논박하려던 로마가톨릭은 침묵할 수밖에 없었다.

츠빙글리는 성찬에 참여하는 모든 사람에게 분병과 분잔을 행했고 매일의 미사를 설교로 대신하라고 했다. 그뿐만 아니라 예배 시간에 오르간을 사용해선 안 되고, 다섯 가지 거짓 성례도 금해야 한다고 주장했다.

3 재세례파

루터파 종교개혁도 '농민전쟁'으로 인해 어려움을 겪은 것처럼 개혁파 종교개혁 역시 재세례파의 등장으로 어려움을 겪게 된다.

츠빙글리는 1521년 11월 '연구 모임'을 시작하여 취리히의 지도급 인사들이 고전뿐 아니라 성경도 원어로 읽을 수 있도록 도왔다. '소시지 사건'이 일어나면서 이들 모임은 그를 지지하면서 전방에 나섰다. 그 이유는 츠빙글리의 개혁 운동이 그들이 바랐던 개혁 운동과 유사하다고 여겼기 때문이다.

그런데 1523년 1차와 2차 논쟁을 거치면서 그들은 더 강력한 개혁을 원했다. 츠빙글리가 단지 미사와 형상 숭배를 반대하는 것에 머무는 것을 보고 그들은 못마땅하게 여겼다. 또 츠빙글리는 개혁의 주체가 시의회가 되어야 한다고 보았지만 그들은 급진파처럼 자신들이 직접 교회의 개혁을 주도해야 한다고 보았다. 이런 차이점으로 인해 '연구 모임'

에 속한 자들은 1524년 6월 모임에서 츠빙글리가 성경의 절대적 권위를 인정하지 않는다고 하면서 비판하였다. 또 이들은 농민전쟁을 주도했던 토마스 뮌처에게 서신을 보내어 사상을 공유하자고 제안하기도 했다.

1525년 1월 17일 유아세례 논쟁이 있었는데 다음 날 유아세례가 합법적이고 성경적이라는 결론이 났고, 게다가 21일에는 연구 모임의 해체 명령이 내려졌다. 그러자 그들은 이에 반발하여 그날 밤 한 집에 모여 서로에게 세례를 베풀고 자신들만의 교회를 만들었다. 이들을 가리켜 재세례파[9]라 부른다. 하지만 시의회는 이를 허용하지 않고 압박을 가했고, 사형까지도 감행했다. 또 츠빙글리 역시 이들은 광신자들이라 비난했다. 재세례파는 유아세례를 부정하고 재세례를 주장할 뿐 아니라 신비주의로 흐르게 되어 근대에 퀘이커도와 같은 신앙을 갖게 된다.

신비주의자들은 성경의 중요성을 인정하지만 그것보다 하나님과의 직접적인 교통, 즉 직통 계시를 선호했다. 또 인간 안에 '내적 빛'이 있기에 그것을 통해 자발적으로 구원을 쟁취할 수 있다고 주장했다. 그 빛을 강화하기 위해 전적으로 영적인 삶이 요구된다고 했다. 이것은 고대 이단 사상인 펠라기우스주의처럼 인간의 노력과 선행을 매우 강조했다. 게다가 이들은 관용을 강조했다. 적이든 원수든 이웃이든 상관없이 사랑해야 한다고 주장했다.

그렇지만 우리가 알아야 하는 것은 재세례파에 대한 핍박의 85퍼센트는 로마가톨릭에 의해 일어났고 그 희생자의 수도 약 2천 명에 달했

---

9 '재세례파(anabaptists)'라는 용어는 그리스어 '아나(ανα, 다시)'와 '바트티조(βαπτιζω, 세례)'의 합성어다.

다는 사실이다. 아무튼 미국에 가면 아미시Amish라 불리는 사람들의 농장에서 유기농 제품을 판매하는데 현재도 독일이나 미국 여기저기서 활동 중이다. 이들의 선조가 재세례파다. 아미시는 야콥 아만Jacob Amman, 1644~1730을 따르는 재세례파를 일컫는 말이다. 그래서 아만파라고 부르기도 한다.

4 마르부르크 담화(1529)

재세례파로 인해 힘들었던 츠빙글리는 1529년 루터파와 담화를 가졌다. 이 담화는 루터파 군주들의 대표였던 필리프 폰 헤센Philipp von Hessen, 1504~1567의 주선으로 성사되었다. 막강한 신성로마제국의 위협으로부터 안전을 지키고자 하는 의도였다. 그해 10월 양측 신학자들은 필리프의 마르부르크성에서 모임을 가졌다. 연합을 위해선 서로 상이한 신학적 견해들을 해결해야만 했다. 그들은 다음과 같은 항목에서는 합의에 도달했다.

1. 그리스도의 두 본성(신성과 인성)은 두 위격에서 나오는 것이 아니고 한 위격에서 나온다는 것.
2. 원죄에 대한 것.
3. 세례는 믿음의 인뿐만 아니라 교회 일원의 표지이기도 하다는 것.
4. 칭의는 그리스도를 믿는 믿음에만 기인하는 것이지 인간의 어떤 능력에도 기인하지 않는다는 것.
5. 기록된 말씀과 그 말씀의 사역에 관한 것.

6. 연옥을 비롯한 여러 로마가톨릭주의에 입각한 거짓 교리에 관한 것.

여기까지는 전혀 문제 되지 않았다. 문제는 성찬론이었다. "이것은 내 몸이고, 피다"(「마가복음」 14: 22, 24 참고)라는 성경의 표현에 대해 츠빙글리는 단순히 그리스도의 고난을 기념하는 상징적 의미라고 했고, 루터는 그리스도의 영이 떡과 잔 안팎에 실제로 공존한다고 주장했다. 츠빙글리의 이론을 기념설 또는 상징설이라 부르고 루터의 이론을 공재설 또는 공존설이라 부른다. 두 파는 격렬하게 논쟁했다. 결국 1~14번 항목까지는 일치를 보았으나 마지막 15번째 항목인 성찬론에서 일치를 보지 못했다. 아무튼 성명서는 발표했지만 서로 석연치 않게 회의를 끝냈다. 연합을 이루기보다 반감만 쌓고 말았다.

5 임종(1531)

마르부르크 담화가 있기 전 1529년 츠빙글리는 스위스의 주들 중 콘스탄츠와 스트라스부르가 프로테스탄트주의를 수용하도록 노력했는데, 이것이 로마가톨릭 주들의 반발을 일으켰다. 양측은 로마가톨릭 주인 아주 작은 마을 카펠암알비스란 곳에서 서로 만나 빵을 먹고 우유를 마시며 담소를 나눴다. 그것을 기념하여 지금도 언덕 위에 돌비석이 하나 세워져 있다. 츠빙글리파는 빵을 제공하고 로마가톨릭 주인 추크는 우유를 제공했다고 한다. 이것을 가리켜 1차 카펠 전투라 부른다.

2차 카펠 전투는 1531년 10월 10일에 있었다. 8천 명의 로마가톨릭주들의 군인들은 방심하고 있던 취리히를 이날 공격하였다. 취리히에는 겨우 수백 명의 군인들밖에 없었다. 11일 그들이 취리히를 일제히 공격하려고 하자 츠빙글리는 군종 목사로서 나가서 싸워야만 했다. 그날 취리히 군인 약 5백 명이 전사했고 그들 중에는 츠빙글리와 그의 아들, 남동생, 사위, 사촌 및 친구들이 포함되어 있었다. 치명상을 당한 한 군사가 죽어 가고 있었는데 운터발덴의 장군 푸킹거가 그가 바로 츠빙글리임을 알아보고 칼로 내리쳤다. 다음 날 12일 로마가톨릭 군인들은 츠빙글리의 시신을 다섯 토막으로 나누어 다섯 주로 보냈고, 그것을 받은 주들은 각각의 토막을 화형에 처했다고 한다. 위대한 지도자를 잃은 취리히는 그의 후계자로 하인리히 불링거Heinrich Bullinger, 1504~1575를 임명하여 하나로 뭉쳤다. 그는 츠빙글리의 아내 안나와 그의 가족을 보살폈다.

왈도파

개혁파 종교개혁을 처음 시작한 인물을 츠빙글리로 보는 것이 일반적이지만 개혁파 종교개혁을 완성한 자는 장 칼뱅이다. 프랑스 지역에서 개혁 운동을 시작했던 대부분은 대체적으로 칼뱅의 신학 사상을 따랐다. 그 이유는 그들의 사상과 그의 사상이 다를 바 없다고 여겼기 때문이다. 칼뱅주의자라고 불린 프랑스의 개혁가들 중 무명의 왈도파를 들 수 있다.

왈도파에 대한 두 견해가 있는데, 우선 로마가톨릭교회의 주장이 있고, 일반 역사가들의 견해가 있다. 로마가톨릭의 주장은 그들이 이단자들이었기에 종교재판소에 소환하였고, 십자군을 일으켜 잔인하게 학살하였다는 것이고, 다른 주장은 왈도파라 불리는 자들이 왈도가 있기 전에 무명의 개혁파로 활동하고 있다가 왈도가 등장하면서 편의상 왈도파로 불렸다는 것이다. 왈도파는 왈도의 이름을 빌려 왔을 뿐 그의 사상이 무엇인지 누구도 모르며 그냥 왈도파로 로마가톨릭에 의해서 불렸을 뿐이라는 것이다. 현재는 이 견해가 더 신빙성 있게 받아들여지고 있다.

1 왈도

먼저 피터 왈도Peter Waldo(Valdo), 1140?~1206?는 프랑스 리옹 출신으로 발도, 또는 피에르 보데Pierre Vaudès라 불린다. 그가 부유한 장사꾼으로 사악한 방법으로 재산을 모았다고 하지만 구체적으로 그의 출생, 젊은 시절 또는 그의 죽음 등에 대해 역사적으로 알려진 바가 전혀 없다. 어느 날 그는 종교적 위기에 직면하게 되는데 친한 친구의 죽음으로 인해 음유시인 알렉시스의 시를 읽은 후였다. 왈도는 복음서에 나오는 부자 청년처럼 재산을 팔아 아내에게 부동산을 준 후 나머지 재산을 가난한 자들에게 나눠줬다. 그런 후 그는 거지처럼 방황하면서 주위 사람들을 다방면으로 도왔다. 그는 그들이 주는 것으로 허기진 배를 채웠다. 현대판 노숙자가 되었다고 하면 쉽게 이해될 것이다. 반세기 후 프란체스코Francesco d'Assisi, 1182~1226도 동일한 삶을 모방하게 된다.

일설에 의하면 그의 청순한 삶을 보면서 사람들이 모이게 되었고 그를 추종하는 자들을 가리켜 '리옹의 가난한 자들'이라 불렀다. 또 왈도는 원어 성경을 읽고 싶어 사제들에게 복음서와 「시편」뿐 아니라 교부들의 책을 라틴어에서 프랑스어로 번역해 달라고 부탁하기도 했다. 그의 제자들이 독일의 프랑크푸르트와 뉘른베르크를 비롯하여 독일 전역까지 뻗어 나갔고 이탈리아에도 뻗어 나갔다. 뉘른베르크에서 그들을 신흥 종파로 여겨 검거하려고 하자 보헤미아로 도주했다. 언제 왈도가 죽었는지 모르지만 그와는 상관없이 왈도파는 꾸준히 성장하여 그의 가르침을 본받아 유럽 여러 곳을 다니면서 자국어로 된 복음을 읽고 선포했다는 것이다.

1179년 왈도파는 3차 라테란종교회의에 참석하여 자신들의 프랑스어역 성경을 로마교황에게 헌정했지만 교황은 그들을 꾸짖고 그냥 돌려보냈다. 하지만 1184년 베로나종교회의에서 왈도파를 '휴밀리아티 Humiliati' 또는 '리옹의 가난한 자들'이라 부르면서 이단으로 정죄하였다. 1190년에도 여러 지역 종교회의에 참석하여 감독들의 허락 없이 복음을 선포한다고 하여 정죄를 받았다. 이제 유럽 전역에서 왈도파는 핍박의 대상이 되고 말았다. 결국 13세기 알비파 십자군운동Albigensian Crusade, 1209~1229으로 인해 진짜 이단 카타르파와 함께 수많은 자들이 학살을 당한다. 생존한 자들은 피에몬테의 깊은 골짜기로 숨어들어 갔다.

하지만 이상의 내용에는 이해되지 않는 부분들이 많다. 과연 왈도파가 왈도를 따랐다면 그가 남긴 사상이 뭔지 나타나야 할 텐데 그렇지 못하다. 또 왈도를 따르는 자들을 '리옹의 가난한 자들'이라 불렀지만 무명의 개혁파는 이탈리아 피에몬테라는 골짜기 사람들이었다.

2 왈도파

그러면 왈도파는? 로마가톨릭교회에 의하면 왈도에 의해 창설되었다고 하지만 결코 그렇지 않다! 왈도파Waldenses라는 말은 라틴어 발리스Vallis, 즉 골짜기라는 말에서 유래되었고, 그 의미는 산지에 사는 자들이다. 그 산지는 피레네산맥을 의미하는 것이고 이들이 프랑스 남부와 알프스산맥의 골짜기까지 뻗어 나갔다. 4세기 콘스탄티누스대제에 의해 교회가 점차적으로 우상화되어 갈 때 피에몬테의 알프스산 깊은 골짜기에 살던 자들은 서로를 형제라 불렀다. 이들은 교회의 타락을 안타까워하면서 골짜기로 모여들었는데 여기에 있던 일부가 왈도와 관련을 맺으면서 왈도파로 편의상 로마가톨릭에 의해 불린 것이다. 왈도파, 즉 무명인의 개혁파 또는 개혁 신앙인들은 이미 왈도 이전에 알프스산맥 깊은 골짜기에 살면서 부패한 교회, 즉 로마가톨릭교회에 속하지 않으면서 신앙을 지켜 나갔다. 왈도가 전한 신앙이 무엇인지는 알려지지 않았지만 왈도파 신앙은 우리에게도 전해지고 있다.

왈도가 사제에게 부탁한 프랑스어역 성경 이전에 왈도파는 이미 두 권의 프랑스어역 성경을 지니고 있었다. 「숭고한 교훈」이라는 시를 보면, "사도들 이후부터 어떤 교사들이 예수그리스도 우리의 구세주의 도를 계속해서 가르쳐 왔다. 지금까지도 그런 가르침을 계속하여 가르치는 교사들이 있는데 그중에 보두아Vaudois가 있다"라고 한다. 보두아는 왈도파를 의미한다. 그들은 로마가톨릭주의가 아니라 하나님께 더 순종하고, 성경 말씀이 그들의 신앙의 근원이었고, 그리고 복음 선포에 중요성을 뒀다. 왈도파는 성경 중심의 삶을 살았다. 로마가톨릭교회의 무서운 칼날 앞에서도 성경에 권위를 두었다는 것은 개혁 신앙의 기준이 되었다. 왈도가 태어나기 전부터 무명의 개혁파는 로마가톨릭교회의 연옥, 미사, 면죄부, 성자의 기도, 성상 등을 완강하게 거부했다.

왈도가 태어나기도 전 왈도파 신앙고백서가 1120년에 작성되었다. 이 신앙고백서의 신학은 개혁 신학에 입각해 있다. 1487년 약 1만 8천 명의 십자군들은 왈도파가 거하고 있던 피에몬테 골짜기를 공격하여 무참히 그들을 학살했다. 그러다가 종교개혁운동이 유럽 전역에 알려지면서 1530년 왈도파 지도자 모렐과 피터 마손은 스트라스부르의 종교개혁가 에콜람파디우스를 비롯한 개혁파 종교개혁가들을 만나 신앙의 지도를 부탁한 후 돌아오는 길에 검거되어 참수형을 당했다. 이 일이 있은 후 왈도파는 개혁 신앙에 입각한 종교개혁운동에 적극적으로 참여하게 된다. 왈도파는 1532년 상포랑 종교회의에 참석하여 개혁 교회에 동참하고 그 지침에 따라 목회자를 선출하고 교회 조직을 만들었다. 로마가톨릭교회의 반종교개혁Counter-Reformation이 일어나자 1545년 프로방스 지역의 왈도파가 거의 죽음을 당하고, 이탈리아 남부에 있던 왈도파도 대학살을 당했다. 1655년 피에몬테 부활절에 수백 명의 왈도파가 죽음을 당했다. 1690년에 이르러 그동안 생존한 얼마 되지 않은 왈도파는 피에몬테 골짜기로 돌아왔다. 그들은 그동안의 숱한 교회 역사 속에서도 자신들의 신앙을 지켜 왔고, 현재도 제네바 공의회와 개혁 교회들의 세계 연맹의 정식 회원으로 활동하고 있다.

왈도파는 왈도와 다르다! 왈도파는 종교개혁이 일어나기 전부터 개혁 신학을 고수하고 있었다. 이들은 칼뱅 이전에 개혁 신학을 이끌었던 에콜람파디우스, 기욤 파렐, 테오도르 드 베즈, 올리베탕, 마틴 부처의 같은 개혁 신학자들과 교제하면서 성경적 개혁 신앙을 고수한, 우리가 간과하고 있던 개혁 신앙인들이었다. 이들은 여러 종교개혁가들에 의해 개혁 신앙 운동이 일어나자 그들과 뜻을 같이했다. 이들은 정말 어두운 중세 천 년 동안 개혁 신앙을 고수하고 있었던 진정한 개혁 신앙인들이었다. 종교개혁 5백 주년을 맞이하면서 개혁 교회는 이들의 숭고한 신앙고백을 결코 잊어서는 안 된다. 이들은 개혁 교회 신앙의 뿌리며 조상이다.

칼뱅

누가 뭐라 하더라도 개혁파 종교개혁에서 장 칼뱅Jean Calvin, 1509~1564을 빼놓을 수 없다. 칼뱅은 종교개혁의 2세대 인물들인 멜란히톤이나 불링거와 같은 시대에 활동하면서 프랑스와 스위스뿐 아니라 스코틀랜드와 영국까지 진리를 재발견했거나 추구한 모든 자에게 감동과 충격을 주었다. 칼뱅의 신학 사상은 그의 걸작 『기독교강요』에 잘 나타난다. 역사적으로 한 권의 책으로 기독교에 대한 것을 그처럼 포괄적이고, 미래적이고, 성경적이고, 역사적이고 그리고 실천적으로 기술한 책은 없다. 칼뱅은 이 책에서 기독교 신앙과 관련된 모든 주제를 다루며, 목회자로서 기독교 신앙의 실천적인 면을 깊이 있게 다룬다. 교회 역사의 근거를 세울 뿐 아니라 이후의 역사에서 일어날 논쟁이나 주제도 다루고 있다.

1 개혁가들

칼뱅이 역사 무대에 등장하기 전에 이미 프랑스에는 개혁 운동이 일어나고 있었다. 그 주체는 프로테스탄트들을 핍박했던 프랑스 왕 프랑수아 1세의 누이인 마르그리트 당굴렘Marguerite d'Angoulême, 1492~1549이었다. 그녀는 철학, 역사, 신학뿐 아니라 라틴어, 이탈리아어, 스페인어, 독일어, 그리스어, 히브리어 등 여러 언어에 능통한 여인이었다. 첫 번째 남편과 사별한 후 둘째 남편인 앙리 달브레Henri d'Albret, 1503~1555와 결혼하여 잔 달브레Jeanne d'Albret, 1528~1572를 낳게 되는데 이 여인의 아들인 앙리 4세Henri IV de France, 1553~1610가 훗날 프랑스에서 칼뱅주의자, 즉 위그노에게 종교의 자유를 주는 '낭트칙령'(1598)을 내리게 된다.

마르그리트는 프랑스 문학뿐만 아니라 프랑스 내 개혁가들을 후원했다. 특히 파리 북동부에 위치한 작은 도시 모에서 모 동아리Circle of Meaux라는 복음적 인문주의자들을 이끌었던 감독 기욤 브리소네Guillaume Briçonnet, 1472~1534를 후원했다. 그에게 영향을 준 자가 프랑스 신학자이며 인문주의자 자크 르페브르 데타플Jacques Lefèvre d'Étaples, 1455~1536인데, 데타플도 마르그리트의 후원을 받았다. 특히 데타플은 루터가 이신칭의를 재발견하기 이전부터 이미 이신칭의를 깨닫고 있었을 뿐 아니라 1512년에는 바울 서신서의 주석을 출판하기도 했고 그리스어 성경을 라틴어로 번역한 인물이었다. 그는 핍박을 받아 스트라스부르로 도피해 있었을 때 기욤 파렐을 만났다. 그런 후 1535년 프랑스어로 된 성경을 번역했는데 이때 조력한 자가 칼뱅의 사촌 형 피에르 올리베탕Pierre Robert Olivetan, 1506?~1538[10]이었다. 그리고 데타플은 프랑스 남부 마르그리트의 영지인 네라크에 피신해 있다가 사망했다. 칼뱅은 1533년 파리에 거하는 동안 데타플을 만나기도 했고 네라크에서도 만나 그로부터 큰 영향을 받았다.

또 데타플의 제자인 기욤 파렐Guillaume Farel, 1489~1565도 빼놓을 수 없다. 칼뱅보다 20세 더 많고 1년을 더 오래 산 그는 왈도파로서 데타플에 의해 새로운 진리를 발견하게 된다. 1524년 스위스 바젤로 가서 마틴 부처를 비롯한 여러 스위스 종교개혁가와 사귄다. 그는 가는 곳마다 핍박을 받으며 개혁가로서 힘든 삶을 살았다. 1531년 봄에는 스위스의 호숫가 도시 뇌샤텔에서 설교자로 활동한다. 1532년 봄 왈도파를 만나 돌아오는 길에 제네바를 들러 설교하게 되는데 여기서 그는 성경이 하나님의 지식의 유일한 근원이며 양심을 가진 사람들이 지배를 받아야 하는 유일한 권위라고 했다. 이런 설교에 당황한 제네바 시민들은 그를 추방시켰으나 파렐은 1533년 12월 다시금 제네바로 와서 복음을 전파하였고 1535년 5월에는 4주 동안의 공개 토론을 실시하여 시민들을 설득했다. 결국 제네바시는 프로테스탄트주의를 수용하기로 결의했고 그를 목회자로 모시기로 했다. 하지만 종교개혁의 길은 순탄치 않았다. 어떤 때는 독살 음모도 감수해야만 했다. 그가 제네바에서 종교개혁을 힘들게 수행하고 있을 때 칼뱅이 스트라스부르로 가는 도중 1536년 7월 어느 날 하룻밤을 지내게 되었다. 그때 파렐은 그를 붙들고 함께 종교개

---

10 올리베탕은 왈도파 목회자로서 원어에서 프랑스어로 성경을 번역한다. 이 성경은 1535년 뉴샤텔에서 출판된 '올리베탕 성경(Olivetan Bible)'이다.

혁을 하자고 제안한다.

2 칼뱅은 누구인가

칼뱅은 조용하고 학문적이
고 사려 깊은 자였다. 칼뱅은 프
랑스 북부에 있는 조그마한 마
을 누아용에서 태어났다. 부친
은 공증인으로 누아용 감독의
보호를 받고 있었고 귀족들과
친숙했다. 그는 감독에게 부탁
하여 열두 살 난 칼뱅을 신부로
임명하고 성직록을 받게 했다.

장칼뱅

칼뱅은 2년 동안 누아용에서 신부 직책을 수행했고, 흑사병이 돌자 부친
은 칼뱅을 작은 도시에서 떠나 하문에 증진도록 주신했다.

1523년 파리대학교의 분교인 콜레주 드 라 마르슈Collège de la
Marche(중학교)에 입학한 칼뱅은 여기서 프랑스어로 된 데타플의 바울서
신 주석서를 읽었고 에라스뮈스의 작품도 접하게 된다. 또 라틴 문학을
가르쳐 준 마르튀랭 코르디에Marthurin Cordier, 1480?~1564[11]를 이곳에
서 만난다.

---

11 그는 후에 칼뱅이 설립한 제네바아카데미에서 강의하다가 85세에 임종했다.

17세의 칼뱅은 1526년 콜레주 드 몽테규Collège de Montaigu로 옮겨 학문의 길을 지속한다. 당시 파리에 신학 계통으로 유명한 대학교인 소르본과 몽테규가 있었는데 코르디에의 권면에 따라 몽테규에서 공부하였다. 이곳은 에라스뮈스, 존 녹스, 로욜라 등 유명한 인물들도 공부한 곳이었다. 여기서 칼뱅은 스코틀랜드 철학자인 존 메이저John Major, 1467~1550[12]를 만나 철학적 지식뿐 아니라 교부들의 신학에 심취하는 계기를 맞는다. 칼뱅은 여기서 1528년 석사 학위를 취득한다.

파리에 거하는 동안 칼뱅은 여러 평생의 친구를 사귀는데 성경적 인문주의자 니콜라 콥Nicolas Cop, 1501?~1540과 사촌 형 피에르 로베르 올리베탕과 교류하게 된다.

1528년 석사 학위를 받은 칼뱅은 법학박사 학위 과정을 밟기 위해 오를레앙으로 간다. 부친의 소원대로 칼뱅은 법률가가 되어 많은 수입을 얻기를 바랐다. 또 이곳에서 칼뱅은 독일학자로서 그리스 문학의 대가 멜키오르 볼마르Melchior Volmar[13]와 친분을 가졌다.

1529년 볼마르 교수를 따라 칼뱅도 부르주로 옮겨 갔다. 여기서 그는 그리스어 학자이자 교회 법학자인 안드레아 알치아티로부터 배웠다. 또 칼뱅은 많은 독일 학생들이 있었던 오를레앙과 부르주에서 독일에서 일어난 혁신적인 사건들에 대해 관심을 가졌다. 그리고 여기서 자신의

---

12 그는 후에 스코틀랜드로 돌아가 존 녹스의 스승이 되었다.

13 그는 부르주대학교에서 그리스어를 가르쳤는데 그의 조언과 도움으로 칼뱅은 그리스 문학에 친숙하게 되었다. 여기서 칼뱅은 하루 열두 시간씩 공부하면서 법학 연구에 몰입하였다.

후계자가 될 테오도르 드 베즈Théodore de Bèze, 1519~1605를 만나 교제했다. 칼뱅은 1521년부터 시작된 학문의 여정 끝에 1531년 1월 법학박사 학위를 받게 되었고, 같은 해 3월 부친이 위독하다는 소식을 접하고 급히 누아용으로 돌아온다.

그해 5월 부친이 사망하였는데 가능하다면 교회와 타협하여 부친을 교회 묘지에 묻기를 원했지만 타협하는 과정에서 세속 권력과 다름없는 성직자들의 내면의 세계를 보고 칼뱅은 매우 실망한다. 앞날에 대해 고민하던 중 칼뱅은 1533년 파리로 가서 왕립대학교에 입학하여 히브리어에 능통하게 된다. 생계를 위해 후원자가 필요했는데 이때 에티엔느 드 라 포르주Etienne de la Forge의 집에 거주하면서 설교자인 제라드 드 루셀Gèrard de Roussel, 1500~1550[14]뿐 아니라 위대한 성경학자인 데타플도 만난다. 이런 만남들을 통해 칼뱅은 종교개혁운동에 더 가깝게 다가서게 되었다. 이때쯤 칼뱅은 로마가톨릭주의에서 벗어나 프로테스탄트주의를 수용하게 되었다고 여겨진다.

1533년 친구 니콜라 콥이 의과 교수로서 파리대학교의 학장으로 선출되었고 그의 취임 연설을 칼뱅이 작성하게 되었다. 파리대학교 신학과 교수들은 이 연설 내용을 문제 삼아 칼뱅과 콥을 검거하려 했다. 그리하여 1534년 5월 칼뱅은 파리를 떠나게 된다.

도망자 신세가 된 칼뱅은 파리에서 남쪽으로 약 450킬로미터나 떨어진 앙골렘에 이르러, 루이 뒤 티에Louis du Tillet의 집에 머물렀는데 그

---

14 설교자 루셀은 모 동아리 일원으로 교회 개혁에 앞장섰으며 마르그리트의 개인 설교자이기도 했다.

는 약 4천 권 이상의 많은 고서를 소장하고 있었다. 칼뱅은 5개월 동안 그곳에 거하면서 초대 교회 교부들의 작품들을, 특별히 아우구스티누스를 연구하였고, 츠빙글리의 라틴어 저서들을 접하기도 했다. 또 네라크로 가서 데타플을 만나기도 했고 종교개혁운동에 동참하는 동역자들을 사귀었다.

1534년 7월 그는 프랑스를 떠나 자유도시인 스트라스부르에 가서 몇 달을 지낸 후 바젤에 거했다. 그 이유는 그해 10월 프랑스에서 벽보 사건Affaire des Placards이 일어나 분노한 프랑스 왕 프랑수아 1세가 1535년 7월 칙령을 내려 프로테스탄트들을 검거하여 수십 명을 화형에 처했기 때문이다. 칼뱅의 후원자였던 에티엔느 드 라 포르주도 이때 화형을 당했다.

바젤에서 조용히 있기를 원했던 칼뱅은 카테린 클라인Catherine Klein이라는 경건한 여인의 배려로 그 여인의 집에 거하였는데 그녀는 칼뱅으로부터 하나님의 말씀을 듣기를 원했다. 칼뱅은 그곳에서 주야로 연구했고 마침내 1536년 3월 자신의 걸작 『기독교강요』의 초판을 완성한다.

3 1차 제네바 목회(1536년 7월~1538년 4월)

바젤에서 『기독교강요』를 출판한 칼뱅은 고향 누아용으로 간다. 그 이유는 큰 형 샤를이 세상을 떠나기도 했고 성직록을 포기함으로써 로마가톨릭과 완전히 결별하기 위해서였다. 이후 동생들을 데리고 스트라스부르로 향하던 칼뱅은 프랑스와 신성로마제국 간의 전쟁 탓에 곧장 가지 못하고 리옹을 거쳐 1536년 7월 어느 날, 제네바의 어느 여인숙에서 하룻밤을 보내게 되었다.

이 사실을 알게 된 기욤 파렐은 밤에 칼뱅을 만나러 간다. 이 만남은 개혁 교회와 개혁 신학에 큰 획을 긋는 사건이 되었다. 당시 칼뱅의 『기독교강요』를 읽고 큰 감동을 받은 파렐은 흥분된 심정으로 칼뱅을 만난다.

> 파렐: 나와 함께 여기 제네바에 머물면서 나를 도와주기 바라네.

> 칼뱅: 죄송하지만 … 저는 오늘 하룻밤만 제네바에 머무는 나그네에 불과합니다. 정 그러시다면, 다른 사람을 찾아보시는 것이 좋을 것입니다.

> 파렐: 자네의 신앙, 열정, 그리고 지식으로 제네바교회에서 훈화하는 것을 왜 마다하겠다는 것인가?

칼뱅은 파렐의 긴급한 제안을 단호하게 거절했다. 자신에게 필요한 것은 조용한 도서관이지 사역지가 아니라고 했다. 그러나 파렐은 결코 물러서지 않았다.

> 파렐: 자네가 지금 처한 이 장소를 먼저 보게나. 교황 제도는 사라지고 전통들은 폐지되었고, 성경의 교훈이 가르쳐지고 있네.

칼뱅: 하지만 저는 가르칠 수 없습니다. 아니, 저는 더 배워야만 합니다.

칼뱅은 자신의 계획을 설명하면서 스트라스부르로 가서 부처, 그리고 카피토Wolfgang Capito뿐만 아니라 독일의 여러 박사와 교제하려 한다고 했다.

파렐: 연구! 자유! 지식! 배운 대로 실천할 수는 없을까? 나는 임무에 눌려 있으니 나를 위해 기도해 줘!

칼뱅: 저는 심장이 약해 휴식이 필요합니다.

파렐: 휴식! 죽음만이 그리스도의 군사들을 쉬게 할 거야. 죽음보다 어려운 여러 문제를 자네와 공유하고 싶네.

칼뱅: 소심하고 무기력한 제가 어떻게 노도와 같은 일들을 처리할 수 있겠습니까?

이에 파렐은 화를 내며 말했다.

파렐: 그리스도의 종들은 전장에서 싸우기 위해 신중해야 해. 하나님의 이름으로 정말 부탁하네. 내 사정에 동정을 베풀어서 자네가 바라는 것과는 다른 방법으로 하나님에게 봉사했으면 좋겠네. 요

나 역시 주님 앞에서 도망치길 원했지만 주님이 그를 바다로 몬 것을 잘 알거야. 자네는 자신의 평정만을, 연구만을 생각하는 것처럼 보이네. 그렇다면 해 보게나. 전능하신 하나님의 이름으로 자네에게 명하네. 만일 그분의 소환에 응답하지 않으면 그분이 자네의 계획을 기뻐하지 않을 걸세. 하나님께서 자네의 휴식에 저주를 내리기를 바라네. 자네의 연구에 저주를 내리기를 바라네. 정말 긴급한 우리 처지를 나 몰라라 하고 뒤로 물러서서 돕고 지지하기를 거부하다니!

여린 심정을 가진 칼뱅은 폭풍처럼 몰아치는 파렐의 강권에 순응할 수밖에 없었다. 이 당시 칼뱅의 나이는 27세였고 파렐의 나이는 47세였다. 이 사건으로 인해 칼뱅은 여러 위기를 맞기도 했지만 거의 25년간 (1536~1538, 1541~1564) 이어진 제네바와의 인연이 이때 시작된다.

처음에 칼뱅은 성경을 읽는 낭독자와 성경 교사로 사역을 시작했다. 1536년 9월 5일 파렐은 '대의회' 앞에 칼뱅을 소개했고 대의회의 반응은 미지근했다. 제네바에서 칼뱅의 시작은 이러했다. 그의 강의는 생피에르대성당에서 주로 이뤄졌는데 신약성경을 강해하는 것이었다. 그가 중요하게 여긴 것은 예수그리스도의 사랑을 예증하고 그 필요성과 위대함을 청중들로 하여금 알게 하는 것이었다.

그해 11월 10일 칼뱅은 「제네바 신앙고백서」와 「교리문답서」를 작성하여 시의회에 제출하고 1541년에 출판하였다. 그는 제네바에서 목회하면서 교회 개혁을 위한 세 가지 제안을 했다. ① 교리문답을 통해 순수한 경건성을 회복하는 일, ② 신앙고백을 통해 순수한 삶을 회복하는 일, 그리고 ③ 교회 질서를 통해 사악성을 제거하고 경건성을 촉진시키는 것이었다.

칼뱅을 바라보는 제네바 시민은 주로 세 부류로 나뉘었다. ① 여전히 절대적으로 다수인 교황주의자들, ② 재세례파, 그리고 ③ 이교적이거나 물질적인 삶에 익숙한 세속인들이었다. 대부분 형식적이고 겉치레적인 신자들이었다고 보는 것이 좋을 것이다. ①의 부류에는 자유파 또는 난봉꾼들Libertines이 섞여 있었다. 이들은 사사건건 칼뱅의 교회 개혁을 반대하며 비난했다. 이들이 1538년 의회를 장악하면서 파렐과 칼뱅은 추방을 당하게 된다. 1538년 4월 23일 파렐은 뇌샤텔로, 칼뱅은 스트라스부르로 각각 떠난다.

4 스트라스부르 목회(1538년 9월~1541년 9월)

스트라스부르는 마틴 부처와 볼프강 카피토가 목회하는 곳이었다. 부처는 칼뱅을 초청하여 프랑스피난민교회를 맡아 달라고 부탁했다. 당시 프랑스 피난민 수천 명이 핍박을 받아 피난처인 스트라스부르에 이른 것이다. 또 칼뱅은 카피토의 추천으로 생니콜라교회, 생트마달렌교회, 그리고 이전의 도미니코 수도회에 속한 교회Dominican Church에서 설교했고, 아카데미에서는 「요한복음」과 「로마서」를 교과서로 삼아 신학을 강의했다. 그는 전체 성경의 맥을 잡을 수 있도록 명쾌한 강의를 펼쳤고, 여러 박사들이 이 강의를 듣기도 했다. 그의 명성은 많은 사람에게 퍼져 나갔다.

계속하여 칼뱅은 자신이 썼던 『기독교강요』를 개정해 둘째 판을 준비했다. 「교리문답서」 역시 개정했고, 루터에게 복사본을 보냈던 성찬에 대한 소논문도 작성했다. 아무런 보수도 받지 않고 힘들게 살았기에 읽을 책을 구입하기도 어려울 정도였다. 얼마간 지난 후 스트라스부르 상원은 그에게 사례를 주었지만 겨우 살아갈 정도였다.

하지만 칼뱅에게는 큰 경험이 된 시기이자 생애의 황금기였다. 칼뱅보다 18년 연상인 부처는 칼뱅에게 아버지와 같은 존재였다. 부처는 칼뱅의 정신적 지도자로서 교회를 섬기는 법과 목회자로서의 자세, 그리고 기독교 교육과 관련해서 많은 것을 그에게 가르쳤다.

또 칼뱅은 부처의 중재로 1540년 8월 초 이들레트 드 뷔르Idelette de Bure, 1500~1549와 결혼했다. 그녀는 두 자녀를 둔 과부였지만 신실하고 차분한 성품을 지닌 여성이었다. 그들은 아들을 낳았지만 아쉽게도 그 아들은 1542년에 태어나 두 주 후에 세상을 떠났다.

한편 칼뱅을 떠나보낸 제네바는 혼란의 도가니로 변했다. 로마가톨릭은 이 도시를 다시금 자신들의 지배하에 두고자 했다. 이에 대한 적절한 방어를 할 사람은 칼뱅뿐이었다.

5 2차 제네바 목회(1541~1564)

1538년 4월 23일 추방당했다가 1541년 9월 13일 칼뱅은 제네바로 정확하게 3년 4개월 20일 만에 돌아왔다. 그는 돌아오자마자 추방당할 때 강해하던 「욥기」를 강해했고, 9월 28일 교회법을 작성하여 시의회에 제출하였고, 시의회는 이를 통과시켰다. 교회법이란 목회자, 교사, 장로 및 집사의 본분을 설명하는 것이다. 또 칼뱅은 장로회를 만들어 교회의 업무를 관리하도록 했다. 이것이 후에 장로교 교회 정치로 발전하다 칼뱅은 격주로 설교했고, 매주 3회의 신학 강의와 매주 화요일의 장로회를 이끌었다. 병든 자를 방문하는 사역도 게을리 하지 않았다. 매일 새벽 다섯 시에 일어나 공부했고, 침대에 앉아서도 책을 읽고, 비서에게 자신의 말을 받아 적도록 했다. 집으로 돌아오면 약간의 휴식을 취한 후 공부와 집필 활동에 매진했다. 이렇게 하여 만들어진 칼뱅의 주석들은 어느 누구도 넘보지 못할 걸작이 되었다.

그러나 칼뱅의 강력한 경건 훈련에 반대하는 사람도 많았다. 이런 상황에서 세르베투스Michael Servetus, 1509~1553 사건은 칼뱅에게 치명적인 불명예를 안겨다 준다. 로마가톨릭교회로부터 이단으로 판정을 받아 쫓기는 몸이었던 세르베투스는 제네바에서 칼뱅을 다시금 추방시키려는 자들과 모반을 꾸몄다는 이유와 이단성으로 시의회에 의해 1553년 10월 27일 화형을 당하게 된다. 세르베투스의 화형에 칼뱅이 연루되었다는 오해가 칼뱅을 따라다니기도 하지만 칼뱅은 1559년까지 외국인 신분의 불법체류자로서 시의회에 참여할 수도 없는 입장이었다. 그는 모든 결정과 논의의 참관자로서 이 사건에서 한 명의 증인으로 활동했을 뿐이다. 따라서 이 사건은 시의회가 전적으로 주도했다고 볼 수 있다.

6 제네바아카데미(1559)

1559년은 칼뱅에게 대단히 뜻깊은 해였다. 먼저 칼뱅은 50세의 나이에 이르러 마침내 제네바 시민권을 받았다. 또 칼뱅은 1536년 『기독교강요』의 초판을 쓴 이후 최종판을 완성했다. 그리고 제네바아카데미를 설립하여 유럽의 모든 사람이 와서 개혁 신학을 배울 수 있게 했다.

제네바에 있는 종교개혁가들의 벽. 왼쪽부터 기욤 파렐, 장 칼뱅, 테오도르 베즈, 존 녹스

심지어 칼뱅의 명성을 듣고 위그노와 왈도파 같은 프랑스 사람들, 피의 여왕 메리이 핍박을 피하고자 하는 잉국 사람들, 그 밖에 스코틀랜드 사람들 등 각지에서 아카데미를 찾아왔다.

아카데미의 위치는 생피에르대성당이었고, 교장은 베즈였으며, 열 명의 교수들이 함께 문법, 수사학, 수학, 물리학, 음악, 고대 언어 등을 가르쳤다. 학생들은 모두 「사도신경」을 고수한다는 서명을 하고 개혁 신학을 고수해야 했다. 그 첫 해에 학생이 9백 명에 달했다. 그야말로 제네바는 개혁 신학의 중심지가 되었다.

7 임종(1564)

1563년에 이르러 그의 임종이 다가온 듯싶었다. 그래서 주위 사람들은 칼뱅에게 사역을 줄이라고 권했다. 그러면 그럴수록 칼뱅은 더욱 열정적으로 설교와 강의를 하며 집필 활동에 마지막 집념을 불태웠다. 걸어 다니는 병원이라 할 정도로 괴로웠지만 시간이 얼마 남지 않음을 알고 있었기에 남은 시간 동안이라도 미래의 교회를 위한 열정을 끌 수 없었던 것이다. 1564년 4월 2일 부활절에는 교회당으로 가 설교하기를 원했지만 그냥 돌아와야 했다. 아쉬운 발걸음이었다.

임종할 날이 다가올 즈음 칼뱅은 이따금 다윗과 히스기야의 기도를 암송했다.

나는 제비처럼 학처럼 애타게 소리 지르고, 비둘기처럼 구슬피 울었다. 나는 눈이 멀도록 하늘을 우러러보았다. 주님, 저는 괴롭습니다. 이 고통에서 저를 건져 주십시오!(「이사야」 38: 14).

내가 잠자코 있으면서 입을 열지 않음은, 이 모두가 주께서 하신 일이기 때문입니다.(「시편」 39: 9)

1564년 5월 27일 저녁 여덟 시 갑작스럽게 숨을 크게 몰아쉬고 있는 칼뱅의 모습을 지켜보던 여종은 그의 임종 시간이 다가왔다는 것을 알아차렸다. 그녀는 급히 형제들 중 하나와 베즈를 불렀다. 베즈가 침실에 들어갔을 때는 칼뱅은 이미 임종한 후였다. 평소처럼 잠자는 모습을 하고 있는 칼뱅을 발견했지만 발이나 손을 움직이지도 않고, 숨을 쉬지도 않았다. 그의 얼굴은 여느 때처럼 밝았다고 한다.

다음 날, 그러니까 그의 시신은 플랭팔레라 불리는 장지로 향했다고 하지만 칼뱅은 자신이 떠나면 어떤 무덤도 만들지 말고, 어떤 묘비도 세우지 말라고 부탁했다.

이렇게 하여 칼뱅도 1세대 종교개혁가들처럼 아브라함의 품에 안겼다. 칼뱅이 남긴 유산의 혜택을 받지 않은 개혁 신앙인은 아무도 없을 것이다. 그는 개혁 신학의 모든 것을 한 그릇에 담아 『기독교강요』라는 책으로 정리하였다. 2000년 교회 역사에서 한 권의 책으로 기독교 신학과 신앙을 정리한 사람은 현재까지 없었으며 앞으로도 없을 것이다. 그의 책에 담긴 진리의 묘사를 보면 그가 왜 '경건한 신학자'라 불리는지 잘 알 수 있다. 이 한 권의 책에서 우리는 개혁 신앙의 교리, 성경 해석의 진정한 원리, 중생 된 자의 삶의 지침을 배울 수 있다.

3
영국
종교개혁

영국의 종교개혁은 루터파 종교개혁이나 개혁파 종교개혁과는 다르게 출발했다. 영국의 종교개혁은 국왕 헨리 8세Henry VIII, 1491~1547에 의해 이뤄졌다. 로마제국 황제가 교회의 보호자로 활동하면서 정·교 유착을 이룬 것처럼 영국은 왕의 개인사로 인해 로마가톨릭교회와 결별한 것이다. 진정한 종교개혁이란 '진리의 재발견'이 일어나는 것인데, 영국의 종교개혁에서는 루터파나 개혁파에서 볼 수 있는 진리의 재발견이 이뤄지지 않았다. 왕 중심의 종교개혁은 국가와 종교의 새로운 유착 형태를 만들어 냈는데, 그것이 바로 성공회, 즉 앵글리칸주의Anglicanism다. 성공회는 개혁 신학과 로마가톨릭주의의 측면을 함께 가진 이중적 모습으로 나타났다.

선구자들

1 롤라드

영국 종교개혁이 일어나기 전 14세기에 교회 개혁 운동을 일으킨 선구자들이 있었다. 롤라드Lollardy/Lollards라 불리는 사람들이었는데, 이 단어는 네덜란드어 롤라에르드Lollaerd에서 유래되었고 중얼거리는 자라는 뜻을 가지고 있다. 이들은 성경에 따라 살아야 하고, 모든 사람이 자국어로 된 성경을 접해야 하고, 스스로 그 뜻을 해석할 수 있어야 한다고 믿었다. 이런 신앙은 전 종교개혁가 존 위클리프의 가르침에서 출발했다고 여겨진다. '종교개혁의 샛별'이라 불렸던 위클리프는 영권이 세속권을 간섭해서는 안 된다고 주장하였고 『불가타Vulgata』 라틴어 성경을 영어로 번역했다.

롤라드들은 반성직주의를 주장하고 로마 교회의 수많은 사악한 관행을 비판했다. 이 일로 순교한 롤라드들 중 가장 잘 알려진 자는 셰익스피어 작품의 인물이기도 한 존 올드캐슬 경Sir John Oldcastle, 1378?~1417이다. 그는 1417년 이단자로 몰려 화형을 당했다.

2 순교자들

영국 종교개혁의 최초의 순교자는 토머스 빌니Thomas Bilney, 1495~1531다. 그는 여러 통로를 통해 접한 라틴어 성경을 읽으면서 진리를 재발견하기에 이르렀고 이 기쁨을 감출 수 없어 성경 공부반을 만들었다. 여러 젊은이들은 이 모임을 통해 성경을 직접 읽고 연구하면서 재발견된 진리를 공유하며 거짓된 로마가톨릭주의를 비판했다. 29세의 나이로 1533년 순교하게 될 존 프리스John Frith, 1503~1533와 성경을 영어로 번역한 죄로 순교하게 될 윌리엄 틴들William Tyndale, 1494~1536도 이곳에서 공부하면서 진리를 재발견했다. 이들 모두는 화형으로 순교하기에 이른다. 특히 빌니는 케임브리지의 최고이 하지였던 휴 라티머Hugh Latimer, 1485~1555까지 개종시켰고 라티머 역시 화형을 당해 순교한다. 이러한 순교의 피로 인해 영국은 점차적으로 종교개혁의 길로 나아가고 있었다. 그렇지만 국민 전체가 종교개혁운동에 동참하기에는 갈 길이 멀었다.

헨리 8세, 종교개혁의 출발

헨리 8세가 무슨 신앙심이 깊어 종교개혁을 일으킨 것은 결코 아니다. 그는 빈번하게 문학가들의 작품에 등장할 정도로 극적이고 화려하며 잔인한 삶을 살았다. 그의 형 아서는 스페인의 카타리나 데라곤Catalina de Aragón, 1485~1536과 1501년 결혼했지만 얼마 지나지 않아 원인 모를 병으로 죽고 만다. 그의 부친 헨리 7세는 1505년 차자인 헨리와 그녀를 재혼시켰고, 결혼은 순탄치 않았다. 두 사람 사이에 유일하게 딸 메리만 두게 되었다. 후사를 기대하던 헨리 8세는 그녀의 시녀였던 앤 볼린Anne Boleyn, 1507~1536과 사랑을 나눴다. 이때 그녀의 나이 20세, 헨리는 33세였다. 헨리는 볼린과의 결혼을 성사하기 위해서는 로마가톨릭교회와 결별하는 길만이 유일한 방책이라는 것을 깨달았다. 이혼과 재혼 및 결혼에는 교회의 수장인 로마교황의 윤허가 있어야 하는데 윤허를 받을 수 없었고 자신이 교회의 수장이 되면 간단하게 이혼과 재혼이 가능하였기 때문이다.

프로테스탄트주의의 수용

그의 이런 문제를 해결하는 데는 대법관 토머스 크롬웰Thomas Cromwell, 1485?~1540의 재간이 작용했다. 그는 프로테스탄트주의를 받아들인 토머스 크랜머Thomas Cranmer, 1489~1556를 캔터베리의 대감독으로 앉히고 성공회를 정착시키도록 했다. 또 크롬웰은 자국어로 성경을 번역하고 교회의 신조와 예식서를 개정하게 했고, 독일 신학자들을 초청하여 영국에 루터주의를 알리게 했다. 더욱이 그는 로마가톨릭주의의 잔재를 없애는 데 힘썼다. 루터주의뿐만 아니라 개혁 신학도 수용했는데 이때 스트라스부르의 목회자였던 마틴 부처의 도움을 받았다. 당시 부처는 케임브리지대학교 교수직을 맡고 있었다. 그의 도움으로 크랜머는 성공회의 고백서인 「42개 항목」을 작성하게 된다. 핵심 내용은 이신칭의와 성경의 유일한 권위였다. 하지만 1553년 6월 선포 이후 한 달도 채 못 되어 에드워드 6세가 세상을 떠나게 되어 영국은 다시 로마가톨릭주의로 돌아가게 된다. 그 이유는 왕위에 오른 피의 메리Mary I, 1516~1558가 로마가톨릭주의를 강화했고 프로테스탄트주의를 수용하는 자들을 핍박했기 때문이다.

메리의 반격(1553~1558)

1536년 모친 카타리나가 죽으면서 고아가 된 메리는 늘 위기와 공포 속에 살았다. 모친의 이혼에 프로테스탄트주의가 큰 영향을 미쳤다는 점을 잠시라도 잊지 않았다. 37세의 나이로 여왕이 된 그녀는 에드워드 6세의 통치 동안 결혼했던 모든 사제의 혜택을 박탈했다. 감독들에게 명령하여 이단자들을 색출하고 범죄자들을 찾아내어 교화하거나 처벌하라고 했다. 이때까지만 해도 이단법이 부활되지 않았기 때문에 과격한 핍박은 없었다. 그래서 8백 명이나 되는 프로테스탄트들은 신앙의 자유를 찾아 대륙으로 건너갔다. 하지만 루터파 도시들이 이들을 맞이하지 않았기에 이들은 취리히, 프랑크푸르트 및 제네바로 피난처를 찾아 발걸음을 옮겨야만 했다. 이 당시 존 폭스John Foxe, 1516~1587는 핍박의 잔악상을 세상에 알리기 위해 1563년 『가장 특별하게 기억되어야 하는 문제들의 행전과 기념비들Actes and Monuments of Matters Most Speciall and Memorable』을 출판하기에 이른다. 현재는 간단히 『순교사화』라 일컬어진다. 그녀는 남아 있는 프로테스탄트 성직자들을 하나씩 화형시켜 나갔다. 하지만 그녀도 5년간의 통치를 끝으로 세상을 떠나고 만다. 역사의 수레바퀴는 다시금 로마가톨릭주의로부터 프로테스탄트주의를 향하여 굴러간다.

중용 정책과 청교도의 출현

엘리자베스 1세Elizabeth I, 1533~1603는 영국 역사에서 가장 뛰어난 왕이라는 평가를 받는다. 1558년 25세의 나이로 여왕이 되어 스캔들과 위험, 서출에 대한 냉대 속에서도 살아남았다. 그녀는 종교적 분열 속에 있는 국가를 이어받아 위대한 국가로 만들었다. 종교적 갈등(색깔 논쟁)이 국가의 정책에 얼마나 악영향을 끼치는지 잘 알고 있던 엘리자베스는 중용 정책을 쓰게 된다. 하지만 그녀는 로마가톨릭들과 프로테스탄트들이 함께 나라를 꾸며 가기를 원했지만 독신적 성직자들을 선호한 것이나 예배에서 의식과 장식을 선호한 것을 보아 여전히 로마가톨릭에서 벗어나지 못했음을 알 수 있다. 또 그녀는 1559년에 내린 수장령으로 영권과 세속권을 모두 장악하였고, 에드워드 6세 때 작성된 「42개 항목」을 「39개 항목」으로 수정하여 현재 앵글리칸 교회, 즉 성공회의 신앙고백서를 만든 것을 볼 때 로마가톨릭주의보다 칼뱅주의를 조금 더 선호했다고 볼 수 있다. 그 결과 메리 1세 통치기 때 영국을 떠난 자들이 대륙으로 피신하여 칼뱅의 신학, 즉 개혁 신학을 배우고 익힌 후 엘리자베스 시대에 귀국함으로써 새로운 계층이 생겨났는데 바로 청교도puritans였다.

당시 청교도라는 칭호는 비아냥거리는 용어였다. 그 이유는 엘리자베스의 중용 정책으로 인해 로마가톨릭주의의 잔재들이 완전히 근절되지 못하고 교회 관습 안에서 여전히 자행되고 있었기 때문이다. 예를 들면 많은 청교도들은 성단소聖壇所, chancels를 부수고 오르간을 교회당 밖으로 옮겨 놓고자 했고, 성직자들이 동일한 제의를 입는 것을 거부했다. 참되고 성경적인 기독교를 구현하려는 강력한 의지를 가진 자들이었다. 그런데 청교도라고 말할 때 여러 부류가 있기 때문에 아래의 표와 같이 구별할 필요가 있다.

청교도

급진파(브라운파)	성공회
	장로교
	회중파(독립파)

대체적으로 청교도라고 할 때 장로교만 생각하지만 그렇지 않다. 처음엔 성공회에도 청교도에 속한 사람들이 있었다. 찰스 2세가 등장하면서 청교도라는 명칭은 사라지고 비국교도와 국교도의 명칭이 등장한다. 이때 국교도는 성공회를 의미하고, 비국교도는 장로교와 회중파를 의미했다. 회중파는 장로교도와 다르게 회중의 자율성에 중점을 두는 자들이었다. 엄밀히 말하면, 회중파는 칼뱅주의를 따르는 자들이 아니라 단

일신론자들Unitarians이고 보편 구원설을 수용하는 자들이라고 말할 수 있다.

급진파로 알려진 브라운파는 로버트 브라운Robert Brown, 1550?~ 1633년?의 이름에서 유래한다. 그는 청교도와도 어울리지 못하고 친구 로버트 해리슨Robert Harrison과 함께 자신들의 공동체를 만들었다. 1582년 네덜란드로 그 공동체를 옮겼으나 적응하지 못하다가 다시 스코틀랜드로 옮긴다. 여기서도 환영을 받지 못하고 여러 차례 검거되기도 했다. 브라운은 하는 수 없이 1584년 영국으로 돌아와 책을 쓰면서 추종자들을 모았다. 그는 재정적 압박을 받다가 83세의 나이로 세상을 떠나는데 그가 바랐던 것은 영국 교회의 도덕적 회복과 초대 교회로 돌아가는 것이었다. 그는 영국 교회로부터 최초로 떨어져 나온 자였다. 따라서 그의 추종자들을 분리파Separatists라고 부른다. 이 분리파가 1620년 메이플라워호를 타고 미국의 매사추세츠 플리머스에 도착한 자들이다. 흔히들 청교도가 신대륙으로 건너간 것으로 여겼지만 실제로 건너간 사람들은 분리파였다. 분리파를 청교도로 분류하는 경우가 있지만 실제는 급진파이기에 대체적으로 비주류로 취급한다. 그래서 일반적으로 말할 때는 청교도 분류에 넣지만 엄밀히 말해서는 청교도가 아니라고 본다.

이 당시 새로운 교파가 하나 생겼는데 그것은 바로 침례교였다. 이 교파의 창시자는 토머스 헬위스Thomas Helwys, 1575?~1616?와 존 스미스John Smyth, 1570?~1612?다. 이들은 정·교 분리와 종교의 자유를 주장하면서 제임스 1세 때 많은 핍박을 받았다. 헬위스는 런던의 동부 지역 스피탈필즈에서 최초의 침례교를 창립했다. 스미스는 분리파에 가입했다가 네덜란드로 가서 유아세례를 반대하고 침례만이 세례의 진정한 의미를 나타낸다고 주장하면서 침례교도를 이끌었다. 스미스를 따르는 자들은 그가 죽기 전 재세례파인 메노파를 따랐고 청교도 사상을 포기하기에 이른다.

4

스코틀랜드 종교개혁

영국과 스코틀랜드는 복잡한 역사적 상관관계를 갖고 있지만 교회 역사가 다른 양상으로 발전했기 때문에 여기서는 구분하여 다루는 것이 좋을 것 같다.

스코틀랜드는 약 1500년의 역사를 갖고 있다. 그러니까 5세기경 니니안Ninian, ?~432 선교사가 스코틀랜드 원주민이었던 피트족을 개종시켰고, 6세기에 이르러 콜럼바Columba, 521~597 선교사가 이오나수도원을 지으면서 기독교 복음 선포가 이뤄졌다.

중세 시대에 접어들면서 스코틀랜드는 독립 국가의 면모를 갖추게 되는데 항상 남부 지역의 영국과 긴장 상태에 있었다. 교회의 성격이 켈트 기독교에서 로마가톨릭교회로 바뀌어 간 것은 독실한 로마가톨릭이었던 왕비 마거릿Margaret of Scotland, 1045?~1093 때문이라고 여겨진다.

스코틀랜드의 종교개혁운동 하면 대표적으로 존 녹스를 얘기할 수 있다. 먼저 본격적인 흐름 이전의 선구자들부터 살펴보자. 스코틀랜드도 많은 순교자가 생기면서 진리가 선포되었고 로마가톨릭주의의 가시덤불에서 벗어나게 된다.

선구자들

1 해밀턴

우선 루터의 목소리라 불리며 최초의 순교자가 된 패트릭 해밀턴 **Patrick Hamilton, 1504~1528**을 언급하지 않을 수 없다. 성직록까지 받은 왕족인 패트릭은 1518년 파리에 거하는 동안 에라스뮈스의 인문주의와 루터주의를 접하게 되었다. 또 1527년에 비텐베르크에서 루터와 멜란히톤을 만나기도 했다. 해밀턴은 그해에 스코틀랜드로 돌아와 사람들에게 미신에 가득 차고 진리를 숨긴 로마가톨릭교회에 대해 날카롭게 비판했다. 고위 성직자들은 해밀턴의 이런 행동을 묵인할 수 없어 토론이나 대화도 없이 막무가내로 그를 이단으로 정죄하였다. 그의 죄목은 고해성사, 참회, 연옥 등을 부인하고 로마교황을 적그리스도라고 주장했다는 것이다. 이 일로 1528년 2월 마지막 날 세인트앤드루스대학교, 즉 세인트 샐바터 타워 **St. Salvator's Tower**에서 화형을 당하게 되었다. 이때 그의 나이 24세였다. 지금도 그 바닥에는 그의 이름의 약자가 새겨져 있고 그 벽에 붙어 있는 벽돌에 그의 얼굴도 새겨져 있다.

해밀턴의 이름 약자가 새겨진 화형 장소

2 위셔트

마찬가지로 왕족이었던 조지 위셔트George Wishart, 1513~1546는 이
단성 있는 자로 주목을 받자 영국을 통해 스위스 취리히로 가서 하인리
히 불링거로부터 개혁 신학을 배우게 되었다. 영구이 케임브리지대학
교에서 잠시 가르쳤고 1543년 7월 스코틀랜드로 돌아와 많은 청중에게
「로마서」를 칼뱅처럼 강해했다. 이 강해는 놀라운 반응을 일으켰고, 고
위 성직자들은 그를 묵인하고 있을 수만은 없었다. 위셔트가 쓴 것처럼
거짓 서신을 꾸며 그를 검거하려 하기도 했고, 자객을 시켜 그를 죽이려
고까지 했다. 그는 1546년 1월 16일 검거되어 3월 1일 화형장으로 끌려
갔다. 사형장에 있는 트럼펫 주자들이 소리를 내자 두 명의 집행관이 위
셔트에게 검은 옷을 입히고 화약을 그의 몸에 발랐다. 그러자 위셔트는
화약을 몸에 바른 채 무릎을 꿇고 기도했다.

세상의 구주이신 하나님! 저에게 자비를 베풀어 주옵소서! 하늘에 계신 아버지여! 나의 영혼을 당신의 손에 의탁합니다.

그의 순교는 제자였던 녹스에게 큰 영향을 끼쳤다. 결국 존 녹스는 스승을 불태운 그 불을 진리의 불로 바꾼다.

녹스

"하나님의 트럼펫"이란 별명을 가진 존 녹스John Knox, 1505 또는 1514~1572는 철저한 칼뱅주의자였으며 스코틀랜드 종교개혁의 아버지라 불린다. 자그만 마을 기포드게이트에서 태어난 녹스도 칼뱅처럼 당대의 철학자 존 메이저에게서 배웠다. 그는 1545년 토머스 윌리엄의 설교를 듣고 진리를 깨달은 후부터 성경 연구에 집중하며 참된 교회를 찾으려는 열정을 가졌다. 또 녹스는 순교자 위셔트의 제자로서 어디든 그림자처럼 그를 따라다녔고, 위셔트가 1546년 순교했던 그 도시 세인트앤드루스에서 사역했다. 그곳 성도들에게 「헬베티아 고백서」와 「교리문답서」를 가르쳤고 청교도 신앙에 입각하여 스코틀랜드 교회의 개혁을 부르짖었다.

녹스는 1547년 프랑스 군인들이 세인트앤드루스성을 공격하자 피난민들과 함께 검거되어 19개월 동안 프랑스 군함에서 노예 생활을 하면서 돈독한 개혁 신앙을 다지게 되었다. 1549년 영국의 간섭으로 녹스의 혐의가 벗겨져 석방되었고, 녹스의 명성을 들은 토머스 크랜머는 그를 영국으로 초청하여 목회하도록 주선했다.

1553년 에드워드 6세의 사망으로 피의 메리가 프로테스탄트들에게 잔인한 압정을 시도하자 녹스는 유럽 대륙으로 도피하여 제네바에서 목회하는 칼뱅과 사귀었다. 또 칼뱅과 함께 영국의 피난민들을 위해 목회하면서 여러 저서를 썼는데 그 가운데 『여인들의 소름 끼치는 통치에 반대하는 1차 비난The First Blast of the Trumpet against the Monstrous Regiment [Rule] of Women』이 있다.

마침내 녹스는 1559년 5월 대망의 꿈을 품고 조국 스코틀랜드로 귀국하여 에든버러에서 영주들과 함께 프로테스탄트주의를 스코틀랜드에 정착시키는 데 주력하였다. 또 다섯 명의 목회자들과 함께 1560년에 「스코틀랜드 신앙고백서」를 작성하였다. 이것은 칼뱅의 신학 사상이 전적으로 반영된 것으로 예정론과 교회의 성격을 가장 두드러지게 반영한 것이었다. 이어서 녹스는 같은 해 「1차 치리서」를 작성했다. 이것으로 교회 정치 사상으로 장로교주의를 스코틀랜드 교회에 정착시켰다. 후에 그의 후계자인 앤드루 멜빌은 1578년 이를 보완하여 「2차 치리서」를 작성했는데 핵심적 내용은 예배에 있어 어떤 인간적 고안물도 배제한다는 것이었다. 예를 들면, 제의, 독신 제도, 또는 축제 등이다. 이런 것들은 미신적 관습들일 뿐 성경적 근거를 갖고 있지 않았기 때문이다.

녹스는 1570년 에든버러에 있는 자일즈교회에서 목회하던 중 중풍으로 쓰러진 가운데서도 작품 활동을 지속했다. 1572년 11월 녹스는 자신의 임종이 다가옴을 느끼자 성경을 지속적으로 읽었는데 특히 「시편」을 읽었고, 읽지 못할 정도로 고통스러워지자 아내와 비서에게 「요한복음」 17장, 「이사야」 53장, 그리고 「에베소서」를 읽어 달라고 부탁했다. 그

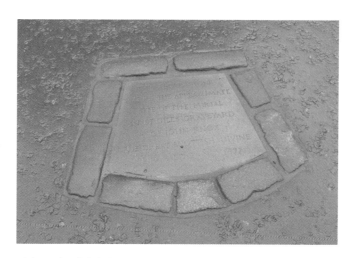
자일스교회 주차장에 있는 녹스의 묘

는 11월 21일 자신의 관을 만들어 달라고 부탁하면서 이렇게 기도했다.

오소서! 주 예수님! 고마우신 예수님! 나의 영혼을 아버지 손에 의
탁합니다. 주여! 당신이 구속하신 교회에 자비를 베풀어 주옵소서!
이 고통 받는 공화정에 평화를 베푸소서! 신실한 목회자들을 일으
키셔서 당신의 교회를 맡기소서!

11월 23일 주일 오후 세시가량 지그시 눈을 감은 녹스를 위해 아내
는 「고린도전서」 15장, 「요한복음」 15장, 그리고 칼뱅의 「에베소서」 설
교의 한 부분을 읽었다. 저녁 열한 시경에 향년 67세의 나이로 녹스는
임종을 맞았다. 그의 시신은 11월 26일 에든버러에 있는 자일스교회 묘
지에 묻혔는데 현재는 그 묘지를 주차장으로 사용하고 있고 그의 묘에
는 '23'이라는 숫자가 매겨져 있다.

멜빌

루터를 이어 멜란히톤이, 츠빙글리를 이어 불링거가, 칼뱅을 이어 베즈가 후계자로 활동했던 것처럼 녹스를 이어 앤드루 멜빌Andrew Melville, 1545~1622이 스코틀랜드에 개혁 신앙을 정착시켰다. 그는 세인트앤드루스대학교에서 그리스어를 통해 아리스토텔레스 철학을 배웠고, 1564년 19세의 나이로 프랑스로 가서 그리스 문학을 심도 깊게 연구했다. 1569년에는 제네바로 가서 베즈 밑에서 개혁 신학을 배우고 제네바아카데미에서 인문학을 가르쳤다.

1574년 스코틀랜드로 돌아온 멜빌은 글래스고대학교 총장직을 수행하면서 자신의 명성을 알렸다. 1578년에는 「2차 치리서」를 작성하여 장로교 제도의 대헌장을 마련해, 오늘날의 장로교를 정착시키는 데 공헌했다. 그는 모든 목사가 동일한 지위를 가져야 하고, 교회 업무나 기강이 교회 자체적으로 이뤄져야지 감독이나 정부가 주도해선 안 된다고 강조했다.

또 그는 세인트앤드루스대학교의 뉴칼리지에서 교과과정의 개혁을 주도했다. 그의 목적은 사람들이 더 높은 학문을 위해 대륙으로 가지 않아도 될 정도로 스코틀랜드 교육의 범위와 수준을 증진시키는 것이었고, 신자들로 하여금 언제든 적대자들을 논박할 수 있도록 성경 지식을 갖추게 하는 것이었다.

5

네덜란드
종교개혁

네덜란드는 스위스와 독일, 영국 등에서 종교의 자유를 얻지 못하고 박해받은 자들이 모인 피난처였다. 그리하여 네덜란드는 여러 민족이 모인 이민자의 지역이 되었다.

이런 상황에서 네덜란드에서는 대표적인 종교개혁가의 활동이 두드러지기보다는 국가적 차원에서 종교개혁이 이뤄졌다. 특히 네덜란드의 종교개혁은 더치 혁명Dutch Revolt 또는 네덜란드 혁명Revolt of the Netherlands이라 불리는 80년전쟁(1566~1648)과 밀접한 관련을 맺고 있다.

이 전쟁이 일어나게 된 배경은 1566년부터 1568년까지 신성로마제국 황제 카를 5세와 아들 펠리페 2세가 저지대 국가들 지역에 있는 이단들을 척결하고 로마가톨릭화하겠다는 야심을 굽히지 않은 데서 비롯된다. 펠리페 2세는 자신의 의붓 남매인 마르가레타 판 파르마를 계속해서 네덜란드로 보냈다. 이에 개혁 신앙인들은 성상을 파괴하면서 로마가톨릭의 핍박에 맞섰고, 펠리페 2세는 무력 진압을 위해 알바 공작을 1567년 3월에 파송하여 철의 정치를 진행했다.

그러자 개혁 신앙인들과 알바 공작, 빌럼 판 오라녜Willem van Oranje, 1533~1584 간의 무력 전쟁이 1568~1576년 일어나게 된다. 군사력에서 약세인 오라녜가 프랑스의 위그노와 영국에 도움을 청하자 펠리페 2세는 알바 공작을 대신하여 돈 루이와 돈 후안을 네덜란드 총독으로 각각 보냈다. 하지만 안타깝게도 1584년 7월 10일 오라녜가 로마 가톨릭에 의해 피살을 당하자 그의 아들 마우리츠 판 나사우Maurits van Nassau, 1567~1625가 부친을 대신하여 개혁 신앙인들과 네덜란드 독립을 위해 나섰다. 이제 펠리페 2세도 1598년 죽고 그의 아들 펠리페 3세가 왕위를 이어 전쟁은 2세들의 전쟁으로 확산되었다. 마우리츠와 펠리페 3세, 이 두 사람은 전쟁에 선한 의미가 없다고 여겨 1609~1621년까지 '12년의 휴전'에 들어간다.

12년의 휴전은 네덜란드 자치국들에게 큰 힘이 되었다. 일단 스페인과의 전쟁으로 입은 피해를 복구하고 경제 발전을 꾀하는 계기가 되었고, 정치적으로는 네덜란드 공화국을 형성하고, 교회적으로는 개혁 교회를 확고히 하는 계기가 되었다. 하지만 이런 가운데 유럽에 30년전쟁(1618~1648)이 일어나자 다시금 혁명의 향방을 알 수 없는 암흑의 시기가 찾아왔다.

한편 전쟁의 와중에도 종교의 자유를 찾아 모인 개혁 신앙인들은 1571년 10월 4일부터 13일까지 독일 동부 프리슬란트에 있는 엠덴에서 '국가종교회의'라는 이름으로 네덜란드 개혁 교회 최초의 모임을 가졌다. 이 모임은 추방당한 칼뱅주의 교회 지도자들의 모임이었고, 설교자와 장로로 이루어진 29명의 참석자 중에는 네덜란드인뿐만 아니라 신앙의 자유를 찾아온 피난민들도 있었다. 여기서 그들은 교회 정치로서 장로교 정치를 채택했고, 개혁 신앙을 위해 귀도 드 브레Guido de Bres, 1522~1567가 작성한 「벨지카 신앙고백서」를 채택하여 신앙 교리를 단일화했으며, 또 신앙 교육을 위해 네덜란드어 사용자를 위한 「하이델베르크 교리문답서」와 프랑스어 사용자를 위한 「제네바 교리문답서」를 채택했다. 다음 회의는 1578년 도르트레히트에서, 1581년 미델부르크에서 개최되었다. 이로써 네덜란드 종교개혁을 통해 칼뱅주의가 개혁 신학으로 정착된다.

6

—

반종교개혁

지금까지 어두운 중세 시대를 청산하고 초대 교회와 성경으로 돌아가고자 한 종교개혁가들의 피와 눈물, 땀에 대한 이야기를 했다. 여기에 더해 짚고 넘어갈 흐름이 있다. 종교개혁의 과정을 바라보던 로마가톨릭도 이에 반응하기에 이르는데, 그것을 가리켜 반종교개혁Counter-Reformation이라 부른다. 다른 말로는 로마가톨릭 종교개혁이다. 종교개혁이라 불러도 되는지 몰라도 역사가들은 이런 단어를 써서 프로테스탄트 종교개혁에 대한 로마가톨릭교회의 반응을 정리했다.

반종교개혁의 특징은 크게 두 가지다. 첫 번째는 1542년 로마교황 바오로 3세1534~1549가 내린 종교재판이다. 두 번째는 무려 18년 동안 이어진 트렌토종교회의(1545~1563)로서 로마가톨릭은 여기서 결정한 내용을 앞으로 300년 동안, 즉 1차 바티칸종교회의(1869~1870)가 개최될 때까지 고수했다. 그간에 그 어떤 종교회의도 갖지 않을 정도로 트렌토종교회의에서 확고하고 면밀하게 논의를 진행했다.

종교재판

　스페인이나 이탈리아에서 종교개혁이 일어나지 않은 이유는 이곳에서 종교재판이 가장 활발하게 일어났기 때문이다. 유명한 종교재판은 스페인 종교재판이다. 미국 시인인 에드거 앨런 포가 1842년에 쓴 『함정과 추』를 보면 무죄한 기독교인들을 이단자라는 미명 아래 무참하게 고문하고 화형시키는 장면이 생생하게 묘사되어 있다. 이처럼 스페인 종교재판은 무시무시한 공포 그 자체였다. 로마가톨릭교회가 이러한 살인적 무기를 사용한 이유는 스페인에 거주하는 유대인과 모슬렘 때문이다. 이들은 겉으로 로마가톨릭주의를 수용하는 척했지만 실제로는 은밀하게 자신들의 관습을 고수하고 있었다. 이들을 가리켜 신기독교인이라는 뜻의 콘베르소스conversos 또는 마라노스Marranos(돼지들이라는 뜻으로 모슬렘과 유대인을 한꺼번에 가리켰던 말)라 불렀다.

　이들에게 1492년 철퇴가 가해졌다. 페르난도 데라곤 2세Fernando II de Aragón, 1475~1504와 이사벨 데 카스티야Isabel I de Castilla, 1471~1504가 추방령을 내린 것이다. 7월 30일에 이르러 20만 명에 이르는 유대인들이 스페인에서 추방되었고, 수만 명의 피난민이 안전한 피난처를 찾는 도중 죽고 말았다. 추방당한 이들은 영국, 터키, 북아프리카, 이탈리아 등 전 유럽으로 흩어져 살았다.

트렌토종교회의

반종교개혁, 즉 로마가톨릭 종교개혁에 있어 가장 핵심적인 사건인 트렌토종교회의는 프로테스탄트 종교개혁이 일어난 지 30년 후에 시작되었다. 루터가 1546년에 사망하고, 칼뱅이 1564년에 사망하는데 이 종교회의는 루터가 죽기 1년 전에 시작해서 칼뱅이 죽기 1년 전에 끝난다.

로마가톨릭교회는 프로테스탄트 종교개혁이 일어나자 처음에는 이를 압박하고 억제하기 위해 여러 수단을 동원했다. 하지만 이런 강압적인 방법으로 해결되지 않으리라는 것을 겨우 알아차린 그들은 자신들의 권익과 기득권을 유지하기 위해 개혁의 목소리를 아래와 같이 외쳤다.

도대체 우리가 무엇을 믿고 있단 말인가? 우리의 신학적 입장이 무엇인가?

트렌토종교회의에서 여러 교회 악습이 폐지되기도 했지만 이 회의는 로마가톨릭의 초기 교리를 강화하는 데 더 큰 목적을 두고 있었다. 1545년 12월에 개최된 트렌토종교회의에는 3명의 교황 사절단 외에 트렌토의 감독, 추기경 마드루차Madruzza, 4명의 대감독, 21명의 감독, 5명의 수도회장, 독일 왕 페르난도의 공식 사절단과 42명의 신학자, 8명의 교회법 학자가 참석했다.

가장 큰 이슈는 1546년 7월 29일 6차 회기에 일어났다. 여기서 프로테스탄트와 로마가톨릭이 가장 두드러진 상이점을 나타내는 것이 논의되었다. '오직 믿음으로'라는 교리를 다루었고, 길고 긴 열띤 논쟁을 마무리하고 마침내 1547년 1월 13일 '칭의'에 관한 법령을 발표하기에 이른다. 프로테스탄트를 정죄하는 36개의 교회법에 서문과 16개의 법령이 첨가되었다. 칭의에 관한 것은 트렌토종교회의 중 가장 중요한 결정이었다. 트렌토종교회의는 프로테스탄트의 칭의론을 반대하고 칭의가 믿음과 선행에 기초한다고 발표하였다.

7

교훈

16세기 종교개혁의 시대를 살펴면서 꼭 기억해야 할 몇 가지 사항이 있다. 우선 종교개혁이 단순히 도덕적 타락에서 벗어나기 위한 시도가 아니요, 거짓 선지자들을 축출하기 위한 것도 아니라는 것이다. 성경 시대에도 항상 거짓 선지자들이 있었기에 예레미야나 에스겔뿐 아니라 그리스도도 주의하라고 경고한 바가 있다. 종교개혁의 정신은 부패를 청산하는 데 있지 않다. 부패를 방관할 수는 없지만 그것만이 종교개혁이라고 봐선 안 된다는 것이다.

둘째, 종교개혁은 제도 개선이나 혁신도 아니다. 제도를 변화시키면 인간성이 변화될 것이라는 것은 착각이다. 인간은 동물이나 기계가 아니기에 사회 제도를 바꿨다고 인간성이 변화되는 것도 아니다. 종교개혁은 사회개혁이나 혁신으로 이뤄지지 않는다. 인간성의 변화는 진리로 말미암아 일어난다.

셋째, 종교개혁의 정신은 진리의 재발견이다. 종교개혁이 일어나기 전까지 성경의 진리를 발견하지 못한 것이 있는지에 우리는 관심을 가져야 한다. 종교개혁가들은 앞에서 언급한 두 가지 이유만을 가지고 고귀한 생명을 아낌없이 바치진 않았다. 종교개혁의 과정에서 수많은 순교자가 나온 이유는 진리 때문이다. 그 진리를 그들은 분명히 재발견한 것이다. 그들은 구원과 관련된, 또 칭의와 관련된 진리를 재발견했다. 이 점을 로마가톨릭은 정확하게 알고 있었기에 칭의에 관해서 가장 길고 뜨겁게 논의했던 것이다.

이제부터 우리는 종교개혁 정신이 우리 시대에 이르기까지 4백~5백 년에 걸쳐 얼마나 엎치락뒤치락했는지 간략하게 살펴볼 것이다. 이 과정을 살펴보면서 우리의 현주소가 과연 어딘지, 후회가 적은 길은 무엇인지 파악했으면 한다.

2장

17세기 이야기: 베이비부머 시대

17세기는 종교개혁의 다음 시기로서 개혁의 정점에서 멀어진 사람들의 시기다. 우리의 상황에 비유해 보면 6.25전쟁을 겪은 부모를 둔 다음 세대인 베이비부머의 시대와 같다 하겠다. 종교개혁의 정신이 희미해지거나 사라진 세대라 여겨진다.

1
30년전쟁

30년전쟁(1618~1648)은 종교개혁 이후 일어난 많은 전쟁을 마무리하는 전쟁이다. 이것은 종교개혁 신앙을 따르는 군주들과 로마가톨릭주의를 고수하는 신성로마제국의 합스부르크 가문의 전쟁이었다. 또 황제 페르디난트 2세Ferdinand II, 1578~1637, 페르디난트3세Ferdinand III, 1608~1657, 그리고 그들의 사촌인 스페인의 펠리페 4세Felipe IV, 1605~1665에 반대하여 일어난 프로테스탄트 군주들 간의 전쟁이었다. 그리고 프로테스탄트계에 속한 네덜란드, 덴마크, 프랑스 및 스웨덴이 로마가톨릭계에 속한 스페인 합스부르크 가문에 항거하여 일어난 전쟁이었다.

배경

1555년 루터파는 아우크스부르크화의에 따라 신성로마제국 내에서 종교의 자유를 획득했다. 이전에 세속 권력자들이 장악했던 로마가톨릭 영지들도 그들에게로 되돌려졌다. 이제 독일 군주들은 그 지역 내의 신하들에게 루터주의를 강압적으로 택하도록 했다. 그렇지만 독일 내에 종교적 안정이 찾아오진 않았다. 그 이유는 많은 군주가 칼뱅주의를 수용하고 있었고 그들이 북부 독일에 있는 로마가톨릭 영지들을 지속적으로 탈환해 나갔기 때문이다. 자연스럽게 군주들은 로마가톨릭들과 갈등을 빚을 수밖에 없었다. 다른 한편으로 합스부르크 가문이 이끄는 신성로마제국은 오스트리아, 보헤미아 및 헝가리 지역에 많은 영지를 갖고 있었고 바이에른, 작센, 브란덴부르크, 팔츠, 헤센 등 많은 영지도 지배하고 있었다.

보헤미아, 모라바 및 오스트리아에서 합스부르크 가문 사이에 분열이 일어났는데 지역 엘리트들이 종교의 자유를 주장하였다. 이런 주장을 가만히 두고 볼 수 없었던 합스부르크 가문은 그들의 특권을 조금씩 좁혀 갔다. 이러한 긴장은 보헤미아 혁명, 덴마크 간섭, 스웨덴 간섭, 그리고 프랑스 간섭으로 발전해 갔다. 보헤미아의 프리드리히 5세Friedrich V, 1596~1632,[15] 덴마크의 크리스티안 4세Chistian IV, 1577~1648, 스웨덴의 구스타브 2세Gustav II, 1594~1632 등이 30년전쟁의 주요 인물들이었다. 합스부르크 가문이 독일과 스페인을 손에 넣은 후 프랑스를 좌우에서 경고하게 되자 하는 수 없이 프랑스가 이 전쟁에 참여하게 되어 유럽 전체의 전쟁으로 번진 것이다.

전개

30년전쟁의 단초가 된 것은 보헤미아 혁명(1618~1621)이었다. 보헤미아는 후스가 화형을 당한 나라로, 현재의 체코다. 수도 프라하는 유럽에서 가장 중세 시대를 잘 엿볼 수 있는 도시다. 30년전쟁은 여기서 발발한다.

황제 페르디난트 2세는 1618년 5월 심복인 네 명의 의원을 프라하의 흐라드차니성으로 보내 그가 없을 때 보헤미아를 통치하기를 원했다. 전설에 따르면, 보헤미아 의원들이 그들을 붙잡아 창문 밖으로 던져

---

15 프리드리히 5세는 '프로테스탄트 동맹'의 창시자로, 제임스 1세의 딸 엘리자베스 스튜어트와 결혼했다.

30년전쟁을 점화시킨 프라하 사건

버렸다고 한다. 다행히도 그들은 쓰레기 위에 떨어져 구사일생하여 돌아갔다. 이 사건을 가리켜 프라하의 '2차 창밖 던지기'라 부르고 또 이 사건이 30년전쟁을 점화하는 사건이 되고 만다. 로마가톨릭과 프로테스탄트 간의 갈등에 대한 소문이 유럽 대륙으로 퍼져 나갔기 때문이다.

보헤미아 영주들은 1619년 8월 자신들의 왕으로 페르디난트 2세 대신에 프리드리히 5세를 선출했다. 그렇지 않아도 불쾌감을 가진 황제는 프리드리히 5세에게 보헤미아에서 군대를 철수시키든지 아니면 제국 군대를 맞이하든지 선택하라는 경고장을 보냈다. 프리드리히 5세는 장인인 영국 왕 제임스 1세를 비롯하여 유럽 국가들에 도움을 청했지만 여의치 않았다. 결국 보헤미아는 제국령이 되고 말았다.

제국권이 유럽에서 다시금 세력을 확장하는 것을 우려했던 강국들 중 프랑스, 영국, 덴마크가 연맹을 형성하여 제국권에 맞섰다. 덴마크의 크리스티안 4세는 황제 전쟁이라 일컫는 전쟁을 시도한다(1625~1629). 결과는 크리스티안의 대패였다. 이제 스웨덴의 구스타브 2세가 제국권에 맞서 일어났다(1630~1634). 처음에 구스타브 2세가 승전의 기세를 떨쳤으나 제국군에게 대패하고 그도 전사한다.

이제 프랑스가 제국군에 맞서 일어난다(1635~1648). 연이은 전투에서 승리를 안은 합스부르크 가문의 제국군은 유럽 전체를 삼킬 기세였다. 이를 묵과할 수 없던 프랑스가 마침내 제국군에 맞서 일어난 것이다. 프랑스는 스웨덴과 함께 힘을 합쳐 제국군에 치명적 손실을 안기면서 대승한다. 이렇게 하여 30년전쟁은 종결되었다.

베스트팔렌 평화협정

그 결과 1648년 10월 4일 베스트팔렌 평화협정이 성립되어 기나긴 30년전쟁과 네덜란드의 80년 독립전쟁이 마무리되었다. 이 협정으로 신성로마제국권은 유럽 북부 지역의 통치권을 상실했고, 로마가톨릭교회의 영향력도 상실되고 말았다. 종교개혁이 일어난 지 130년 만에 모든 유럽인은 어떤 종교라도 선택할 수 있는 자유를 얻게 되었다.

그러면 30년전쟁의 단초를 제공했던 보헤미아인들은 어떻게 되었을까? 보헤미아는 로마가톨릭의 지배지가 되었고, 보헤미아인들은 개종을 해야 했다. 그들은 관용령Toleranzpatent[16]이 선언된 1781년까지 어둠의 날들이라 불릴 정도로 힘든 세월을 보내야만 했다. 하지만 이에 굴복하지 않고 굳건하게 프로테스탄트주의를 지켰던 연합 형제단Unitas Fratrum이 존재했다. 그들의 지도자 얀 코멘스키(코메니우스)Jan Amos Komenský, 1592~1670[17]는 저지대 국가들로 가서 그들을 이끌었다. 이들은 핍박을 이기지 못해 여러 국가로 흩어져 살았으나 루터파는 그들을 배척하였다. 그들은 이리저리 방황하는 세월을 겪은 후 18세기 친첸도르프의 환영을 받아 헤른후트Herrnhut('주님의 보호'라는 뜻)를 만들었고 후에 '모라바파 형제단'을 창설했다. 이는 결국 독일 경건주의의 모체가 되었다.

2
—
영국의 청교도 운동

종교개혁이 일어난 후 가장 격동적이었던 시기가 청교도 운동의 시기다. 당시가 왕이 없는 공화정 시대였기 때문이다. 영국은 현재도 왕이 있는데 왕을 하나님의 대리자로 여겼던 시대에 왕을 처형했다는 것은 쉽

---

16 신성로마제국 황제 요제프 2세가 합스부르크 가문의 개혁을 위해 시행한 개혁 방안 중 하나로서 1781년 10월 13일에 그 칙령을 내려 루터파와 개혁파 및 정교회에 공적 예배를 허용하고 예수회를 해체시켰다.

17 코멘스키는 현대 교육의 아버지라 불리는데 그림을 넣은 교과서를 처음 펴냈을 뿐만 아니라 자국어로 쓴 교과서를 사용하기도 했다.

게 상상하기 어렵다. 이런 시대에 교회는 어떤 역할과 자세를 취했는지 살펴보도록 하자.

제임스 1세(1603~1625)

우리는 윌리엄 셰익스피어의 소설 『맥베스』를 통해 제임스 1세 James I, 1566~1625를 이해할 수 있다. 한마디로 제임스 1세는 정통성이 없는 왕이다.

그는 스코틀랜드의 메리1542~1587의 아들이었다. 그녀는 배빙턴 음모에 연루되어 44세의 나이로 참수형을 당해 죽게 되었다. 스코틀랜드 여왕이었지만 존 녹스와 같은 종교개혁가들로 인해 1568년 영국으로 피신해 와서 19년 동안 감금된 상태로 있다가 엘리자베스를 살해하는 음모에 가담하여 사형을 받았다. 1567년 스코틀랜드 왕위를 받을 때 제임스는 겨우 13개월의 갓난아이였다.

한편 영국 왕 엘리자베스가 결혼하지 않은 채로 통치를 하다가 1603년 세상을 떠나자 정통성을 상실한 영국은 하는 수 없이 스코틀랜드 왕 제임스 6세를 영국 왕 제임스 1세로 임명한다. 이런 면에서 영국인들은 그를 셰익스피어의 맥베스라 표현하였던 것이다.

1603년 스코틀랜드 왕이면서 영국 왕이 된 제임스 1세는 감독이나 왕도 없는 장로교 제도를 거부하면서 흥청망청 사치스런 생활에 뛰어들었다. 교황 제도를 비판하면서도 은근히 청교도들을 비난했다. 1599년 『왕의 선물Βασιλικὸν Δῶρον』이란 글을 써서 아들 헨리에게 선물로 주었는데 여기서 청교도의 부정적인 측면을 꼬집고 비판했다.

이러한 그의 자세를 본 천 명의 영국 청교도 목회자들은 1603년 서명하여 '천 명의 청원서Millenary Petition'를 제안했다. 영국 교회의 인간적이고 비성경적인 관행들과 예식을 금하는 청원서였다. 청원서는 크게 네 부분, 교회 예배, 교회 사역자, 교회 수입과 유지, 교회 기강에 관한 내용으로 나뉜다.

이것을 받아 든 제임스 1세는 분노를 감출 수 없었으나 태연하게 1604년 자신의 궁전인 햄프턴궁전에서 회의를 갖는다. 당연히 그는 그들의 요구를 받아들일 수 없는 여러 이유를 지적했다. 말이 통하지 않을 것을 간파한 청교도 대표 존 레이놀즈John Rainolds, 1549~1607는 성경 번역을 제안했다. 이것이 1611년 완성되어 오늘날까지 권위를 갖는 영역 성경, 킹 제임스역King James Version이다.

당시 청교도는 제네바 성경Geneva Bible을 사용하고 있었다. 제네바 성경은 칼뱅과 베즈의 영향을 받은 영국인들이 번역한 것으로, 처음으로 장과 절을 나누었고, 1576년에 완역본이 나왔다. 제임스 1세는 칼뱅주의에 바탕을 둔 이 성경을 싫어했다. 따라서 자신의 이름으로 만들어지는 성경을 마다할 리 없었다. 이 번역을 위해 처음에 54명이 참여했고, 마무리할 때의 학자들은 47명이었다. 여섯 부류로 나뉜 번역 위원들이 웨스트민스터, 케임브리지 및 옥스퍼드에서 지속적으로 모임을 가졌다. 웨스트민스터에서는 「창세기」~「열왕기하」 및 「로마서」~「유다서」를, 케임브리지에서는 「역대기상」~「전도서」를, 옥스퍼드에서는 「이사야」~「말라기」, 복음서, 「사도행전」 및 「계시록」을 번역했다. 4년에 걸쳐 초고가 완성되었고 마지막 개정은 1611년에 이뤄졌다. 이 번역서는 1814년에 이르러 흠정역Authorized Bible이라 공식적으로 불렸다.

찰스 1세(1625~1649)

제임스 1세의 둘째 아들인 찰스 1세Charles I, 1600~1649는 파란만장한 생애를 살았던 인물이다. 그는 왕의 특권을 저지하려는 의회와 충돌을 빚었고 시민전쟁(1642~1646, 1648~1649)을 일으켰으며 1649년 1월 단두대에서 사형을 당했다. 그 과정에서 단기의회와 장기의회가 소집되었고, 그의 정책은 큰 갈등을 일으켰다. 그의 통치기에 극렬한 핍박을 받은 청교도들은 네덜란드나 미국으로 신앙의 자유를 찾아 떠나야만 했다. 그리고 스코틀랜드에서도 그에 대한 항거가 일어나 무력적 진압을 시도했다. 찰스 1세는 한마디로 초대 교회 때 기독교를 무너뜨리기 위해 힘썼던 로마제국의 황제이자 배교자인 율리아누스Julian the Apostate, 360~363와 유사하다.

1 갈등

어릴 때부터 부친 제임스 1세의 영향으로 왕이 신의 대리자라는 왕권신수설에 젖어 있던 찰스 1세에게 의회는 '권리청원'을 작성한다. 이 청원은 다음과 같이 네 가지로 분류할 수 있다.

① 의회 동의 없이 징세는 없다.

② 분명한 이유 없이 누구도 검거할 수 없다.

③ 민가의 뜻과 상관없이 군인들이나 항해자들을 숙박시킬 수 없다.

④ 항해자들이나 군인들이 범한 일반 범죄를 처벌할 군법은 없다.

스페인과 프랑스와 전쟁을 치르면서 재정난에 허덕이던 찰스 1세는 하는 수 없이 1628년 이에 동의하였다. 그런데 의회가 찰스 1세의 종교 정책에 관여하려 하자 그는 의회를 해산시키고 11년간 독재정치를 지행했다. 찰스 1세는 화려한 의식을 선호했기에 평범한 예배를 원하는 청교도와 충돌을 빚을 수밖에 없었다. 또 1633년 스코틀랜드 왕이 된 찰스는 1637년 스코틀랜드인들에게 새로운 기도서를 강요했다. 스코틀랜드인들은 단순하고 평범한 기도서를 원했는데 찰스는 복잡하고 사치스런 의식을 강요했다. 이 일로 분개한 스코틀랜드인들은 영국을 침략하여 더럼과 뉴캐슬을 점령하였다.

따라서 찰스는 1640년 스코틀랜드와의 전쟁 경비를 충당하기 위해 의회의 개최를 요청했다. 의회는 찰스의 간교한 심복들을 물리쳐야 한다는 조건을 내걸었다. 왕권신수설을 주장하는 찰스와 의회는 충돌을 피할 수 없었다. 그의 심복 중 한 명인 윌리엄 로드William Laud, 1573~1645는 청교도에 대한 반감에 가득 찬 인물이었다. 로드는 종교 문제에 있어 관용을 허용하지 않았다. 얼마나 그의 폭정이 심했는지 그의 이름을 따라 로드주의라는 말이 나올 정도다. 이 사상은 개혁 신학의 예정론을 거절하고 아르미니우스주의[18]에서 말하는 자유의지를 더 중요하게 여기는 것이며 인간의 의지적 노력으로도 구원이 가능하다는 것이다.

급진파에 속한 존 릴번John Lilburne, 1614~1657은 정치적 활동가이자 팸플릿 제작자로서 인류 평등주의 민주정치를 주장해서 로드로부터 핍박을 받았다. 그뿐만 아니라 윌리엄 프린William Prynne, 1600~1669은 영국 교회에 스며드는 이단 사상인 아르미니우스주의를 비판하고 여성의 연극배우 역할을 반대했는데 이것이 왕비를 능멸했다고 하여 귀가 잘리고 얼굴을 인두로 지지는 형을 당했다. 이와 유사한 일들이 로드에 의해 자행되었다. 또 로드가 스코틀랜드의 장로교 제도를 해체하고 감독 제도를 정착시키려는 음모를 강행하자 스코틀랜드 장로교도는 분노에 가득 찼다.

2 시민전쟁(1642~1651)

로드의 폭정을 이기지 못한 스코틀랜드의 언약도가 1639년 1차 감독들의 전쟁을 일으키자 찰스 1세는 의회를 개최했지만 겨우 3주만 이어졌을 정도로 의회파와 왕당파 간의 이견을 좁히지 못했다. 화가 난 찰스 1세는 5월 5일 이처를 해산시키고 말았는데 이 의회를 단기의회(1640년 4~5월)라 부른다.

단기의회가 해산된 지 6개월 후 스코틀랜드인들이 2차 감독들의 전쟁을 일으키자 찰스 1세는 황급하게 의회를 개최했다. 이것을 우리는 장기의회(1640~1660)라 부른다. 의회에서는 로드를 탄핵하라는 강력한 목소리가 일어났다. 또 개혁의 목소리가 높아지면서 찰스 1세의 정책자문

---

18 네덜란드의 신학자 아르미니우스(Arminius, 1560‥1609)의 학실로, 칼뱅의 예정론에 반대하고 구원에 있어서 합리성과 인간의 자유의지를 강조한다.

위원회의 폐지도 요구됐다. 그뿐만 아니라 1641년 아일랜드 폭동이 일어나자 왕이나 의회의 결의가 있어야 무력 진압이 가능한지에 대한 뜨거운 논쟁도 일어났다. 결국 의회파는 왕의 인준 없이 시민군 법안을 만들어 통과시켰고 왕과 의회 간의 힘겨루기는 불을 보듯 뻔한 상황으로 이어졌다. 상·하원의 삼분의 일은 찰스 1세를 지지하는 왕당파로 무력 진압을 원했고, 의회파 가운데 장로교도는 평화를 원했고, 독립파는 전쟁을 원했다. 이렇게 하여 앞에 어떤 낭떠러지가 있는지도 모른 채로 밀고 나가는 인간의 허영심 때문에 수많은 사람이 목숨을 잃어야만 했다. 왕당파와 의회파 간의 이 전쟁을 가리켜 시민전쟁이라 부른다.

다음의 표를 보면 복잡한 연대와 이야기를 이해하는 데 도움이 될 것이다.

찰스 1세는 자신의 심복들을 위해 왕의 깃발을 내세웠다. 시민전쟁 초기에는 왕당파가 승리했다. 그러나 의회가 1643년 스코틀랜드의 언약도와 엄숙한 동맹과 언약Solemn League and Covenant을 맺고, 독립파에서 1644년 신형군New Model Army을 만들면서 시민전쟁의 판도는 의회의 승리로 변해 갔다. 이렇게 하여 1차 시민전쟁이 끝이 난다.

의회파가 승리를 안았기에 장로교 의회원들은 신형군을 폐지해야 한다는 목소리를 높였다. 그러자 1648년 12월 올리버 크롬웰Oliver Cromwell, 1599~1658은 자신이 이끄는 신형군이 의회실을 점령하도록 하고 약 140명의 의회원들이 회의 장소에 들어오지 못하도록 하였다. 그리고 남아 있는 의회원들이 회의를 지속하도록 했는데 이것을 잔여의회Rump Parliament라 부른다.

이 잔여의회에서 영국 역사상 끔찍한 결정을 하기에 이른다. 1649년

찰스 1세 시기부터 명예혁명까지의 연대표

왕	영국		스코틀랜드
찰스 1세 (1625~1649)	1차 의회(1625)		
	2차 의회(1626)		
	3차 의회(1628~1629)		국가 언약(1638) 2차 종교개혁
	개인 규칙(1629~1640)		
	단기 의회(1640년 4~5월)		1차 감독들의 전쟁 (1639년 1~6월)
			2차 감독들의 전쟁 (1640)
	장기 의회 (1640~1660)	1차 시민전쟁 (1642~1646)	엄숙한 동맹과 언약 (1643년 9월 25일)
		웨스트민스터 총회 (1643~1649)	
		2차 시민전쟁 (1648~1649)	
공화국 (1649~1653)		3차 시민전쟁 (1649~1651)	
호민관 정치 (1653~1657)		잔여의회 (1648~1653, 1659~1660)	
찰스 2세 (1660~1685)			
제임스 2세 (1685~1688)	명예혁명 (1688)		혁명 정착 (1690)
윌리엄 3세와 메리 2세 (1689~1702)			

참수형당하는 찰스 1세

1월 2일 의회는 찰스 1세가 대역죄를 범했으며 전쟁에 대한 책임을 져야 한다고 결의했다. 하지만 상원이 이것을 거절하자 신형군의 지지를 받은 80여 명의 의원들, 즉 잔여의회의 의원들은 1649년 1월 4일 스스로 이 국가의 최고의 권력을 가지고 있다고 선언했다. 이것은 왕과 상원의 동의 없이도 의회의 법안을 통과시킬 수 있다는 뜻이었다. 이 의회는 찰스 1세의 공판까지 이끌었다. 1월 20일 웨스트민스터홀에서 135명의 의원이 공판을 실시했다. 찰스는 그 공판을 인정하지 않고 계속 왕권신수설을 주장했다. 그를 고소한 자들은 의회의 주권을 내세우며 맞섰다. 서로가 결코 굴하지 않는 비타협적인 태도로 일관했다. 격론 끝에 찰스 1세에게는 대역죄를 저지른 독재자, 반역자, 살인자 및 공공의 적이라는 죄목이 붙었고 1월 27일 화이트홀에 교수대가 설치되었다. 그리고 3일 후 1649년 1월 30일 참수형을 당하고 말았다.

3 공화국(1649~1653)

찰스 1세를 처형한 그날, 즉 1649년 1월 30일 잔여의회는 영국이 공화국임을 선언하고 일주일 후 공식적으로 상원과 군주제도의 폐지를 선언했다. 지금도 영국 런던에 있는 빅벤, 즉 영국 국회의사당 앞에는 공화국을 상징하는 올리버 크롬웰의 동상이 세워져 있다. 공화국을 이끄는 잔여의회는 전례가 없던 입법권과 행정권을 소유하였고, 귀족, 군주, 감독의 전통적 계급제도가 없는 국가를 지배하는 책임을 맡은 유일한 기관이 되었다. 정말 막강한 힘을 가진 쿠데타 정부가 들어선 셈이다. 게다가 그해 2월 14일 하원은 국가의회Council of State를 만들어 국내외의 정책을 세웠고 국가의 안전을 유지하는 권한을 수행했다. 더욱이 크롬웰은 그 행정부의 수장이 되었다.

안타까운 것은 왕당파 잔당을 근절한다는 미명하에 아일랜드를 잔혹하게 점령하여 영국에 예속시켰다는 것이다. 이것을 우리는 흔히 3차 시민전쟁(1649~1651)이라 부른다. 이러한 공화국의 횡포를 참지 못한 스코틀랜드 언약도는 네덜란드에 도피 중인 찰스 1세의 아들 찰스 2세를 귀국시켜 왕정복고를 쇠하였다. 이 사실을 알게 된 크롬웰의 국가의회는 스코틀랜드를 침공할 것을 결정했다. 1650년 영국은 스코틀랜드를 침공하여 에든버러를 점령했다. 그러자 찰스 2세도 1651년 8월 스코틀랜드와 왕당파와 더불어 영국을 침공했지만 전투에 패하고 만다. 찰스 2세는 다시금 대륙으로 도주했다.

크롬웰의 독재는 여기서 끝나지 않았다. 그는 의회원들이 열띤 논쟁을 하고 결정을 내리려는 순간 항상 일어나서 자신의 견해를 피력하고 자신이 원하는 결정으로 이끌었다. 만일 반대하는 자가 있으면 그들을 무력으로 회의실 밖으로 내쫓아서라도 원하는 것을 자행했다. 정말 왕이란 이름만 없을 뿐이지 독재정치를 자행했던 찰스 1세와 다를 바 없었다. 의회는 그의 심복들로 가득 찼고 어떤 이는 이를 앙상한 의회라고 불렀고, 크롬웰은 성자들의 의회라고 불렀다. 결국 크롬웰은 호민관이라는 칭호를 받으면서 자신의 아들, 리처드 크롬웰에게까지 권력을 이양시켰다. 전제군주정치와 다를 바 없었다. 어떤 이는 그를 전하라 부르기도 했다. 그러나 천년만년 갈 줄 알았던 크롬웰의 시대도 저물고 만다. 1658년에 사망한 그의 시신은 웨스트민스터사원에 묻혔다가 1660년 왕정복고 때 다시 파내어져 런던 하이든파크의 마블 아치Marble Arch, 옥스퍼드 스트리트 그리고 에지웨어 로드Edgware Rd.가 만나는 교통섬에 있는 사형장인 타이번에 전시되었다. 또 그의 머리는 웨스트민스터홀 꼭대기 기둥에 꽂혀 25년 동안(1685년까지) 그곳에 매달려 있었다.

4 왕정복고(1660)와 명예혁명(1688)

부친 찰스 1세가 참수형을 당하자 도망자 신세가 된 찰스 2세는 여전히 정신을 차리지 못하고 돈키호테처럼 왕으로서의 삶을 살고자 했다. 정말 인간은 과거를 통해 또는 역사를 통해 배우지 않는다는 것이 명언으로 여겨질 정도다. 공화국 정치가 독재를 일삼자 청교도든 언약도든 옛 시절을 그리워했다. 그래서 그는 1651년 언약도와 더불어 올리버 크롬웰에 대항해 보았으나 대패의 쓴 잔을 마시면서 9년의 망명 생활을 해야만 했다. 그는 프랑스와 네덜란드 지역으로 옮겨 다니면서 전전긍긍하며 살았다. 1658년 올리버 크롬웰이 죽자 왕정복고의 목소리가 더 높아져 갔다. 1658년 9월 그의 아들 리처드 크롬웰은 호민관 직위에서 물러났다. 1648년 의회에서 퇴출당한 의원들은 잔여의회와 결속을 다지면서 장기의회를 마무리하게 된다. 1660년 새롭게 조성된 의회는 그해 4월 찰스 2세를 공식적으로 초청했다. 찰스 2세는 5월 30일 런던 시민의 대대적인 환영 속에 왕궁으로 들어갔다.

스코틀랜드 언약도와 영국의 청교도는 찰스 2세를 옹위하면서 정치적 보복을 하지 않는다는 조건을 내걸었다. 그러나 찰스 2세는 일단 왕위에 오른 후 복수를 자행하기 위해 1661년부터 법령들을 발표했다. 일종의 처벌령인 클래런던 코드Clarendon Code를 선언한 것이다. 이것은 청교도에게 복수하겠다는 의도가 깔린 법령이었다. 이 법령은 네 부분으로 구성되어 있다

① 자치령(1661) — 모든 공직자는 영국국교회 성찬에 참여해야 하고, 공식적으로 '엄숙한 동맹과 언약'을 거절해야 한다는 것이다. 따라서 모든 공직에서 비국교도는 제외된다. 이 법령은 1828년에 이르러서야 철폐되었다.

② 통일령(1662) — 예배에서 「공동 기도서」를 사용해야 하고 「39개 항목」을 받아들여야 한다는 것이다. 따라서 청교도 학식을 가진 모든 성직자가 추방되었다. 2천 명 이상의 성직자가 이를 거

부해 자신의 생계를 포기해야만 했다. 이리하여 그들은 영국의
비국교도들이 되었다.

③ 비밀 집회령(1664) ─ 집회는 영국국교회 지역에서만 가능하다
는 것이다.

④ 5마일령(1665) ─ 5마일 이상 떨어진 곳에서 오는 비국교도 성
직자를 금지시킨다는 것이다.

찰스 2세의 왕정복고가 이뤄지면서 1665년 런던에 대역병이 돌아
수많은 사람이 죽었다. 또 1666년 런던 대화재가 발생했다. 그리고 대화
재 후 런던은 1672년부터 대규모 건축물을 세우기 시작했다. 1673년부
터는 국교도만 공직이나 군대에 들어갈 수 있거나 대학교에서 교육을
받게 했다.

기대했던 것과는 달리 상황이 이 정도로 악화되자 국민들도 찰스 2세
에 대해 비판을 쏟아 놓기 시작했다. 심지어 그를 살해할 것이라는 소문
이 돌 정도였다. 중풍과 고지혈증으로 고생하던 찰스 2세는 1685년 후
계자 없이 죽고 말았다. 생전에 여러 사생아를 두었지만 그들 중에 왕위
를 계승할 자는 없었다.

찰스 2세의 동생 제임스 2세가 그를 이어 영국 왕위에 올랐다. 설상
가상이었다. 제임스 2세는 성경의 르호보암처럼 더 심한 압정과 폭력을
행사했다. 1687년에는 양심 자유령을 발표하여 비국교도를 핍박하고
처벌했다. 참다못한 캔터베리 대감독을 비롯한 여섯 명의 감독이 일련
의 법령을 취소할 것을 제안했으나 거절당했다.

제임스 2세의 딸 중 큰 딸 메리는 네덜란드의 빌럼 판 오라녜 3세와

결혼했는데 의회는 그를 불러들여 왕위를 잇도록 했다. 다시금 쿠데타가 일어난 셈이다. 이 소식을 접한 제임스 2세는 1688년 12월 프랑스로 도주했다. 제임스 2세의 파직과 오라녜, 즉 오렌지 윌리엄 3세의 옹립, 이것을 가리켜 우리는 명예혁명Glorious Revolution이라 부른다.

웨스트민스터 총회(1643~1649)

영국의 기독교 역사 중 꼭 기억해야 할 것이 두 가지 있는데 하나는 영국의 시민전쟁 중 있었던 웨스트민스터 총회이고, 다른 하나는 청교도들의 삶이다. 웨스트민스터 총회가 중요한 이유는 현재도 개혁 신앙인 또는 장로교도가 기본으로 삼는 「신앙고백서」, 신앙 교육을 위한 「소교리문답서」와 「대교리문답서」가 이때 만들어졌기 때문이다.

웨스민스터 총회는 1~2차 시민전쟁이 일어나는 동안 영국 교회를 개혁하기 위해 장기의회가 지정한 신학자들의 총회라 할 수 있다. 먼저 1641년 11월 개혁의 의지를 가진 의회는 찰스 1세에게 대간언서Grand Remonstrance를 제안했다. 1642년 6월 상·하원이 이를 통과시켰지만 찰스 1세는 동의하지 않고 유보했다. 왕과 의회는 결국 무력 충돌을 빚어 시민전쟁을 치르게 되었고 의회는 스스로 1643년 6월 12일에 총회를 개최한다는 규례를 통과시켰던 것이다.

대간언서란? 찰스 1세가 즉위한 후 교회와 정치에서 그에 대한 모든 불만을 표기한 길고 폭넓은 문서이다. 왕을 원망하기보다는 감독들, 교황주의자들 및 악행을 저지르는 사역자들과 자문 위원들의 역할을 강조하고 있다. 그들은 의도적으로 왕과 의회의 불일치와 분열을 조장하는 자들이었다. 왕의 특권들, 불법적 세금징수, 의회 소집권 그리고 교회의 편파적 개혁을 포함한 불만들이 거론되었다. 하원은 왕의 바른 특권을 진정으로 변호하고 프로테스탄트 신앙, 의회의 특권과 백성들의 자유를 변호하는 데 초점을 맞추었다. 이 일을 위해 의회가 인준한 신학자들의 모임을 만들어 지속적으로 교회 개혁을 감독하도록 했을 뿐만 아니라 왕의 사역자들이라 하더라도 의회가 인준해야 한다는 조건을 내걸었다.

총회는 1643년 7월 1일 토요일 웨스트민스터사원에서 예배를 드린 후 헨리 7세 채플Henry VII Chapel에서 첫 모임을 가졌다가 후에 대성당의 예루살렘 챔버Jerusalem Chamber로 옮겼다. 상·하원 위원 30명과 영국과 웨일스에서 온 120명의 성직자들 또는 신학자들은 먼저 엘리자베스 1세에 의해 1563년 영국국교회 교리의 기초가 되는 「39개 항목」의 개정을 논의하였다. 또 1643년 9월 의회와 언약도 간에 '엄숙한 동맹과 언약'이 이루어진 후 총회는 교회 정치 개혁을 논쟁하고 두 나라 교회의 연합을 위한 제안을 심의했다. 1643~1646년에 열띤 논쟁이 벌어졌다.

신학자들은 「39개 항목」을 개정하다가 새로운 신앙고백서를 만들어야겠다는 중론을 받아들여 1647년 「웨스트민스터 신앙고백서」의 초안을 완성하여 상·하원에 제출했으나 의회는 성경 구절의 필요성을 요구했다. 성경 구절을 넣는 동안 어린이 신앙 교육을 위한 「소교리문답서」와 일반 신자의 신앙 교육을 위한 「대교리문답서」를 함께 만들어 1648년 모두 완성하여 총회에서 통과시켰고, 의회는 「신앙고백서」와 「소교리문답서」를 인준했다. 또 스코틀랜드에서도 「신앙고백서」와 「교리문답서」를 인준했다. 이 외에도 1645년 「공동 기도서」 대신 「예배 모범서」를 통과시켰다. 또 하나 문제가 된 논쟁은 교회 정치 제도를 장로교 제도, 회중 제도 또는 감독 제도로 할 것인지에 대한 것이다. 총회에 참석한 절대적인 다수가 장로교도였기에 논쟁이 있었지만 장로교 제도를 채택했다.

청교도

제임스 1세나 찰스 1세, 또 올리버 크롬웰같이 신앙을 등에 업고 심판의 대리자로서 하나님처럼 행세하는 사람들을 요즘도 주위에서 쉽게 찾아볼 수 있다. 스스로 반신반인이라 착각 속에 사는 자들이 많이 있다.

그러나 영국 교회 역사의 주인공은 이런 왕들이 아니다. 이 시기 영국 교회 역사를 이끌었던 진정한 주인공들은 청교도였다. 종교개혁 신학이나 신앙을 후세대에 전한 자들도 청교도다. 청교도의 활약은 마치 신약성경 시대가 끝난 후 1~2세기에 속사도들[19]이 활동했던 시기를 연상하게 한다. 그렇다고 모든 청교도가 찬사의 대상이나 모범이 되는 것이 아니기에 가릴 줄 아는 분별력이 필요하다. 아래에서 기억할 만한 인물들을 찬찬이 살펴보고자 한다. 이들은 적어도 존경받을 만한 인물들이라고 확신한다.

처음으로 소개할 사람은 윌리엄 퍼킨스William Perkins, 1558~1602

---

19 속사도 또는 사도적 교부들에 대해서는 라은성, 『이것이 교회사다: 진리의 보고—초대교회사편』(서울: PTL, 2012), 163~166을 참고하기 바란다.

다. 실천목회의 사도라 불리는 인물로 로마가톨릭주의의 잔재를 싫어했고 도덕신학을 배제하고 그 어떤 것들로도 교리의 고결성을 부패시켜선 안 된다고 강조했다. 그는 옷차림, 오락, 운동, 자선 등 모든 것을 항상 개혁 신학으로 점검받아야 한다고 했다. 퍼킨스는 설교자들의 갱생이 일어나야 한다고 확신했다. 성경에 나타난 하나님의 사역에 대한 확신을 설교자가 지니고 있어야 한다고 강조했다. 또 때와 문화는 다르지만 복음의 변하지 않는 실재들을 담대하게 전파해야 하고, 설교자는 변하지 않는 하나님의 말씀을 삶의 현장에서 실천해야 한다고 강조했다. 이렇게 하기 위해선 청중들의 심장박동을 들어야 하고 효과적인 설교는 평범하고 단순한 것이지 학문적으로 훌륭한 솜씨를 발휘하는 것이 아니라고 강조했다. 퍼킨스는 후에 18세기 미국의 대각성 운동을 일으키는 조나단 에드워즈에게도 큰 영향을 끼칠 뿐 아니라 이어서 등장하는 위대한 청교도인 리처드 십스, 토머스 굿윈, 윌리엄 에임스에게도 큰 영향을 끼친다.

두 번째 청교도는 리처드 십스Richard Sibbes, 1577~1635다. 그는 윌리엄 퍼킨스의 영향을 받아 케임브리지대학교에 있는 홀리트리니티에 거하는 동안 토머스 굿윈을 아르미니우스주의로부터 개종시켰고, 기교적 설교를 즐기던 존 프레스턴에게 평범하고 영적인 설교를 하도록 영향을 준 인물이다. 그는 경건한 설교와 천상적 삶heavenly life으로 인해 천상의 박사heavenly Doctor라 불린다. 목회자들 중의 목회자이자 학식을 갖춘 신학자였고 자신을 낮출 줄 아는 겸손한 사람이었다. 모두 일곱 권으로 구성된 그의 설교집 1권인 『상한 갈대』는 낙담한 신자에 대한 최고의 설교다. 리처드 백스터가 이 설교를 듣고 개종하기도 했다.

세 번째 청교도는 회중파 윌리엄 에임스William Ames, 1576~1633다.

네덜란드 청교도로 알려진 그는 윌리엄 퍼킨스의 설교를 듣고 복음의 진리를 깨달은 후 개종하여 교회 내에 만연한 오락 문화에 대해 강력한 비판을 아끼지 않았다. 결국 네덜란드로 이주하여 덴하흐에서 영국인 교회를 위한 목회자로 활동했다. 레이던대학교 교수직을 맡을 수 있었지만 영국 대사의 간섭으로 취소되었다. 프라네커대학교의 교수직을 맡아 가르치는 중 아르미니우스주의를 반대하기 위해 도르트레히트 회의(1618~1619)에 참여했다. 그리고 다시 로테르담에 있는 영국인 교회의 목회자로 부름을 받고 갔다. 이때쯤 되어 에임스는 자신의 재능과 학식이 잘 드러난 작품 『허례 의식들에 대한 건전한 옷차림Fresh Suit against Ceremonies』을 썼는데 사후에 출판되었다. 이 작품은 리처드 백스터를 비국교도로 만든 작품이기도 하다. 그의 제자들 중 한 명인 너대니얼 이턴Nathaniel Eaton, 1610~1674은 후에 하버드대학의 초대 교장이 되었고 그의 『신성한 신학의 정수The Marrow of Theology』는 그 대학의 교재가 되었다.

네 번째 인물은 스코틀랜드의 언약도 새뮤얼 러더퍼드Samuel Rutherford, 1600?~1661다. 그는 에든버러대학교의 평의원으로 활동했으나 총장의 스캔들로 큰 충격을 받았다. 그는 바른 삶을 살아야겠다는 마음을 가지면서 자신의 죄성에 대해 심각하게 생각하게 되었고 그리스도가 이룩하신 십자가의 구속의 은혜에 깊게 감사하게 되었다. 1627년 중엽 러더퍼드는 갤러웨이의 작은 마을 앤위스에서 목회하면서 새벽에 일어나 기도하고, 병든 자를 돌보고, 교리를 가르치고, 글을 쓰고 연구하는 삶을 살았다. 그러는 중에 아내와 두 자녀를 먼저 보내고 자신 역시 13개월 동안 열병을 앓는 고난을 겪기도 했다. 그럼에도 불구하고 하나님은 고통 받는 자들의 위로자임을 깊게 깨달았고 그 후 『은혜에 대하여

Exercitationes de Gratia』를 쓰게 된다. 그는 비국교도로 어려움을 겪지만 뒤로 물러서지 않았다. 1638년 최초의 장로교 총회가 글래스고에서 열렸을 때 참석하였고, 1643년 웨스트민스터 총회에 스코틀랜드 언약도 대표로 참석했다. 또 세인트앤드루스대학교의 교수로 활동하면서도 앤위스에서 일주일에 한 번씩 설교했다. 1660년 왕정복고가 이뤄져 자신의 서적들이 불태워졌지만 그는 굴복하지 않았고 이렇게 말했다.

> 그분이 원한다면 나의 이름이 조각처럼 부서져 그분의 것이 될 것이고, 그분이 나를 수천 번 죽인다 하더라도 나는 여전히 그분을 신뢰할 것이다.

러더퍼드는 1661년 임종을 맞았고 리처드 백스터와 19세기 찰스 스펄전에게 큰 영향을 줬다.

다섯 번째 인물은 리처드 백스터Richard Baxter, 1615~1691다. 그는 15세에 에드먼드 버니Edmund Bunny가 쓴 소책자, 일명 『버니의 결심들 *Bunny's Resolutions*』이라 부르는 책을 읽으면서 개종하기에 이른다. 다른 청교도들처럼 죄에 대한 깊은 고민 속에서 그리스도의 중보자 되심을 깨달은 것이다. 1641년 목회자들에 대한 불만을 가진 키더민스터 주민들의 만장일치로 설교자로 초청을 받았다. 시민전쟁이 발발하면서 의회파를 지지하였다는 이유로 그곳의 왕당파로부터 추방을 당하기도 했으나 다시 돌아와 목회를 지속했다. 그는 어디를 가든 무엇을 하든 책을 쓰는 데 힘썼다. 그래서 영국 신학자들 중 가장 많은 책을 쓴 사람으로 알려졌다. 그는 이곳에서 목회하면서 매주 월요일과 화요일마다 한 시간씩 한 가족씩하고만 시간을 보냈다. 백스터는 먼저 교리문답을 암송하도록 했고 그 의미를 물었고, 그들에게 어떻게 실천해 갈 수 있는지 물었다. 하지만 그 또한 왕정복고의 물결을 피할 수 없었다. 1660년 목회직을 박탈당했고, 이어서 1662년 8월 천 명에 가까운 목회자들이 대추방Great Ejection을 당했을 때 그도 목회지를 잃었다. 하지만 찰스 2세와 제임스 2세의 폭정에 시달리고 고통과 빈곤 속에 살면서도, 1691년 12월 8일 세상을 떠날 때까지 글 쓰는 일을 게을리하지 않았다. 그는 160권 이상의 책을 남겼다.

마지막으로 소개할 사람은 유명한 『천로역정Pilgrim's Progress』을 쓴 존 버니언John Bunyan, 1628~1688이다. 후일 유명해졌지만 그는 초년에 자신의 아버지처럼 떠돌아다니는 무일푼 땜장이였다. 그는 12년 동안 감옥 생활을 했음에도 불구하고 그리스도의 사랑을 새기고 불후의 명작을 남겼다.

설교자가 되기 전 그는 자신의 부도덕하고 무질서한 삶에 대한 회오로 인해 괴로워하던 중 부임한 시버느 목사로 인해 참된 평안을 갖게 된다. 그리고 1657년 설교자로 부름을 받은 이후 많은 사람에게 감동을 줬지만 가난 때문에 땜장이 일을 그만둘 수 없었다. 그러면서도 심정에 있는 그리스도의 사랑으로 인해 언제 어디서든 복음을 선포하는 일을 게을리하지 않았다. 30세가 되는 1658년에는 설교권 없이 설교한다는 이유로 검거되기도 했다. 1660년 왕정복고로 인해 가정 예배가 금지되고 영국국교회의 허락 없이 어떤 예배나 설교도 할 수 없게 되자 버니언은 예배를 드리는 도중 검거되어 1666년 잠깐 석방된 것 외에 1672년까지 기나긴 세월 동안 감옥에서 시간을 보내야만 했다. 감옥에서 그의 동반자는 성경과 존 폭스가 쓴 『순교사화』였다. 그동안 그는 책을 쓰는 데 주력했다. 그리고 석방된 후 1679년 걸작 『천로역정』을 출판하게 된다. 이 책의 1부는 기독교인의 천국 가는 삶을 묘사하고 있고, 2부는 그의 아내 크리스티나와 자녀들의 천국 가는 삶을 묘사하고 있다. 버니언은 1688년 명예혁명이 있던 해 8월 31일 60세의 나이로 사망했다.

3
스코틀랜드의 언약도

찰스 1세의 압정으로 윌리엄 로드가 스코틀랜드로 와서 장로교 제도를 폐지하고 감독 제도를 강요하였다. 이런 가운데 1638년 2월 28일 스코틀랜드인들은 에든버러에 있는 그레이프라이어스 커크Greyfriars Kirk에 모여 국가언약National Covenant에 서명했다. 이것은 거듭되는 '공동기도서'의 강요와 감독들의 만행에 항거하여 스코틀랜드인들이 청교도 정신, 즉 장로교를 고수하기 위해 함께 힘을 합치는 길이었다. 국가언약으로 그들은 복음, 성경과 종교개혁가들의 가르침에 위배되는 것들, 그리고 로마가톨릭주의로 돌아가게 하는 것들에 반대하여 참된 종교를 변호하려고 맹세했다. 그들은 하나님께 드리는 참된 예배, 왕의 위엄성, 그리고 나라의 평화를 유지하기를 원했고 하나님과 언약하였음을 나타내는 삶을 살기로 맹세했으며 다른 자들에게 선행을 실천할 것을 맹세했다.

그리고 그해 11월 글래스고에서 장로교 총회의 첫 모임이 열렸다. 이렇게 하여 스코틀랜드 장로교도는 '언약도Covenanter'라 불리게 된다.

언약도는 여기서 멈추지 않았다. 앞에서 보았듯이 그들은 1639~1640년 감독들의 전쟁을 시도했다. 찰스 1세의 평화 협정 제안으로 1639년 1차 감독들의 전쟁은 유혈 선생까지 가진 않았다. 협정의 내용은 언약도 군대가 국경 북쪽 10마일까지만 접근하지 않는다면 스코틀랜드를 침략하지 않겠다는 약속이었다. 또 1639년 6월 협정을 맺어 왕이 글래스고 총회의 모든 결정 사항을 인준하고 감독 제도를 폐지하며 모든 교회의 문제는 교회 총회에 맡길 것과 시민의 문제는 의회에 맡긴다는 조건이었다. 스코틀랜드에 보낸 모든 군대도 철수시키기로 했다.

변덕스런 찰스 1세는 협정을 맺은 후 이스라엘 백성을 석방시킨 바로 왕처럼 억울하다고 생각하였다. 그는 다시금 스코틀랜드와의 전쟁 비용을 마련하기 위해 의회에 요청할 수밖에 없었다. 이렇게 하여

1640~1660년에 이르는 장기의회가 시작된다.

그러는 가운데 개최된 웨스트민스터 총회에 참여하기 위해 언약도는 영국의 청교도 의회와 1643년 9월 25일 '엄숙한 동맹과 언약'을 맺는다. 이는 찰스 1세를 따르는 왕당파 의회원들을 견제하는 데 1차 목적이 있었고, 영국의 청교도와 스코틀랜드의 언약도가 함께 교회 정치로서 장로교 정치를 채택하는 데 2차 목적이 있었다. 이 동맹을 맺는 동시에 웨스트민스터 총회가 개최되어 위대한 업적인 '웨스트민스터 기준서'를 작성하게 된다.

이런 과정에서 감독 제도를 강요하는 자들로 인해 언약도의 수많은 순교자가 나왔다. 현재도 에든버러의 그레이프라이어스 커크에 가면 지붕 없는 감옥 터가 그대로 보존되어 있다.

4
프랑스의
얀센주의

종교의 자유

1598년 4월 13일 앙리 4세가 내린 낭트칙령으로 인해 30년 동안 이어진 프랑스 종교전쟁(1562~1598)이 막을 내리고 프랑스의 모든 사람에게 종교의 자유가 보장되었다. 이것이 모든 종교의 통합은 아니었지만 모든 종교, 즉 이교든 사교든, 프로테스탄트에게 자유를 준 것이다. 따라서 자연스럽게 세속주의와 관용 정책의 흐름으로 나아갈 수밖에 없었다. 이런 가운데 프랑스의 프로테스탄트들은 마침내 시민권을 갖게 되었다. 이것은 루터파에게 종교의 자유를 안겨다준 1555년 아우크스부르크화의와 유사하다.

그 과정을 살펴보면, 로마가톨릭 군주였던 카트리나 데 메디치 Caterina de' Medici, 1519~1559가 1562년 생제르망 또는 1월의 칙령을 내렸지만 이것은 프랑스 칼뱅주의자인 위그노에게만 제한적으로 적용되었다. 생제르망 칙령은 정치적이었기에 1572년 바르톨로뮤 대학살이 있게 되는 프랑스 종교전쟁, 즉 일방적으로 위그노가 희생을 당하는 전쟁이 발발하게 되었다. 낭트칙령은 프랑스 종교전쟁의 결말을 알리는 중요한 사건이었다.

하지만 앙리 4세의 손자인 루이 14세1638~1715로 인해 1685년 10월 22일 낭트칙령이 폐지되고 퐁텐블로 칙령이 내려졌다. 2주 내로 로마가톨릭주의를 수용하지 않는 모든 프로테스탄트 복회자는 프랑스를 떠나야만 했다. 약 40만 명에 이르는 위그노들은 자신의 모든 재산을 뒤로하고 조국을 떠나야만 했다. 대부분은 영국, 프로이센, 네덜란드, 스위스, 남아프리카공화국 또는 신대륙 미국으로 떠났다. 백 년 후 1787년 11월 7일 루이 16세1754~1793가 내린 관용령, 즉 베르사유 칙령에 의해 프로테스탄트들에게도 집회의 자유와 시민권이 주어졌다. 하지만 현재 프랑스의 국교는 여전히 로마가톨릭주의다.

얀센주의

이런 가운데서 우리가 하나 짚고 가야 하는 교회 역사는 로마가톨릭주의에서 일어난 얀센주의Jansenisme다. 프랑스에서 일어난 신학 운동으로, 원죄, 인간의 타락, 은혜의 필요성 및 예정을 강조하는 사상을 중심으로 한다. 이 운동의 이름은 네덜란드 신학자 코르넬리우스 얀센Cornelius Jansen, 1585~1638에서 나왔다.

얀센주의는 칼뱅주의와 유사한 점이 많기 때문에 로마가톨릭주의를 강력하게 고수하는 예수회에 의해 이단으로 의심받았다. 1653년 로마교황 이노첸조 10세는 '경우에서Cum occasione'라는 교서를 내려 얀센주의를 이단으로 정죄했다. 로마가톨릭교회가 정죄한 그들의 사상은 다음과 같다.

① 의인이 아무리 바라고 노력해도 지킬 수 없는 하나님의 명령이 있고, 주어진 은혜로도 그 명령을 지킬 수 없다.

② 타락한 인간이 주권적 은혜에 저항하는 것은 불가능하다.

③ 공로를 얻을 수 있는 자유의지가 인간에게 부족할 수 있다.

④ 선행적先行的 은혜prevenient grace가 믿음을 포함하여 모든 내적 행위를 위해 필수적이라는 것을 가르치는 세미펠라기우스주의가 옳다. 또 타락한 인간성이 선행적 은혜를 수용하거나 거절할 수 있는 자유가 있다는 것을 가르치는 것이 잘못된 것이다.

⑤ 그리스도가 모든 자를 위해 죽었다고 말하는 것이 세미펠라기우스주의다.

이것은 로마가톨릭교회 내 형식 논쟁Formulary controversy, 1664~1669의 배경이 되었고, 1656년 로마교황 알렉산드로 7세는 위 사상을 정죄했다. 형식 논쟁으로 이어지자 얀센파는 로마가톨릭이 내린 정죄를 수용하지 않았다.

결국 얀센주의가 주장하는 것은 아우구스티누스의 은혜론에 근거한 효과적 은혜efficacious grace였다. 다른 말로 불가항력 은혜irresistible grace다. 하나님의 은혜가 주어질 때 인간은 거절할 수 없다는 것이다. 또 그들은 종교개혁의 핵심 사상인 이신칭의를 주장하면서 은혜를 받기 위한 의지의 역할을 부인했다. 인간이 소유한 자유의지로 은혜를 거절하거나 받을 수 없다는 것이다. 이런 주장은 하나님의 섭리와 인간의 의지를 이해하려고 노력한 몰리나주의Molinism와 세미펠라기우스주의와 다를 바 없는 사상이다. 이 점에 있어 프랑스 철학자 블레즈 파스칼Blaise Pascal, 1623~1662은 자신의 작품,『은혜의 작품들Écrits sur la grâce』을 써서 몰리나주의와 칼뱅주의의 화해를 시도하기 위해 둘 다 부분적으로 옳다고 했지만 목적을 이루지는 못했다.

팡세

프랑스 철학자 파스칼은 1669년에『종교와 다른 몇몇 주제에 대한 파스칼의 생각Pensées de M. Pascal sur la religion et sur quelques autres sujets』(『팡세』)을 출판하여 기독교 신앙을 점검하고 변호하려고 했다. 비록 미완성 작품이지만 철학자가 기독교를 변증하려 한 하나의 시도였다는 점에서 대단한 업적이라 여겨진다. 이 책에서 그는 회의주의와 스토 아주의 철학의 모순을 지적한다. 그는 갈대와 같은 인간은 하나님을 찾아가는 존재라고 주장한다. 세상에는 세 부류의 인간이 있는데, 하나님을 발견하고 섬기는 자, 그분을 발견하지 못한 채 추구하고 노력하는 자, 그리고 그분을 발견하려 하지 않고 살아가는 자이다. 결국 인간은 하나님을 찾는 존재임을 말하고 있다. 그분을 찾는 존재는 의인이고, 스스로 죄인이라고 인정하는 자이다. 이 책의 6장 347절에는 인간에 대한 이런 대목이 나온다.

> 인간은 하나의 갈대에 지나지 않는다. 자연 가운데서 가장 연약한 것이 인간이다. 그러나 인간은 생각하는 갈대다. 그를 무찌르기 위해서 전 우주가 무장할 필요는 없다. 한 줄기의 증기, 한 방울의 물도 그를 죽이기에 충분하다. 그러나 우주가 그를 무찔러도, 인간은 자기를 죽이는 우주보다 훨씬 고귀하다. 왜냐하면 인간은 자기가 죽어 가고 있다는 사실과 우주가 자기를 능가하고 있다는 사실을 알고 있지만, 우주는 그것을 전혀 모르기 때문이다. 그러므로 인간의 모든 존엄성은 사고에 있는 것이다. 우리는 결코 우리가 채울 수 있는 공간이나 시간에 의해서 자기 회복을 할 것이 아니라, 바로 이 사고에 의존해서 해야 한다. 그러므로 우리는 사고를 잘하려고 노력해야 한다. 그것이 바로 도덕의 기본 원칙이다.

파스칼처럼 사람들은 칼뱅주의, 즉 개혁 신학과 얀센주의 간에 차이점이 없다고 말할지도 모르겠다.

그러나 얀센주의는 개혁 신학을 이단 사상으로 본다. 또 의의 전가를 부인하고 여전히 은혜론을 제외하고는 로마가톨릭주의와 같은 관점을 고수한다. 그리고 얀센파는 세미펠라기우스주의를 수용하기 때문에 협력적 은혜를 고수한다. 당연히 그들은 성도의 견인[20] 역시 인정하지 않는다. 이런 점에서 볼 때 파스칼의 노력이 이뤄질 수 없음은 당연했다고 여겨진다.

5
네덜란드의
아르미니우스파 논쟁

이 시기 개혁 신앙인뿐만 아니라 종교의 자유를 추구하는 자들이 모여든 곳은 다름 아닌 네덜란드였다. 당시 네덜란드는 여러 자치국으로 나뉜 상태였고 하나의 통일된 정부가 없었다. 또 스페인과 여전히 80년전쟁을 치루고 있던 상황이라 통일된 종교를 지닌다는 것이 쉬운 일이 아니었다. 1648년 베스트팔렌 평화협정으로 인해 네덜란드는 독립국가가 되었다. 당시 네덜란드 공화국은 7개 지역의 자치국으로 구성되어 있었

---

20 '성도의 견인(perseverance of saints)'이란 칼뱅주의 '5대 관점'의 마지막 항목이다. 의롭다 여겨진 자는 구원을 확신하면서 어떤 어려움이나 환난을 받아도 견디고 끝내 믿게 된다는 교리다.

다. 또 지역에 따라 성공회, 많은 프로테스탄트와 유대인들에게 종교적 관용을 베푸는 나라로 알려졌다. 자연스럽게 핍박받는 여러 프로테스탄트의 피난처가 되었다. 17~18세기에 이르러 암스테르담 인구 가운데 이민자들이 50퍼센트에 이를 정도였다. 유대인들은 자신의 규율과 관습을 가졌다. 이들은 특별히 안트베르펜으로부터 암스테르담으로 이민해 왔을 뿐만 아니라 프랑스에선 위그노, 영국에선 청교도가 이민해 왔다.

로마가톨릭의 압박 가운데서도 개혁 교회들은 교회 일치를 위해 부단히 노력했다. 1571년 엠덴의 종교회의 이후 다음 회의가 1578년 도르트레히트에서 개최되었고, 1581년엔 미델부르크에서 개최되었다. 1586년 덴하흐에서 동일한 성격으로 모임을 가졌지만 내적 갈등들은 개혁 교회들을 지나치지 않았다. 후기 16세기와 17세기 동안 선택과 유기, 인간의 타락성, 회심의 과정 및 견인perseverance과 같은 신적 주권과 인간의 책임에 관련된 다양한 주제에 대한 논쟁이 벌어졌다. 이런 문제들은 1618~1619년 도르트레히트 회의의 논쟁거리였다. 이 회의에는 네덜란드뿐 아니라 외국에서 활동하던 신학자들도 참석했다. 여기서 도르트레히트 신조가 채택되었다. 이것을 가리켜 흔히들 칼뱅주의 5대 관점 또는 5대 교리라 부른다. 이 회의는 교회 강령을 작성하여 교회들의 조직을 확고히 하는 데 노력했다. 더욱이 성령을 네덜란드어로 번역하는 위원회를 만들어서 1637년 네덜란드 흠정역을 출판하였다.

이 시기에 부트Gijsbert Voet, 1586~1676를 중심으로 데카르트의 영향을 차단하려는 움직임이 있었다. 고마루스의 제자였던 그는 젊은 설교자로 1618~1619년 도르트레히트종교회의 때 참석했고 1634년 위트레흐트대학교 교수가 되었다. 그와 그의 동료들은 1629년 네덜란드에 살

았던 프랑스 철학자 데카르트René Descartes, 1596~1650의 영향에 촉각
을 세웠다. 물론 데카르트가 기독교 신앙을 겨냥해서 이성을 강조하진
않았겠지만 그는 하나님의 존재를 인간의 사유 수단으로 도달할 수 있
는 절대적 결론으로 보았다. 하나님을 사유의 대상으로 여긴 것이다. 그
에게 하나님은 단순히 '완전한' 본질에 불과했다.

　　다음 장에서는 이런 흐름을 바탕으로 18세기에 일어나서 현재 우리
에게까지 사상적, 정치적, 신앙적으로 영향을 끼치는 계몽운동에 대해
살펴보도록 하자.

6
교훈

종교개혁 다음 세기의 교회 역사와 관련된 이야기들을 살펴보았다. 주
된 배경은 영국이고, 주인공은 청교도와 언약도다. 이들은 정·교 유착에
서 벗어나지 못했다. 정치인들은 청교도라는 미명하에, 또 기독교화시
킨다는 미명하에 루터파 군주들이 독일에서 자행했던 것처럼 자신들의
신념을 신앙으로 내세워 세상의 역사를 바꾸려고 했다 그래서 피비린내
나는 유혈 전쟁이 일어났다. 하나님의 이름을 이용한 정치 전쟁이었다.
이것은 중세 시대에 약 2백 년(1096~1270) 동안 십자군운동을 통해 정치
적 야욕을 불태운 프랑스 정치가들의 장난과 다를 바 없다.

하지만 살벌한 정치 전쟁에서도 프로테스탄트주의를 고수하려는 진정한 청교도들은 굴하지 않고 신앙을 지켰고 희생과 순교를 통해 그들의 신앙을 증명해 냈다. 우리가 닮고자 하는 것은 전쟁의 역사가 아니라 진정한 신앙의 역사다. 부끄러운 세속 역사를 살펴야 하는 이유는 그런 과거 역사를 후손인 우리가 범하지 말아야 하기 때문이다. 정·교 유착은 교회가 타락으로 가는 지름길이다. 네덜란드와 스코틀랜드 교회 역시 정치와 무관하지 않았다. 현재도 성시화 운동이나 복음화 운동을 내세워 국가를 통째로 기독교화하려는 움직임들이 버젓이 존재한다. 이 모든 작태는 구태의연한 것이고 진정한 프로테스탄트들은 하나님의 심판을 바라보며 공정하게 이 세상의 일에도 충실하게 살아야 할 것이다.

3장

18세기 이야기: 이성과 부흥

18세기는 양극단의 모습이 나타나는 시대였다. 한편으로는 냉철한 이성의 기반 위에서 하나님을 평가하겠다는 대담한 자세가 나타났고, 다른 한편으로는 하나님의 부름에 따라 대중적 영적 부흥이 일어났다. 이런 움직임은 영국과 독일에서 가장 일이났나. 실제로 이성과 신비는 같은 선상에 있는 것이지 반대의 개념이 아님이 다시 한 번 증명되었던 것이다. 그 이유는 자신의 이성이나 신비는 결국 자신이 이기적으로 생각하고 판단하기 때문이다.

17세기에 일어난 계몽운동Enlightenment Movement으로 하나님을 철학적 사유의 대상 또는 인식의 대상으로 보는 시대가 왔다. 진리나 하나님에 내해 분석하고 사유하려고 하는 이런 계몽주의적 경향은 18세기에 절정에 달했고, 이 흐름을 따라 기독교에서 자유주의가 태동하고 현대 교회들에 스며 있는 다양한 기독교의 양태가 생겨났다.

계몽운동이란?

계몽운동이 일어난 시기를 우리는 계몽의 시대 또는 이성의 시대라 부른다. 계몽운동은 프랑스어로는 빛을 의미하는 뤼미에르Lumières고, 독일어로는 교육을 의미하는 아우프클레룽Aufklärung이다. 특히 1784년 12월 베를린 계간지인『월간 베를린Berlinische Monatsschrift』에 독일 철학자 임마누엘 칸트Immanuel Kant, 1724~1804가 기고한 짧은 에세이『계몽이란 무엇인가라는 질문에 대한 대답Beantwortung der Frage: Was ist Aufklärung?』이 나오면서 이 용어는 더 보편화되었다고 여겨진다. 계몽운동의 대표적인 슬로건은 칸트가 말하는 "미성숙으로부터 인간의 탈출"과 "담대하게 알기를 시도하라!" 또는 "자신의 총명을 사용하는 데

담대하라!"다.

　이성의 시대라는 말은 토머스 페인Thomas Paine, 1737~1809이 쓴 『이성의 시대: 참되고 황당무계한 신학을 점검하면서The Age of Reason: Being an Investigation of True and Fabulous Theology, 1793~1794』에서 나왔다. 이 책에서 그는 자연신론을 변호하고 이성과 자유사상을 지지하면서 제도화된 종교와 기독교 교리들을 공격하였다. 이 일로 인해 그가 세상을 떠났던 1809년 6월 8일에 겨우 여섯 명의 사람들만 그의 장례식에 참여했다고 한다. 이 책에서 페인은 교회의 타락을 극적으로 묘사하고 있다. 계시의 자리에 이성을 두고 이적異蹟을 거절하고 성경을 신적 계시로 보기보다는 단순히 문학 작품들 중 하나로 보았던 것이다.

　이런 입장을 따르는 사람들, 말하자면 계몽운동가들이 영국, 프랑스 및 독일에서 활동하면서 그 사상을 스프레이처럼 뿌렸다. 대표적인 인물들을 살펴보면서 계몽운동이 현대의 우리에게 어떻게 스며들어 있는지 알아보도록 하자.

영국의 자연신론

　종교와 관련해 영국에서 일어난 계몽운동의 대표적인 흐름은 자연신론이라고 할 수 있다. 자연신론은 영어로 디이즘Deism인데 그리스어로 하나님을 테오스Theos라 표기하는 것과 유사하다. 언뜻 보면 유신론theism과 유사한 것처럼 느껴지지만 실제로는 무신론atheism에 가깝다. 이 사상은 17~18세기 계몽주의와 산업혁명의 흐름 속에서 자연 세계와 하나님의 관계에 대한 사상으로 등장하였고, 강력한 영향력을 발휘했다. 종교철학의 일종인 자연신론은 이성과 자연 세계에 대한 관찰을 통해 우주가 피조계이고 창조주가 있다고 결정 내릴 수 있다고 볼 뿐만 아니라 계시나 어떤 특정한 종교의 가르침보다도 이성에만 근거해 하나님을 믿는 사상이라 정의 내릴 수 있다.

1 자연신론의 아버지

자연신론의 아버지라 불리는 에드워드 허버트Edward Herbert, 1583~1648는 1624년에 쓴 『진리에 대해De Veritate』에서 그 원리를 잘 밝히고 있다. 그는 "진리를 어떻게 알 수 있는가?"라는 질문으로 시작하여 인류가 내적 또는 본유적 재능들을 가지고 있어 진리를 결정할 수 있다고 한다. 이런 재능들은 네 가지로 분류되는데 기본 본능, 내적 감각, 외적 감각, 이성이라는 것이다. 또 참된 종교임을 구별하기 위한 기준을 제시하는데 이것이 바로 통념common notions(notitae communes)이라고 했다. 그 통념에는 다섯 가지가 있는데 오늘날 일반인들이 갖는 하나님에 대한 견해를 여기서 만날 수 있을 것이다.

① 극상의 하나님이 존재한다.

여기서 말하는 하나님은 누구에게든 칭송을 받아야 하고, 모든 활동의 목적이 되고, 모든 선한 것의 원인이 되고, 모든 것을 만들어 내는 수단으로 인류를 만족시키고, 섭리, 영원, 선, 공의 및 지혜가 있는 자여야 한다.

　② 주권적 신을 반드시 경배해야만 한다.

통념에 일치하거나 우주적으로 수용되는 하나님을 칭송해야 한다는 것이다. 그 칭송은 섭리적 보살핌에서 나온다. 또 인류를 배려하고 돕는 섭리를 깨닫게 될 때 그분께 기원, 기도, 희생 및 감사를 드리므로 자연스럽게 경배하게 된다는 것이다.

　③ 덕과 경건의 결합은 종교의 가장 중요한 실천의 부분으로 항상
　　고수되어야 한다.

허버트가 말하는 경건은 하나님을 경외하는 것을 의미하고 덕은 선한 행실이다. 하나님을 향한 경외 또는 감사는 사람의 선한 행실로 표현되는데 이 두 가지의 결합은 자연신론의 기본 원리다. 경건과 성화는 양심 깊은 곳에 뿌리를 내리고 하나님 안에 있는 깊은 사랑과 믿음을 탄생시킨다고 한다.

　④ 사람의 마음은 항상 사악에 대한 공포로 가득 차 있는데 그들의
　　악과 범죄가 분명하기에 회개로 속죄를 받아야 한다.

사제들이 고안한 다양한 의식이나 신비에 대해 일반적인 일치가 없는 것을 보았을 때 참된 회개로 범죄가 씻기고 하나님과의 새로운 연합

으로 회복될 수 있다고 한다. 사악이 회개와 하나님을 믿는 신앙으로 없어지지 않고, 신적 선함이 신적 공의를 만족시킬 수 없다면 죄의 무거운 짐으로 힘든 수많은 사람이 은혜와 내적 평강을 얻게 하는 우주적 근원역시 없다는 것이다.

⑤ 이생과 이생 후에 하나님의 선하심과 공의에서 나오는 보상과
보응이 있다.

어떤 종교든 저세상에서 보상이나 보응을 받을 것이라고 가르치고, 내적 감정과 일치하면 평안함을 느끼면서 행복을 갖게 되고 그렇지 못하면 불쾌감을 느끼면서 불행해지기 때문에 회개해야만 한다고 주장한다.

허버트는 기독교를 인간의 행복의 수단으로 전락시키고 있음을 볼수 있는데 이런 개념은 현재 기독교에 대해 불만을 갖는 사람들의 생각과 전혀 다를 바 없다. 그가 주장한 통념 다섯 가지는 그야말로 교회 안팎에서 수많은 사람들이 가질 수 있는 생각이다. 이것에 관해 우리의 답변은 청교도의 삶을 사는 길 외에는 없다 하겠다.

2 자연신론의 요약

영국의 시민전쟁을 지켜본 급진파 정치가이자 자유사상인 찰스 블라운트Charles Blount, 1654~1693는 자연신론의 전도자 역할을 수행한다. 그는 「자연신론 종교의 요약A Summary Account of the Deist's Religion」을 포함한 시리즈인 『이성의 신탁들Oracles of Reason』을 1693년에 써서

자연신론자들의 원리를 요약했다. 그뿐만 아니라 교회의 부패와 정통 프로테스탄트의 이적과 신적 계시의 이해를 공격했다. 당연히 삼위일체 론과 예수님의 죽음으로 인한 대속적 속죄를 거절했다. 또 그는 성경에 나타난 이적들에 대해 의문을 제시했고 기독교의 많은 전통은 사제들과 다른 종교 지도자들이 고안해 낸 것이라 비난했다.

3 경험론

자연신론의 정점에 경험론자 존 로크John Locke, 1632~1704가 우뚝 서 있다. 그는 프랜시스 베이컨의 경험론 전통을 따르면서 1690년 『인 간 오성론An Essay Concerning Human Understanding』을 써서 경험론의 기초를 놓았다. 또 에드워드 허버트가 주장한 다섯 가지 통념을 인정하 면서 많은 사람이 하나님의 존재를 믿지 않는 것을 볼 때 그 신앙은 우 주적 일치를 보지 못했고 인류는 하나님의 존재에 대한 '본유적 지식'을 갖고 있지 않다고 주장했다. 본유적 지식innate ideas/innate knowledge이 란 인간이 태어나면서 가지는 지식을 말한다. 그는 인간은 태어날 때 백 지상태tabula rasa가 아니라고 말한다. 인식적 존재로 태어나기에 자신의 존재에 대한 지식을 가지게 되어 있고 하나님이라 불리는 존재를 인식 할 수 있다는 것이다. 어떤 것도 무nothing에서 시작되지 않는다는 주장 이다. 그런데 인간이 하나님의 존재에 대한 본유적 지식을 가지고 있지 않기에 종교적 진리는 지각을 통하기보다 인간 이성이 초자연적 계시들 로 인해 인식할 수 있다고 주장한 것이다. 인간이 구원을 받으려면, 예수 님이 메시아 또는 하나님의 아들임을 믿어야 한다고 하고, 그 증거는 자신의 죄를 회개하는 데서 나타나고 또 가난한 자들이나 병든 자들을 돕는 선행으로 나타난다고 한다.

4 자연신론의 종결

18세기 후반 자연신론을 종결지은 사람으로 스코틀랜드의 철학자 데이비드 흄David Hume, 1711~1776을 빼놓을 수 없다. 그는 합리주의자들에 반대하여 이성보다 열정이 인간의 행위를 지배한다고 주장했다. 그는 로크의 신중한 경험주의의 결과를 완전하게 발전시키고자 했고, 그 방법을 인간성 자체를 연구하는 데 사용했다. 그는 인간이 실제로 세상에서 살고 있기에 이 방법론을 택해야 한다고 강조한다. 주요한 원리는 인간 신념의 이유들을 발전시키는 과정을 파악하는 것이다. 이러한 방법을 알리기 위해 흄은 『인간본성론Treatise of Human Nature』이란 책을 썼다.

흄은 인식을 인상impressions과 관념ideas으로 나눈다. 인상이란 즉각적인 경험으로 만들어지기에 생동감이 있고, 관념은 그 기원적인 인상에 대한 복사물이라고 주장한다. 인간은 이런 관념들을 연결 지어 지성과 신념beliefs을 형성하고, 경험을 통해 형성된 신념, 즉 습관적인 신념을 가진다고 한다. 전자의 신념은 관념들을 연결 짓는 모방, 연상 및 인과관계로 형성되는 것이다. 전자의 신념과 후자의 신념인 경험이 연합association되면 우리는 알게 된다, 즉 인식에 이른다고 주장한다. 그래서 인간의 모든 신념은 이렇게 단순한 연합의 반복적인 적용의 결과물에 불과하다는 것이다. 다시 말하면, 이성으로 하나님의 존재에 대해 분석하여 인식하겠다고 하지만 이것은 불가능하다는 것이다. 관념적으론 이해되지만 직접 경험되지 않으면 인식되지 않기 때문이다. 따라서 인식의 대상도 될 수 없는 하나님의 존재도 불가능하다는 것이다. 신에 대한 것은 습관적인 관념을 통해 갖는다고 한다. 실제로 존재하지 않기에 인식할 수 없지만 인과에 의해 발생하는 감성을 통해 존재한다고 그냥 인식하는 것이다. 인간은 자신의 생각이나 상상대로 결과가 일어나게 되면 그것이 존재한다고 단순히 인식하고픈 것이다. 이렇게 흄은 하나님의 자리에 앉은 이성을 불신하게 되므로 자연신론을 종결짓게 된다.

독일의 관념론

1 초교파주의

프로테스탄트주의와 로마사톨릭주의를 결합시키려고 했던 최초의 초교파주의자이자 범신론자인 고트프리트 라이프니츠Gottfried Wilhelm von Leibniz, 1646~1716는 종교적 연합을 위해 이성을 강조했다. 그는 이성적으로 접근하면 분리되었던 세계를 하나로 이룰 수 있다고 주장했다. 구체적으로 종교적 연합을 위한 세 가지 방편까지 제안한다. 첫 번째는 언어의 정확성이다. 참여자들이 동일한 방법으로 개념을 이해해야 하기 때문이다. 두 번째는 종교적 관용이고, 세 번째는 작은 걸음으로 과정을 밟는 것이다. 가장 어려운 이슈들은 나중에 해결하기로 하고 쉬운 문제부터 풀어 가는 것이다. 그는 교의들이 연합을 구성하고 차이를 해결할 수 있다고 보았다. 그가 궁극적으로 원했던 것은 세계 평화였다. 종교적 논쟁을 피하면 조화와 평화가 주어질 것이라고 생각했다. 종교적 연합이 곧 정치적 평화를 위한 첫걸음이라 보았던 것이다. 하지만 이것은 정치적으로 신앙을 풀어 가겠다는 착각으로 보인다. 그는 기독교 공화국Res publica christiana과 후에 최적의 공화국Res publica optima이 가능할 수도 있다고 상상했다. 하지만 결코 이것을 이루지도 못했고 현재도 이뤄지고 있지 않을 뿐 아니라 앞으로도 신앙을 신념으로 삼으려는 사람들이 있을 것이다.

2 볼프주의

독일 계몽운동을 대표하며 정점을 찍은 크리스티안 볼프Christian Freiherr von Wolff, 1679~1754의 이름을 따라 볼프주의라는 사상이 만들어졌다. 그는 라이프니츠와 칸트 사이에 활동했던 가장 탁월한 독일 철학자다. 할레대학교에서 『인간 오성의 힘에 대한 이성적 생각들Vernünfftige Gedancken von den Kräfften des menschlichen Verstandes』과 『하나님, 세상 및 인간 영에 대한 이성적 생각들과 일반적인 모든 것Vernünfftige Gedancken von Gott, der Welt, und der Seele des Menschen, auch allen Dingen überhaupt』을 독일어로 썼기에 독일 철학 언어의 창시자로 여지기도 한다. 그는 가시적인 세상의 속성들로 하나님의 존재를 증명할 수 있다고 본다는 측면에서 자연신학theologia naturalis을 말했다고 볼 수 있다. 그는 계시된 모든 것은 인간의 언어로 표현될 수 있고 하나님의 행동 역시 인간이 파악할 수 있다고 주장했다. 자연신론자 로크처럼 기독교의 이

성화를 시도하였고 계시에 대한 지성적 사색을 부추겼다. 교의학도 형이상학 중 한 부분이라고 했다. 1754년 세상을 떠날 때까지 할레대학교 총장으로 사역했다.

3 코페르니쿠스의 전환

지금까지의 철학의 주제는 두 가지로 요약될 수 있을 것이다. 하나는 인식이고 다른 하나는 의지다. 전자는 인간이 무엇을 어떻게 알 수 있느냐에 관심을 갖는 것이고, 후자는 어떻게 행동할 수 있느냐에 관심을 가지는 것이다. 이 점에서 칸트 이전까지의 거의 대부분의 철학의 관심은 인식에 있었다. 칸트에 와서 그 모든 것을 종합한다. 칸트를 통해 우리는 이전의 철학의 결론을 읽을 수 있다. 칸트 이후 헤겔을 거치며 철학은 의지에 관심을 갖게 된다.

17~18세기 영국의 자연신론을 종결지은 사람이 데이비드 흄이었다면 칸트는 옛 독일 합리주의를 종결짓고 새로운 영역을 열었는데 그 책이 바로 1781년에 간행한 『순수이성 비판Kritik der reinen Vernunft』이다. 이 책은 라틴어가 아니라 독일어로 쓴 것이고, 칸트가 50세가 넘어 쓴 책이기에 가장 풍성한 경험과 지식이 담겨 있다고 볼 수 있다. 칸트는 전통적인 인식론을 비판하고 이성주의와 경험주의의 타협을 모색했고, 진리를 위해 인간 이성과 경험에 전적으로 의존하지 않고 이런 접근의 합슴, synthesis을 추구했다. 이런 측면에서 볼 때는 그의 이론이 기독교에게 도움을 준 것처럼 여겨지기도 하지만 기독교 관점에서는 다른 곁길로 인도했다고 본다. 그 이유는 하나님에 대한 지식을 추구하는 증거

들을 무시하고 윤리학으로 철학의 방향을 바꾸었기 때문이고, 하나님의 진리와 사랑에서 윤리를 추구하지 않고 도덕성의 안내자로서의 우주적 기준이란 개념으로 기독교를 이끌었기 때문이다.

칸트의 또 다른 걸작은 『실천이성 비판Kritik der praktischen Vernunft』(1788), 윤리를 다룬 『도덕의 형이상학Die Metaphysik der Sitten』 (1797) 및 미학과 목적론을 다룬 『판단력 비판Kritik der Urteilskraft』 (1790) 등이 있다.

칸트는 인간의 모든 지식은 감각적 직관으로 시작하지만 선험적인 어떤 것이 있다는 합리주의도 인정하는 동시에 마음의 선험적 구조가 있어야 한다고 본다. 여기서 그의 유명한 말 "내용 없는 생각은 공허하고 개념 없는 직관은 눈먼 것일 뿐이다"가 나왔다. 그는 경험적이고 감각적인 내용 없이 우리가 알 수 있는 것이 전혀 없다고 하고, 선험적 구조 없이 우리는 가질 수 있는 무슨 내용이든지 간에 그것에 지성적 형식을 결코 줄 수 없다고 한다. 아무튼 이러한 그의 철학적 사고는 하나님의 존재는 인식의 대상이 될 수 없지만 인간이 노력해야 하는 최고선의 기준을 설정해 준다고 본다. 이런 면에서 그는 기독교를 도덕 종교로 전락시키고 말았다.

프랑스의 이성주의

이성주의는 영국의 자연신론의 영향으로 태동했다. 18세기 프랑스 이성주의를 대표하는 사상가는 볼테르François Marie Arouet(Voltaire),

1694~1778와 루소Jean-Jacques Rousseau, 1712~1778다.

1 볼테르의 냉소주의

존 로크의 영향을 받은 볼테르는 구약성경의 하나님께서 자신의 쾌락을 위해 인류를 창조한 후 멸망시켰다고 비난하면서 기존의 종교를 날카롭게 비난했다. 홍수로 멸망시킨 것을 이해할 수 없다고 했다. 그래서 원죄에 대한 개념을 공격하면서 부모의 죄들로 자녀들이 고생해야 하는 이유가 없다고 주장했다. 볼테르는 원죄에 근거해 인간 행위를 판단하기보다 인간성을 획일화시키는 것에 대해 화를 냈다.

볼테르는 1759년에 소설 『캉디드Candide』를 썼는데 자신의 멘토였던 라이프니츠를 주인공으로 내세워 그의 낙천주의를 공격한다. 이 책에서 그는 종교와 신학자, 정부, 군인, 철학자를 우회적으로 공격한다. 당시 프랑스인들에게 종교적 모독, 정치적 선동 및 지성적 적대심이 도사리고 있었기 때문에 이 책은 널리 유행했다. 이 책에는 서로를 악살하는 사람들이 나온다. 그들은 거짓말쟁이, 기만하는 사람, 배반하는 사람, 도적질하는 사람, 무력한 사람, 공격적인 사람, 겁쟁이, 환상적인 사람, 외식주의자, 어리석은 사람이다. 순전한 캉디드는 최선을 다해 살고자 했지만 직면하는 현실 세계에서 실망과 좌절을 맛본다. 어디든 불법, 부정, 추함, 투쟁이 가득한 것을 경험한다. 결국 캉디드도 사람을 잔인하게 죽이고 자신의 타락하는 모습을 보면서 세상을 원망하며 비관적으로 바뀌게 된다. 과연 하나님이 살아계신다면? 판단은 독자에게 맡긴다.

볼테르는 자신의 작품에서 자신을 잘 드러내고 있다는 비판을 피하면서 교묘하게 기독교의 모든 것을 비웃고 있다. 그는 평생을 통해 로마 가톨릭교회를 반대하는 자리에 섰다. 갈릴레오와 뉴턴과 같은 새로운 과학적 자세에 반대하는 교회의 자세를 비판했다. 그래서 교회의 권한을 축소시켜야만 자신의 꿈이 이뤄진다고 보았던 것이다.

2 루소의 감성주의

루소는 평생을 통해 진정한 자유를 가지지 못하고 얽매어 있는 사람들을 변호했다. 인간이 본성적으로 선하고 순전했지만 예술과 과학으로 인해 부패했다고 주장하면서 그것들은 인류에게 가장 악한 적이라고 했다. 그 이유는 가공된 것이기 때문이라는 것이다.

1755년 『인간 불평등 기원론Discours sur l'origine et les fondements de l'inégalité parmi les hommes』을 썼다. 먼저 그는 소설의 형식으로 인간의 자연 상태, 인간의 완전성, 그 완성에 이르는 과정의 초기 개념에 대해 설명한다. 그런 후 시민사회에서 확립할 수 있었던 방법을 설명한다. 석기시대에 있었던 공동체 형태를 선호했고 서로를 사랑했던 애정의 결합을 강조했다. 현대사회는 시민화 이전에 있었던 단순하고 작은 사회들로 돌아가려고 하지 않는다고 한다.

또 루소는 1762년 『에밀Emile』과 『사회계약론Du contrat social ou Principes du droit politique』을 네덜란드에서 출판했는데 당시로서는 이해하기 어려운 책이었고 많은 반대와 박해를 받았다. 그 이유는 국민의 주권을 강조했기에 혁명을 부추기고 저항 정신을 불러일으키는 책이었기 때문이다. 이 두 책을 통해 그는 문명화된 사회가 얼마나 증진되었는지 설명하려고 했다. 그는 노예제도를 정면으로 반대했고, 로크의 사회계약론에 따라 민주정치를 믿었으며 당시에는 급진파였다. 또 자유는 정부의 어떤 형태에서 발견할 수 있는 것이 아니라 자유인들의 심정에 있다고 했다. 법은 소유한 자에게는 유익하지만 그렇지 않은 자에게는 해가 된다고 했다. 이런 법은 연약한 자에게 새로운 짐이 되고 강한 자에겐 새로운 권력이 되며 선천적 자유를 멸절시킨다고 했다. 석기시대로 돌아가려고 하지 말고 민주적인 공공의 문명을 창조해야 한다고 했다. 또 이 사회는 보다 나은 인간성에 청원하고 인간성을 문명화하는 가치 있는 인간성의 사회라고 했다.

그는 도덕성과 미덕은 종교인들의 믿음과 소망에서 일어난다고 보았다. 그는 인간성을 힘들게 한 것이 원죄가 아니라고 보았다는 점에서 대부분의 기독교인과 달랐다. 그는 본능, 즉 인간과 신 간에 중간 사제직이 없고 인간을 자연으로 돌아가게 하는 자연 종교를 창조하고 싶어 했다. 그는 예수그리스도가 구속자가 아니었고 인간성의 회복을 위한 모본이었다고 주장했다. 종교적 관용 대신 그가 주장한 것은 교회 밖에는 구원이 없다고 말하는 자들을 국가에서 쫓아내야 한다는 것이었다.

1762년 루소는 추방당해 스위스와 영국으로 갔다. 1763년 『사회계약론』이 결국 로마가톨릭교회로부터 금서로 지정되었고 그에 대한 검거령이 떨어질 정도였다. 루소는 1765년 데이비드 흄과 함께 영국에서 도피처를 찾았는데, 영어를 배우지 못했기에 친구들을 사귀지 못하면서 정신적 어려움에 직면했고 착란증으로 고생했다. 프랑스로 돌아왔으나 죽을 때까지 정신병으로 고생하다가 1778년 세상을 떠났다.

2

부흥주의

18세기 영국에서 자연신론이 한창 번성할 때 이것의 대안으로 사라진 청교도 정신을 다시 일으킨 사람이 바로 존 웨슬리다. 그는 친구였던 조지 화이트필드George Whitefield, 1714~1770와 함께 꺼져 가는 영국의 프로테스탄트주의를 불붙인 자이다. 두 사람은 신앙의 양태는 다르지만 교회 역사에서 빼놓을 수 없는 인물들이다. 웨슬리는 아르미니우스파 감리교를, 화이트필드는 칼뱅주의를 고수했다.

감리교의 창설자

존 웨슬리John Wesley, 1703~1791는 1739년 감리교의 창설자다. 웨슬리주의로 알려진 웨슬리 교훈은 현대 감리교 운동, 성결 운동Holiness Movement, 오순절주의Pentecostalism, 은사 운동Chrismatic Movement 및 신은사주의 교회New-charismatic churches 등의 씨앗이 된다. 더욱이 웨슬리는 아르미니우스주의를 새롭게 정립하여 이신칭의에 적용시켜 강력한 복음주의 운동을 이끌었다. 행동을 앞세운 웨슬리의 지도하에 감리교도는 감옥 개혁과 노예 해방 등 당시의 사회적 이슈를 이끌었다. 그의 가장 큰 신학적 성취는 '기독교인의 완전'이라는 교리다. 이것은 심정과 삶의 성결 운동이었다. 기독교인들은 하나님의 사랑 또는 완전한 사랑이 자신들의 심정에 충만한 상태에 이를 수 있다. 또 그는 하나님께서 신자를 성화시키고 변모시키는 수단인 은혜의 방편들, 즉 기도, 성경, 묵상 및 성례 등과 같은 것을 일반적으로 사용할 것을 강조했다. 후에 그는 노예무역

존 웨슬리

에 대항하여 강력한 비판의 목소리를 내며, 『노예에 대한 소고*Thoughts Upon Slavery*』(1774)라는 팸플릿을 출판했다. 웨슬리는 과학자 존 뉴턴 John Newton, 1725~1807과 정치가 윌리엄 윌버포스William Wilberforce, 1759~1833의 친구였고, 이들과 함께 노예 해방을 강력하게 주장했다. 자연스럽게 사회운동에 관련이 되어 교회 일원의 수적 성장에 박자를 가하게 된다. 웨슬리는 위에서 언급한 자연신론의 요구에 가장 적합한 신학을 발전시켰기에 당대 영국인들뿐 아니라 현대인들도 그의 신학에 매료를 느끼게 된다.

웨슬리에게서 빼놓을 수 없는 이야기는 그의 개종 또는 회심의 이야기다. 웨슬리는 목회자 집안에서 태어나 옥스퍼드대학교를 다녔다. 22세 때인 1725년 부제로 임명을 받고 1727년 석사 학위를 받았으며, 2년 동안 부목사로 활동한 후 옥스퍼드로 돌아와 1729년 동생 찰스 웨슬리와 조지 화이트필드와 함께 성결 단체를 만든다. 이해가 감리교, 즉

규칙주의가 시작된 해다. 그들은 매주 모여 규칙적으로 거룩한 삶을 이룩해 나갔다. 규칙적인 삶을 행하는 자들을 옥스퍼드 학생들은 규칙주의자, 즉 감리교Methodist라고 불렀다.

웨슬리 형제는 1733년 신대륙 사바나 교구에 새로 설립된 교구 목사로 초청을 받아 1736년 1월 26일 조지아 지역으로 향하는 배를 탔다. 폭풍이 몰아쳤기 때문에 매우 위험한 상황이었다. 웨슬리 형제는 여기서 인상적인 사람들을 보았는데 그들은 아무런 대가도 받지 않으면서 탑승자들을 섬기고 있는 모라바파였다. 그들은 두려운 심정을 가지지 않고 폭풍 가운데서도 평안하게 「시편」으로 노래를 불렀다. 웨슬리는 그들 중 한 사람에게 다가가서 물었다. "무섭지 않나요?" 그러자 그는 대답했다. "하나님으로 인해 전혀 무섭지 않습니다." 또 "당신의 여인들과 자녀들도 두렵지 않나요?"라고 묻자 그는 조용하게 말하길, "아니요! 여인들과 자녀들도 죽는 것을 두려워하지 않습니다." 이 경험을 통해 웨슬리는 모라바파에게는 있고 자신에게는 없는 뭔가가 있음을 깨닫게 됐다.

웨슬리는 1736년 2월 6일에 목적지 조지아에 도착하여 오는 중에 경험한 것이 궁금하여 독일인들의 목회자 슈팡겐베르크Spangenberg에게 당시의 경험을 이야기하자 그는 이렇게 대답했다. "형제여! 한두 가지 질문을 먼저 묻겠습니다. 자신 안에 어떤 증거를 지니고 있으십니까? 당신이 하나님의 자녀임을 당신의 영에게 하나님의 영이 증거하십니까?" 이 질문을 받고 웨슬리는 당황했다. 무어라 대답을 할 수 없었기 때문이다. 웨슬리를 지켜보던 슈팡겐베르크는 또 이렇게 질문했다. "예수그리스도를 아십니까?" 질문을 받은 웨슬리는 잠시 시간을 가졌다가 "그분이 세상의 구세주이심을 나는 압니다"라고 응수했다. "그래요. 하지만 그분이 당신을 구원했다는 사실을 아십니까?" 웨슬리는 이 질문을 듣고 "바라는 것은 그분이 나를 구원하기 위해 죽으셨다는 것이죠"라고 말했다. 그러자 그는 또다시 질문하였다. "당신은 자신을 아십니까?" "그렇습니다." 이 대답을 능청스럽게 했지만 심적으로 공허한 말이었음을 스스로 인정할 수밖에 없었다.

가식적이고 피상적인 고백을 한 웨슬리의 조지아 삶은 순탄치 않았고, 그는 영국으로 돌아올 수밖에 없었다. 1738년 5월 24일 앨더스게이트 스트리트Aldersgate Street에서 모라바파의 모임이 있었다. 그는 루터의 「로마서」 강해의 서문을 듣고 있었다. 그때 그는 "이상하게 내 심정이 뜨거워짐을 느꼈다I felt my heart strangely warmed"고 했다. 몇 주 후 존 웨슬리는 믿음으로 개인적 구원을 받는 교리에 대한 설교를 했다.

그는 페터 레인에 있는 모라바파 단체에 가입하여 1738년 모라바파의 본부가 있는 헤른후트로 가서 학습을 받기도 했다. 하지만 다음 해 1739년 그는 런던에 있는 모라바파와 관계를 끊었다. 자신의 설교를 듣고 개송하는 무리들이 이단으로 취급받는다는 것을 알게 되어 자신의 단체를 만들어야겠다고 결심했기 때문이다. 이렇게 하여 영국에서 최초의 감리교 단체Methodist Society가 시작되었다.

그는 영국국교회가 죄인들을 회개하게 하는 데 실패했다고 생각했고, 자신이 교회의 부흥을 위해 부름을 받았다고 확신했다. 어떤 반대, 핍박, 또는 장애물이라도 신적 긴급성과 이 사명의 권위에 대항할 수 없었다. 일반 신자들의 확장이 감리교의 성장에 큰 분기점이 되었다.

웨슬리는 선행적 은혜, 믿음을 통한 개인적 구원, 성령의 증거 및 성화를 강조했다. 칼뱅주의자와는 달리 그는 예정론을 믿지 않았다. 기독교 정통은 구원이 하나님의 주권적 은혜로 가능하다는 것을 주장했지만 하나님은 모든 자가 그분과 실제로 의지적 반응을 하도록 인류에게 믿음을 줄 수 있도록 역사하신다고 보았다. 이와 같은 웨슬리의 강한 주장에 당황한 친구 조지 화이트필드는 그와 결별하였고 그들은 각자 다른 방법으로 교회 부흥을 이끌어 갔다.

화이트필드

조지 화이트필드George Whitefield, 1714~1770는 18세 때 옥스퍼드에서 생활하면서 인생의 분기점을 맞았다. 학교에 입학하기 전 2~3년 동안 종교적 확신이 없었던 것은 아니지만 펨브로크에 입학하면서 더 강한 확신을 갖게 되었다. 그는 할 수 있는 한 많이 은혜의 방편들을 접했다. 여러 도시의 감옥을 방문하고 선행을 행하면서 여가 시간을 보냈다. 웨슬리 형제를 만나 성결 단체에 가입한 후에는 여기서 하나님을 찾는 열정에 사로잡혔다. 또 다른 한편으로는 청교도들의 책에서 영향을 받았다. 화이트필드는 심오한 회심을 경험했기에 중생과 새 사람에 대한 설교를 그의 복음적 메시지의 중심으로 삼았다.

그는 22세부터 설교자로 활동을 시작하여 많은 대중에게 감동을 주었다. 1738년 2월 그는 첫 번째로 대서양을 건너가는데, 그 이후로도 여섯 차례나 이 여행을 했다. 웨슬리 형제가 다녀간 후였다. 신대륙 13개 주 사람들은 그의 설교를 듣고 감동을 받아 교회 역사상 가장 강력한 운동인 대각성Great Awakening이 일어났다. 영국에서처럼 수만 명이 운집하여 그의 설교를 듣고 회개하는 운동이 일어난 것이다. 그는 1770년 미국 매사추세츠주에 있는 뉴버리포트의 올드사우스 프레스비테리언 처치Old South Presbyterian Church의 목사관에서 소천하여 이 교회 강단 아래에 묻혔다. 그의 장례식 설교는 존 웨슬리가 맡았다.

조지 화이트필드는 시대가 낳은 보기 드문 대부흥사였다. 1740년 가을 한 달 동안 화이트필드는 뉴잉글랜드에서 거의 8천 명에 이르는 사람들에게 매일 설교했다. 이 수는 당시 보스턴 도시 인구보다 많았다. 같은 해 4월 6일엔 소사이어티 힐에서 오전엔 약 6천 명, 저녁엔 약 8천 명에게 설교했다. 목요일엔 만 명 이상의 청중에게 설교했는데 2마일 떨어진 글로스터에서 그의 설교를 들었다고 한다. 어떤 경우엔 그의 설교를 듣는 청중의 수가 2만 명을 넘기도 했다.

그는 8년을 미국에서 살았는데 어떻게 보면 영국인이라기보다 미국인에 더 가까웠다고 말할 수 있을 정도다. 웨슬리가 영국에서 주로 활동했다면 화이트필드는 미국이 주 무대였다. 그는 영국 왕실에 헌신하기보다 시민지인들에게 더 헌신했다. 미국 인구의 80퍼센트가 그의 설교를 들었고 그는 그들에게 엄청난 충격을 주었다.

노예 해방을 위해 평생을 헌신한 윌버포스는 위기 때마다 화이트필드의 복음적 열정이 그에게 큰 힘이 되었다고 말했다. 화이트필드는 솔직한 사람이었고 자신의 교만을 인정하고 그것과 싸웠다. 그는 칼뱅주의자였으며, 은혜 교리를 철저하게 신뢰하면서 예정론에 입각한 복음 선포에 힘썼다. 동시에 성경을 열심히 읽으면서 매튜 헨리의 주석을 늘 참고했다.

웨일스 부흥 운동

이러한 부흥 운동은 18세기 웨일스에서도 일어났는데 우리는 이것을 웨일스 감리교 부흥 운동Welsh Methodist revival이라 부른다. 감리교 설교자 그리피스 존스Griffith Jones와 윌리엄 윌리엄스William Williams 및 하월 해리스Howell Harris와 같은 인물들이 이 운동을 주도했다. 1790년대 윌리엄스, 존 웨슬리 및 대니얼 로우랜즈Daniel Rowlands와 같은 자들이 죽자 부흥 운동이 식은 후 이어서 칼뱅주의 감리교 부흥 운동이 일어났다. 근데 이 운동은 웨일스 부흥 운동Welsh Revival과 다르다. 웨일스 부흥 운동은 1904~1905년에 일어난 운동이다. 이 운동은 한국 교회의 평양대부흥(1907)과 밀접한 관련을 맺고 있다. 하지만 영국의 감리교와는 달리 개혁 신학에 가까운 것이다. 이 운동을 주도한 사람들은 칼뱅주의 감리교도라 불린다. 신앙 기준으로 이들은 1823년 「웨일스 칼뱅주의 감리교와 관련된 신앙고백서Confession of Faith of the Connextion of Calvinistic Methodists in Wales」를 출판했는데 이것은 「웨스트민스터 신앙고백서」에 기초한 것이고 이는 그들이 칼뱅주의를 채택했음을 의미한다. 그래서 1923년에 웨일스 장로교회Presbyterian Church in Wales라는 공식적인 이름을 정했고 이들은 웨일스 칼뱅주의 감리교 노선을 걷고 있다.

1차 대각성 운동

신앙의 자유를 찾아 왔든 세속적 야망을 찾아 왔든 신대륙으로 온 사람들은 나름대로 대망의 꿈을 가지고 있었다. 여러 민족이 한데 사는 미국이야말로 현재까지도 내일의 세계를 보는 하나의 큰 창문이라 말할 수 있다. 이들은 격정의 시대를 겪는데 먼저 18세기 미국독립전쟁(1775~1783)을 언급하지 않을 수 없다. 이 시기에 유럽에서는 계몽운동이 있었고, 영국에서는 부흥 운동과 자연신론이, 독일에서는 경건주의와 관념론이 있었다.

미국의 1차 대각성 운동First Great Awakening은 1730대부터 1740년대까지 이어진다. 그 운동의 시작에는 테오도루스 프러링하우전Theodorus Jacobus Frelinghuysen, 1692~1747?과 솔로몬 스타드Solomon Stoddard, 1643~1729가 있었고, 그 절정에는 조나단 에드워즈Jonathan Edwards, 1703~1758와 길버트 테넌트Gilbert Tennent, 1703~1764가 있었다.

프러링하우전은 13개 주의 중부 지역에서 일어난 복음화 운동의 선구자였다. 스타드는 에드워즈의 외조부로서 뉴잉글랜드에 영향력을 끼치는 지도자였고, 55년 동안 매사추세츠의 코네티컷 리버 밸리 지역에서 활동했다. 이따금 '교황' 스타드라 불릴 정도로 강력한 지도력으로 부흥 운동을 주도했다. 하지만 프러링하우전과 스타드의 부흥 운동의 색채는 달랐다. 전자가 개혁 신학이라면 후자는 아르미니우스파 성격을 지녔다고 말할 수 있다.

1 에드워즈

1차 대각성을 논할 때 결코 빼놓을 수 없는 사람은 조나단 에드워즈다. 그는 1716년 예일대학교에 입학하였지만 불확실성과 걱정의 나날

조나단 에드워즈

을 보냈다. 그는 졸업 학년에 이르러 늑막염으로 고통을 겪던 시기였지만 자신의 구원에 대한 확신을 가지지 못한 것을 더 고통스럽게 여겼다. 게다가 그는 지성적 의혹들에 휩싸였다. 비록 그가 위대한 칼뱅주의자로서 역사에 기록되지만 처음에 그는 하나님의 주권에 대한 교리를 이해할 수 없었다. 그는 이 문제를 해결하기 위해 혼자 숲속으로 들어가 기도하곤 했지만 영적인 것들에 대해 깊게 사모하지는 않았다. 신적 존재에 대한 신비를 그냥 기뻐했을 뿐이고 하나님의 위엄과 영광에 대한 지식으로 자라났을 뿐이다.

그는 1720년 졸업 후 2년 동안 뉴헤이븐에 머물면서 신학을 공부했지만 신학적 유산을 수용하지 않았다. 그 가운데 이해되지 않은 것은 예정론이었다. 그렇다고 철학적 답변이 이것을 해결해 주지는 못했다. 그는 1722~1723년 8개월 동안 뉴욕에 있는 장로교회에서 사역했는데 이 기간부터 일기를 쓰기 시작하여 자신의 유명한 영적 결의를 기록하기에 이른다.

그는 17~23세까지, 즉 1720~1726년 자신의 결의들Resolutions과 신앙의 일기Diary의 큰 부분을 썼다. 단순한 결의들과 일반적인 일기는 아니었다. 그것을 읽어 보면 많은 영들의 점진적인 변화를 목격했음을 알 수 있다. 루터처럼 그는 자신이 분명하게 인식하지 못하는 어떤 높은 목적을 추구하는 것처럼 보였다. 루터가 하나님의 용서를 위해 부단히 노력했다면 에드워즈는 하나님의 영광에 대한 환상, 하나님의 거룩과 위엄을 받은 확신을 위해 부단히 노력했다. 그리고 그는 말로나 감성적으로 여운을 남기지 않고 모든 것을 글로 옮겼다.

이렇게 하면서 그의 신학의 핵심이 드러나게 되었는데 그것은 의지의 변화였다. 하나님께서 의지를 변화시키고, 그 변화된 의지로 하나님을 인식하고, 하나님 안에서 의지로 행동하게 된다는 것이고, 이 모든 것은 하나님에 대한 지식을 통해 이뤄진다는 것이다. 이는 마침내 하나님의 영광의 내적 빛 속으로 들어가는 사람의 특권이라고 말할 수 있다. 그 중에서 그가 1723년 1월 12일에 경험한 것을 소개한다.

> 1723년 1월 12일 나는 하나님께 엄숙한 헌신을 결심하며 글로 썼다. 내 자신의 모든 것을 하나님께 내려놓으면서 내 자신을 아무리 보아도 어떤 미래가 없어야 하고, 자신에게 어떤 권한도 없어야 한다. 내 모든 부분을 위해 하나님을 모시기로 엄숙하게 맹세하며 나의 행복의 어떤 부분도 갖지 않기로 한다. 나의 순종에 대한 지속적인 규칙을 위한 그분의 율법은 세상, 육체, 악을 내 생명이 끝나는 날까지 등지려고 내 힘을 다하여 싸우도록 할 것이다.

이제 그는 하나님에 대한 모든 의심을 떨쳐 버릴 수 있었다. 이제는 앞으로 나아가는 일만 남았던 것이다.

또 그의 인생에 큰 전환점이 된 것은 1726년 외조부 스타드가 80대에 이르러 그를 돕는 사역자로 선출된 일이다. 그는 열정적 설교로 놀라운 부흥을 경험하게 된다. 또 1740년에는 화이트필드를 초청하여 설교를 들으면서 큰 은혜를 받았다. 그리고 1741년 7월 8일 코네티컷주의 엔필드에서 이뤄진 그의 설교, 즉 분노한 하나님의 손에서 죄인들에 관하여 또 그들에게는 지옥 외에는 남아 있지 않다는 것을 느끼게 한 그날 밤 그의 설교는 미국의 역사뿐 아니라 문학에도 큰 발자취를 남겼다.

당시 에드워즈는 「신명기」 32장 35절의 "원수 갚는 것은 내가 하는 일이니, 내가 갚는다. 원수들이 넘어질 때가 곧 온다. 재난의 날이 가깝고, 멸망의 때가 그들에게 곧 덮친다"는 구절을 인용하며 '분노한 하나님의 손에 있는 죄인들'이라는 제목으로 '공포의 설교'를 했다. 대중들은 영적으로 정죄를 받은 무시무시한 운명을 묘사하면서 외쳤다.

설교가 시작되기 전 실내 전체에서 흐느끼며 통곡하는 소리가 들리기 시작했다. 구원받기 위해 내가 무엇을 해야 하는지 물었다. 내가 지옥으로 가지 않을까 하며 외쳤다. 내가 그리스도를 위해 무엇을 할 수 있는지 물었다.

에드워즈는 말씀 전하는 것을 멈추고 침묵을 부탁했지만 흐느낌은 멈추지 않았다. 설교를 마무리하지 못할 정도였다. 엔필드에서 일어난 일에 대해 에드워즈는 언급하지 않았지만 다른 사람들을 통해 그때의 일이 알려졌다. 한 달 전 6월 노샘프턴에서 같은 설교를 했을 때는 아무런 반응이 없었지만 이번에는 달랐다. 이것은 그야말로 미국 부흥주의를 다시금 일으키는 가장 유명한 설교였다.

목회자인 에드워즈는 탁월한 저술가였으며 지성적 철학자이자 신학자이기도 했다. 영국과 미국인들의 심정에 불을 붙였던『놀라운 회심의 이야기들*Narrative of Surprising Conversions*』은 종교적 저널리즘이라 불린다. 또『데이비드 브레이너드의 일기*Diary of David Brainerd*』는 초기 선교 자서전으로서 가장 영향력을 끼치는 작품들 중 하나다. 이 외에도 그는 선교사였다. 거의 20년 동안 사역했던 교회에서 신학적 논쟁으로 인해 쫓겨난 에드워즈는 47세에 최전방 선교지에서 사역하게 되었다. 그의 대부분의 신학적 작품들은 그가 인디언들에게 복음을 전하고 그들의 자녀들에게 교리문답서를 가르치면서 사역했던 매사추세츠주의 스톡브리지에서 쓰였다. 더욱이 그는 짧은 기간이었지만 대학교 총장을 지냈다. 그는 논쟁적인 인물이었지만 누구도 그 재능의 탁월성을 부인하지 못한다.

1757년 가을 에드워즈는 프리스턴대학교의 총장직이라는 새로운 노력의 영역에 초청을 받았다. 우리 생각에 탁월한 설교자이며 저자인 그가 좁은 지역에서 벗어나 더 넓은 입지로 들어가는 것에 만족했을 것 같지만 그는 달랐다. 또 그렇게 선상하시 못했기에 임는 총상식을 수행할 수 없었다. 더 중요한 것은 집필 중이던 작품을 완성하고 싶었던 것이다. 하지만 목회자들의 모임에서 권면을 받은 후 뜻을 돌이켜 총장직을 맡기 위해 1758년 1월 뉴저지에 이르렀으나 천연두로 심하게 고생하게 되어 그 직책을 더 이상 맡을 수 없을 정도였다. 그는 건강이 날로 악화되어 1758년 3월 22일 임종을 맞았다.

2 테넌트

뉴브런즈윅의 장로교 목회자로서 각성 운동의 중심인물이었던 길버트 테넌트Gilbert Tennent, 1703~1764는 조나단 에드워즈와 조지 화이트필드와 함께 대각성을 이끈 한 사람이었다. 그의 유명한 설교는 1740년 '중생을 경험하지 않은 목회자의 위험성Danger of an Unconverted Ministry'에 관한 것이다. 그는 이 설교에서 회심, 즉 중생을 경험한 자들만 목회자가 되어야 한다고 주장한다.

그의 부친 윌리엄 테넌트는 통나무 대학을 설립하여 목회자들을 양성했다. 길버트는 1723년 예일대학교에서 석사 학위를 받고 1728년 목회자가 되어 뉴저지주의 뉴브런즈윅에서 목회했다. 그곳에서 대각성 운동의 선구자인 프러링하우전을 만나 감화를 받았고 스코틀랜드 장로교 정신을 이어받으라고 권면을 받았다. 1734년에 이르러 부흥이 시작되었고, 1739년 조지 화이트필드는 테넌트를 만나 1740~1741년 겨울 뉴잉글랜드 복음 전도 여행에 동참하도록 권했다. 1735년 테넌트는 몇몇 젊은 목회자들이 이끄는 래러턴 밸리의 부흥 사역에 동참했다. 그들은 통나무 대학에서 테넌트 부친에게서 배웠던 사람들이었다. 1737년 그는 순회 목회자로서 다니면서 설교하게 된다. 그중 유명한 설교가 앞에서 언급했던 중생에 관한 설교였다. 1743년 화이트필드를 따르는 사람들이 세운 초교파 태버내컬의 목회자가 되었다. 그는 소박한 옷차림을 설교하곤 했는데 이것은 1741~1742년 모라바파와 친첸도르프를 만난 후였다. 그렇지만 웨슬리가 느낀 것처럼 친첸도르프의 영적 중생, 실천적 경건 그리고 초교파적 협력에 대해 공유했지만 칼뱅주의와 위배되는 것임을 깨닫게 되었다. 1758년에는 장로교의 총회장으로 지내기도 했다가 1762년에 이르러 필라델피아에서 임종을 맞았다.

독일의 경건주의

16~17세기 독일의 교회 상황은 좋지 않았다. 정·교 유착에서 벗어나지 못했고, 안정된 신앙 생활의 보장은 신앙을 나태하게 만들었다. 의미도 없는 탁상공론 같은 신학 논쟁들로 완고한 신조주의confessionalism가 독일을 지배하여 관용이 허락되지 않았다. 이에 반대하는 자들은 정확하게 믿는 것보다 삶의 가치를 더 중요시할 정도였다. 루터의 신학을 따르려는 진정한 루터파Gnesio-Lutherans와 그의 후계자 멜란히톤을 따르는 필리프파Philippists의 갈등 속에 진정한 루터파가 승리를 거두었다. 1577년의 협화신조에 이르러 공식적으로 루터파 내의 교리 논쟁이 해결되었지만 갈등은 여전했다. 이런 과정에서 비텐베르그대학교를 중심으로 한 루터주의는 완고한 정통과 메마른 스콜라주의로 변했다. 아이러니컬하게 루터가 토마스 아퀴나스의 토마스주의Thomism를 배척했지만 루터파 학자들은 의식적으로 자신들의 교리적 진술들을 형식화하기 위해 그것을 재도입했다.

1 신비주의 배경

반종교개혁에서 일어난 운동 중 하나가 신비주의였던 것처럼 그릇된 개혁 운동은 항상 신비주의에서 비롯되고, 그 후에는 예기치 못한 상황이 발생한다. 루터파가 이런 전철을 밟는데, 신조주의에 대한 대응책을 신비주의에서 찾은 것이다.

먼저 모든 신비주의자의 왕자price of mystics라 불리는 야코프 뵈메Jakob Böhme, 1575~1624는 신학자로서 스스로를 루터파 전통을 유지하는 사람으로 소개한다. 그는 환각에 빠져 성령의 빛으로 둘러싸이는 경험을 하곤 했다. 그러면서 심정의 평화를 맛보았다고 했다. 그는 1600년부터 경험한 환상들을 쓴 작품인 『여명Aurora』으로 종교회의에 소환되기도 했다. 그에 의하면, 참된 신자는 신조의 어떤 형식에 얽매이지 않으며, 자신 안에 그리스도가 진정으로 살아 있는 자만이 영과 진리로 그리스도를 참으로 따르는 자들이다. 요즘 은사주의에 빠진 사람들이 하는 말과 다를 바 없다 하겠다. 아무튼 그는 앙리 베르그송Henri Bergson, 1859~1941의 형이상학, 조지 폭스George Fox, 1624~1691의 퀘이커주의Quakerism, 헤겔Georg Wilhelm Friedrich Hegel, 1770~1831의 변증법론 및 하이데거Martin Heidegger, 1889~1976의 실존주의 등에 영향을 끼쳤다.

두 번째 인물은 경건주의의 선구자로 여겨지는 요한 아른트Johann Arndt, 1555~1621다. 그는 브라운슈바이크에서 목회했을 때 대부분의 사람들은 루터주의를 엄격하게 신봉하지만 교황주의자, 신비주의자, 유일신론자, 개혁파, 루터파 등 여러 파들이 끝없이 교리 논쟁을 하는 것을 가슴 아프게 바라보았다. 그는 이런 내용을 그의 묵상집이자 기도집인 『진정한 기독교에 관한 네 권의 책Vier Bücher vom wahren Christentum』의 1장에서 밝히면서, 하나님은 그리스도를 믿는 믿음에서 나오는 거룩한 삶을 요구함을 강조했고 신조의 순결성은 결코 성령의 열매를 낳게 하지 못한다고 강조했다. 그 열매들은 삶에서, 개인 행위에서 나와야 한다는 것이다. 그는 또 회개, 그리스도를 믿는 신앙 및 거룩한 삶을 강조했다.

더욱이 아른트는 진정한 기독교인을 만들 수 있는 유일한 길이 심정의 변화인데 십자가에 못 박힌 그리스도의 완성된 성취를 신학자들이 너무 강조하고 있다고 비판했다. 그는 그 원인이 심정으로 예배를 드리지 않기 때문이라고 보았다. 당시 사람들은 반드시 실천적 기독교를 추구해야 한다고 강조했다. 진정한 기독교인이 되는 데 필요한 것은 내적, 감성적 요소라는 것이다. 그는 구세주의 필요성을 깨닫게 하기 위해 죄에 대해 많이 설교했다. 동시에 아픈 사람들을 방문하고 할 수 있는 한 선을 행하고 적대심을 풀어 주는 헌신하는 목회자이기도 했다. 하지만 아른트는 목회보다도 그의 작품들로 명성을 날렸다. 신비주의 헌신과 관련된 그의 작품들은 베르나르, 타울러 및 토마스 아 켐피스에게서 영향을 받았다.

2 경건주의의 창설자

경건주의의 창설자 필리프 야코프 슈페너Philipp Jakob Spener, 1635~1705는 여러 사람과 책으로부터 영향을 받았다. 특히 1616년 출판된 루이스 베일리Lewis Bayly, 1575?~1631의 책『기독교인에게 하나님을 기쁘시게 만들기 위한 지침을 주는 경건의 실천The Practice of Piety, directing a Christian how to walk that he may please God』에서 큰 영향을 받았는데, 청교도의 이 작품을 통해 기독교인의 삶, 죽음 및 부활에 대한 가치관을 교육받았다. 또 그에게 영향을 끼친 두 번째 청교도 작품은 임매뉴얼 산 탐Emmanuel Sonthomb이 쓴 『황금 보석Golden Jewel』이고, 세 번째 작품 은 아른트가 쓴 『진정한 기독교』다.

슈페너는 1651~1659년 스트라스부르에서 철학, 역사 및 신학을 배 웠다. 그 후 계속 학문에 전념했지만 루터주의를 배우기 위해 비텐베르 크나 라이프치히로 가지 않고 랍비 문학과 탈무드를 배우기 위해 바젤로 향했다. 또 왈도파에 대한 이야기에서 큰 감동을 받고 개혁 신학의 정치 와 내적 삶에 익숙해졌다. 물론 그는 루디파였지만 교리적인 년보다 실 천적인 면에 더 중점을 두었다고 여겨진다.

1667년에 슈페너는 프랑크푸르트에 있는 루터교회의 담임 목사로 청빙을 받았다. 매주 설교와 교리문답서를 가르치는 것으로 부족하다고 느낀 슈페너는 수요일마다 모임을 만들어 주일에 이해하지 못했던 어려 운 말씀들을 해설하거나 적용하고 기도하는 데 전적으로 힘썼다. 이 모 임이 바로 경건한 모임Collegia Pietatis 또는 헌신 학교Schools of Devotion 라 불린다. 여기서 경건주의자pietist라는 용어도 나오게 되었다. 이들을 가르치면서 집필해 1675년 출판한 그의 걸작이 바로 『경건의 열망Pia Desideria』이다.

『경건의 열망』은 세 부분으로 나뉘는데 1부는 교회의 부패한 조건 에 대한 개요로, 세 부류의 신분을 설명하고 있다. 시민 권위자들, 성직 자들 및 일반인들인데, 그는 각 신분의 문제점을 지적한다. 2부에서는 보다 나은 교회의 가능한 조건들을 제안하고 있다. 교회가 개선되어야 할 두 영역이 있는데 하나는 「로마서」 11장 25~26절처럼 유대인의 개 종이었다. 다른 하나는 교황 제도가 멸망할 것이고 로마가톨릭교회는 전멸될 것이라는 것이다. 이것은 「계시록」 18~19장을 바탕으로 한다. 『경건의 열망』의 3부는 교회가 수정해야 하는 조건들을 위한 제안이다. 흔히 이것을 '여섯 가지 제안'이라고 부르고 복음적 언약 교회를 위한 기초라고 말한다.

1686년 그는 프랑크푸르트 목회에 이어 드레스덴으로 초청을 받아 법정 목사가 되었다. 또 선제후와의 관계가 좋지 않았던 터라 1691년 베를린으로 초청을 받아 갔다. 그곳에서 브란덴부르크-프로이센의 선제후 프리드리히 3세의 지지를 받아 교회에 많은 영향을 끼쳤다. 그 선제후가 1694년 할레대학교를 건립했고, 그가 할레대학교에 영향을 끼치면서 그 학교는 경건주의의 중심지로 성장했다. 그는 여생을 이곳에서 보냈다.

3 교육과 신비주의

할레대학교를 중심으로 경건주의가 발전하게 되는데 그 견인차 역할을 한 사람이 바로 슈페너를 이어 경건주의를 이끌었던 지도자인 아우구스트 프랑케August Herman Francke, 1663~1727다. 슈페너와 아른트가 믿음과 행위의 관계성에 대해 글을 쓰고 말했다면, 믿음의 아들인 프랑케는 이 이론을 실천으로 옮겼다. 프랑케는 슈페너가 드레스덴에서 법정 교사로 있을 때 그와 깊은 교제를 나눴다. 슈페너는 할레대학교로 옮겨 가면서 프랑케를 교수로 초청한다. 여기서 프랑케는 대중적이고 매력적인 설교도 했지만 주위의 배우지 못하고 범죄를 일삼는 버려진 아이들을 위해 1695년 '누덕누덕한 학교'라 불리곤 하는 고아들의 학교를 설립하였다. 1698년에 이르러서는 백 명이나 되는 고아들을 양육했고 5백 명에 이르는 아이들이 교육을 받도록 했다.

또 다른 인물로 백작 니콜라우스 루트비히 폰 친첸도르프Nikolaus Ludwig hrabia von Zinzendorf, 1700~1760를 소개한다. 그는 할레대학교에 입학하면서 경건주의의 영향을 받게 되었다. 친첸도르프는 슈페너의 경건주의 이상들을 실천하기를 원했다. 루터파 교회와의 분리를 의도하진 않았으나 복음을 전파하고, 책자를 배분하고, 자선을 행하면서 마비된 루터주의를 일깨웠다.

메마른 루터파 정통 신앙과는 달리 친첸도르프는 교의를 공격하는 이성주의의 성장에 한편으로 동감했다. 동시에 그는 종교와 기독교에 대한 진실한 이해가 부족하다는 것을 느꼈기에 역사적 그리스도를 강조함으로써 이러한 부족을 채우려고 했다. 더욱이 사도적 교회의 실천과 영성을 다시 회복하려고 했다. 그는 참된 기독교가 기독교인들 간의 자유로운 교제를 증진시킨다고 보았다. 그는 이것을 실천하면서 보헤미아 형제단Unitas Fratrum의 남은 자들과 관련을 맺었다.

1722년 친첸도르프는 모라바와 보헤미아에서 핍박을 받으며 방황하는 많은 사람에게 피난처를 제공하며 자신의 영지 베르텔스도르프에 헤른후트라는 마을을 조성했다. 이 장소는 성장하여 종교의 자유의 피난처로 알려지게 되었다.

1736년 그는 이웃 귀족들의 고소와 정통 신앙에 대한 의심을 받으면서 추방을 당했다. 그는 자신을 따르는 자들과 함께 떠돌아다녔기에 순례자 백작Pilgrim Count이라는 별명을 얻었다. 1741년 친첸도르프는 펜실베이니아를 방문하여 벤저민 프랭클린뿐만 아니라 원주민들의 지도자들을 만났고, 후에 웨슬리도 만났지만 웨슬리는 그들과의 교제를 지속하지 않고 그들을 비난했다.

3
─
교훈

슈페너와 프랑케는 실천에 중점을 두었지만 후계자들은 그들의 정신을 상실했다. 경건한 모임은 형식적으로, 냉정하게 또 논쟁적으로 흐르고 말았다. 사람과 수단이 부족해져 선교 역시 축소되어 갔다. 외적 삶은 바리새파처럼 변화되었다. 기도 생활에만 집중했다. 이제 경건주의는 신비적, 금욕적, 미신적으로 변해 갔다. 일부 변호자들은 거룩한 체했고 특별한 은사늘에 관심을 가졌다.

　슈페너에게 영향을 끼친 요한 아른트나 야코프 뵈메는 모두 견신론見神論 또는 신지학神智學, theosophy에 물든 자들이었다. 특히 뵈메는 견신론의 전파자다. 하나님과 자연을 언제든 하나로 보았다는 것이다. 결국 견신론과 영지주의Gnosticism[21]는 다를 바 없는 것이다.

　경건주의자들은 글을 쓰긴 했지만 아주 적게 썼고 글을 쓰는 것은

21　영지주의에 관해서는 라은성, 『이것이 교회사다: 진리의 보고—초대교회사편』(서울: PTL, 2012), 354~360을 참고하기 바란다.

그들의 사명이 아니었다. 그들은 백성들의 실천적 삶을 위해서 신앙을 행하고 개혁하기 위해 힘썼고 책을 쓰는 데 그들의 힘을 결코 사용하지 않았다. 그들의 높은 목적을 성취하는 데 필요하기에 책을 썼던 것뿐이다. 자연스럽게 그들에게는 심오한 사상이 부족했다. 경건주의는 복구적이었고restorative 기원으로initial 돌아가는 것은 아니었다.

루터교회가 황폐한 이성주의에서 빠져나오는 유일한 출구를 경건주의로 보았지만 창립자들과 동일한 정신을 가진 사람들에 의해 지속되고 강력한 지성을 지녔다면, 그 존재는 보장되었을지도 모른다. 하지만 루터주의가 범한 큰 실수는 그 자녀로서 그 사상을 채택하는 데 실패한 것이다.

18세기의 계몽운동은 교회가 감당할 수 없는 쓰나미였다. 이것에 대해 영국과 미국을 중심으로 한 교회는 부흥주의를 대안으로 제시했다. 이것은 경건주의가 신비주의를 그 대안으로 마련한 것과 다를 바 없었다. 청교도 정신이 사라져 가는 가운데 웨슬리를 통해 부흥 운동이 일어났다. 이 운동은 사회적 어려움에 직면한 사람들에게 위로를 줬다. 하지만 이것은 일시적이었지 영적 부흥은 아니었다. 참된 평안은 하나님과의 평화 가운데 일어나는 것이다. 이런 일시적인 평안을 통해서 영원한 구원으로 나아가야만 한다. 여기서 머문다면 사회를 위한 종교로 기독교를 전락시키는 것이다..

계몽운동은 21세기에도 영향을 끼치고 있다. 이 장에서 철학자들을 살핀 이유는 문턱 없는 교회를 만들어 여러 부류의 사람들을 받아들인 교회 일원의 상태를 파악하는 데 큰 도움이 되기 때문이다. "교회 장로가 왜 저래? 저런 인간도 목사야?"라는 말을 들을 때마다 진정한 기독교인이 어떤 사람인지 정의를 내리지 못하는 실정이다. 하지만 교회 일원들이 가지고 있는 신앙이 성경적인지 아니면 철학적인지 파악하는 데 계몽사상은 큰 도움이 된다. 사상이나 신념을 신앙으로 바꾼다는 것은 짧은 프로그램이나 화려한 감성적 분위기로 가능한 것이 아니다. 성령의 도움이 있어야 하지만 부흥주의에 입각한 자들은 환각 상태에 빠져 기독교를 세속화시켰다. 각각의 철학자들의 이론들이 자신과 유사하고 딱 맞아떨어지다 보니 이를 무분별하게 수용하여 교회에 적용시킨다. 그들은 교회를 사회의 한 단체로 취급했고 자신들의 신념대로 교회가 이뤄져야 한다고 보았다. 진정한 교회가 무엇인지도 자신의 철학적 신념에 기초를 두고 판단했다. 이런 면에서 우리가 계몽운동의 사상을 보는 것이다.

아무튼 18세기에 일어난 계몽운동은 그동안 묻혀 있던 교회 일원들의 사상들을 잘 드러냈고 이런 흐름 속에서 교회는 찢어지거나 세속의 길로 들어서기에 이른다.

4장

19세기 이야기: 혼란과 분열

철학의 정점은 과학이다. 중세 시대에 스콜라주의의 정점은 자연과학의 발전이었다. 그 결과 14~15세기의 르네상스가 일어났다. 철학의 전개는 르네상스의 발판이 된다. 이제 18세기부터 일어난 계몽운동은 새로운 시대의 발판이 되었는데 바로 과학주의, 즉 19세기 모더니즘의 문이 열렸다. 지난 시대에는 이성이 하나님의 자리를 대신하고자 했다면, 이제 하나님이 만들고 보존하는 세상이 아니라 인간이 만들고 보존하는 신바벨탑의 시대에 이른 것이다.

1
—
독일의
자유주의

독일은 신학적 측면에서 자유주의를 떠올리게 하는 나라다. 이 자유주의는 현대 신학의 특징이다. 계몽운동의 물결에서 교회는 세상과 조화하려고 부단히 노력한다. 계몽사상과 등을 겨선 안 되기 때문이었다. 교회가 세상의 길잡이가 되어야 한다는 것은 세상의 모든 것에 책임을 져야 한다는 긍정적인 측면과 함께 세상이라는 진흙탕 속에 들어가 함께 더러워져야 한다는 부정적인 측면을 갖는 것이다. 19세기의 교회는 긍정적인 측면의 정체성을 확립하지도 못하고 세상 속에 뛰어들었기에 부정적인 측면으로 기울게 된다.

자유의지

칸트가 18세기까지의 인식론 체계를 총정리하였다면 헤겔은 인간의 무한한 가능성을 확대하는 방법론을 제시하였다고 평할 수 있다.

1 현대 신학의 아버지

음악가 베토벤Ludwig van Beethoven, 1770~1827과 같은 해에 태어난

헤겔은 철학의 베토벤이라 여겨진다. 또 그는 슐라이어마허와 동시대 인물로 19세기 독일 신학 발전에 기여한 바가 크고 독일 신학은 그의 산물이라고 말해도 과언이 아니다. 헤겔은 생애의 모든 측면을 통합하는 새로운 대중 종교의 가능성을 연구했다.

그는 1793년에 신학교를 졸업했지만 목회에 뛰어들지는 않았다. 오히려 베를린, 스위스에 있는 부유한 가문의 가정교사로 활동하면서 좋은 도서관에서 많은 서적을 접했다. 특히 그는 이 시기에 칸트 철학을 처음으로 접하고, 칸트의 도덕철학에 매력을 느끼기도 했다.

1799년 부친의 사망으로 조금의 유산을 받은 헤겔은 예나대학교에서 월급을 받지 않는 교수직을 맡은 이후 하이델베르크대학교로 가서 자신의 철학의 총체인 『철학 백과전서Enzyklopädie der philosophischen Wissenschaften in Grundrisse』을 1817년 출판했고, 1818년 베를린대학교의 철학 교수가 되어 세상을 떠날 때까지 이곳에서 가르치게 된다. 1820년 그는 정치철학의 교과서이자 그의 마지막 작품인 『법철학 강요 Grundlinien der Philosophie des Rechts』를 출판한다. 그는 유명세를 얻는 동시에 수많은 적들도 함께 얻었다. 이 작품은 자신의 전체 철학 체계를 요약한 책으로 여겨진다.

헤겔의 철학을 주로 관념론이라 부르는데 그가 생각하는 사고와 존재하는 실재 간의 관계를 규명했기 때문이다. 그의 방법은 존재sein와 무nichts와 같은 궁극적 개념으로 시작해 이것이 개념의 연속의 형식을 취하여 해결을 향하고, 기나긴 고심을 통해 발전해 가는 것이다. 그 발전은 절대적 이데아Idee라 불리는 것에 이를 때까지 지속적으로 진행된다. 바로 이것이 정-반-합의 원리인 변증법이다.

헤겔은 역사와 철학사를 중요하게 다룬 최초의 철학자로서 그 이해의 방법론이 바로 변증법이다. 그는 이 역사적 과정의 궁극적 종착지를 투쟁이 없고 전적으로 이성적인 사회 또는 국가로 보았다. 스스로 쟁취하는 이상적 국가를 꿈꿨다고 할 수 있다.

2 허무주의

이성주의 철학 사상에 정면으로 도전한 사상가인 아르투르 쇼펜하우어Arthur Schopenhauer, 1788~1860는 「충족이유율의 네 겹의 뿌리에 관하여Über die vierfache Wurzel des Satzes vom zureichenden Grunde」를 써서 박사 학위를 받는데 여기서 충족한 이성의 원리를 조직적으로 조사한다. 그리고 1818년에 자신의 걸작 『의지와 표상으로서의 세계Die Welt als Wille und Vorstellung』를 쓴다. 그는 맹목적이고, 불안하고, 그리고 악의에 찬 형이상학적 의지의 부산물로서의 현상계를 강조하고, 칸트의 관념론을 거부하면서 염세적인 철학 사상을 강조한다. 어떻게 보면 금욕주의를 강조하는 동양철학을 서양철학에 접목시켰다고 해도 과언이 아니다. 그의 사상은 니체, 톨스토이, 프로이트, 칼 융 등에게 영향을 끼친다.

그는 인간 개인의 활동에 동기를 부여하는 것에 관심을 갖는데 그 활동은 사회적이고 집단적인 인식에서 유발될 수도 있지만 인간은 오직 자신의 기본 욕망, 즉 살고자 하는 의지Wille zum Leben에 의해서만 동기 부여를 받는다고 주장한다. 당연히 이 욕망은 하찮고, 비논리적이고, 맹목적일 수밖에 없다. 인간은 자신이 하고픈 대로 행하고자 하지만 하고

픈 것을 바라지 않는다고 한다. 허무주의가 여기서 나온다. 그에게 의지란 악의에 찬 것이기에 의지는 제한해야 하는 대상인 것이다. 쇼펜하우어는 오직 동정심만이 도덕적 행동을 유발할 수 있다고 본다. 이 동정심은 이기심을 버릴 수 있는 좋은 길이기에 금욕으로 제어해야 한다. 금욕으로 세상과 자신이 아무것도 아니라는 사실을 깨닫게 된다. 이런 의미에서 그는 "세계는 나의 표상이다Die Welt ist meine Vorstellung"라고 말하는데 표상 이면에 있는 의지의 세계를 바라본 것이다. 이는 의지가 지배하는 세상을 의미한다. 이런 사상은 니체에게 영향을 끼친다.

3 신은 죽었다!

"신은 죽었다", "즐거운 지식", "초인Übermensch", "차라투스트라는 이렇게 말했다"와 같은 유명한 말로 알려진 철학자 프리드리히 니체Friedrich Nietzsche, 1844~1900는 싸움과 갈등에 직면할 수밖에 없는 인생에서 승리하기 위한 "힘에의 의지Wille zur Macht"를 주장한다. 이 의지가 필요한 이유는 사람을 포함한 모든 생물은 경쟁하며 살아가므로 그 경쟁에서 생존해야 하기 때문이다. 그는 이것이 피할 수 없는 과정 또는 필수 과정이라 주장한다. 무조건적인 동정은 '악'이며 경쟁을 통해 인간은 '초인'이 될 수 있기에 경쟁을 악이라 여기지 말아야 한다고 주장한다. 그는 풍파가 없는 항해는 너무나 단조롭고 고난이 심해질수록 인간은 강해진다고 보았다. 이 길로 인간은 초인이 된다는 것이다. 여기서 말하는 초인은 자신을 넘어선 인간, 과거를 넘어선 인간을 의미한다. 인간이 온갖 하수구와 오물이 섞인 강이라면, 바다는 그러한 쓰레기를 담고도 썩지 않는 공간이다. 니체는 그렇게 모든 것을 간직하면서도 조화와 정화를 이루는 바다의 능력이 바로 초인의 능력이라고 말하며, 내일을 생각하며 희망을 가지고 살자고 강조한다.

　니체의 의지에 대한 철학을 접하다 보면, 신학적으로 말할 때 하나님의 은혜가 요구되지 않는 자유의지로 구원을 쟁취할 수 있다는 5세기 이단 사상인 펠라기우스주의를 떠올리게 된다. 우리가 현재 부르는 복음성가인 〈할 수 있다 하신 이는 나의 능력 주 하나님!〉에서도 엿볼 수 있다. 또 20세기에 이르러 긍정적인 사고방식을 강조하는 것이나 긍정의 힘을 주장하는 사람들은 모두 이러한 자유의지를 강조하여 하나님의 특별한 선물을 받고자 부르짖는다. 이는 하나님의 이름을 빌렸을 뿐 오순절주의나 은사주의와 다를 바 없다 하겠다.

현대 신학의 창시자

　계몽운동에 대한 비판과 기독교를 조화시키기 위해 계몽운동의 도전을 그릇되고 어리석은 것으로 규정하여 세속 문화를 경멸한 슐라이어마허Friedrich Schleiermacher, 1768~1834는 현대 신학의 창시자라 불린다.

　슐라이어마허는 모라바파 학교에서 경건을 배우고, 할레대학교에서 신학을 배웠다. 또 낭만주의 경향의 문화와 문학에 관심을 가진 슐라이어마허는 1799년에 『종교에 대하여: 종교를 경멸하는 자에게 주는 글 Über die Religion: Reden an die Gebildeten unter ihren Verächtern』을 출판해 기독교를 변증하려 했다. 또 이 책을 통해 슐라이어마허는 부패하거나 낡아빠진 형식으로 돌아갈 필요가 없다고 느끼는 이들과 교통하고 싶었다. 그리고 그는 계몽운동의 과정과 계몽운동이 문화에 끼치는 영향을 기독교 신앙의 입장에서 어떻게 대처할 것인지, 그 길을 찾고자 하는 신자들에게도 관심을 가졌다.

1811년 그는 새롭게 형성된 베를린대학교의 신학과장이 되었고 동시에 『신학 연구의 개요*Kurze Darstellung des theologischen Studiums*』를 출판했는데 이 책에서 슐라이어마허는 신학을 세 부분으로 분류한다. 첫째는 철학적 신학으로 기독교의 정체와 자기 인식의 종교 형태를 밝히는 것이고, 둘째는 역사 신학으로 교회와 역사를 통해 교회의 교훈과 전통의 관계를 연구하는 것이고, 그리고 셋째는 실천 신학으로 교회 지도자들의 지침을 연구하는 것이다. 또 복음주의 교회들과 개혁 교회들의 융합을 적극적으로 시도하면서 만든 그의 걸작이 바로 『기독교 신앙 *Der Christliche Glaube*』이다.

『종교에 대하여』가 불신자를 위한 글이라면, 『기독교 신앙』은 교회를 위한 문서라고 할 수 있다. 하지만 그는 범신론이라고 고소를 받을 정도로 오해의 소지가 있거나 일관되지 않은 말을 하곤 했다. 그에게 하나님은 우주와 교체할 수 있는 분이다. 그는 이런 총체를 합리적으로 이해하기보다 종교 또는 신앙과 감정die Anschauung und Gefühl처럼 어떤 이해의 양태를 말하고 하나님에 대한 유신론적 착상과 인격적 불멸성을 나타낸다. 종교는 인식(형이상학) 또는 행위(윤리학)라기보다 우주에 대한 지각과 감정인 것이다. 그리고 그는 종교는 자유적이라기보다 의존이라 주장한다. 이는 절대적 의존을 의미한다. 칸트에게 종교는 능동적이지만 슐라이어마허에겐 수동적이라 말할 수 있다.

리츨의 고전 자유주의

알브레히트 리츨Albrecht Ritschl, 1822~1889은 독일의 신학자로 1852년 '조직신학'에 대한 강의를 하면서 믿음이란 이성의 범위를 뛰어넘어 있으면서 다른 경험과 견줄 수 없는 것이고, 사실에서 오는 것이 아니라 가치적 판단에서 온다고 했다. 예수그리스도의 신성은 하나님으로 그분을 신뢰하는 공동체에게 그리스도의 계시적 가치를 표현하는 것으로 이해된다. 그리스도의 메시지는 공동체에게 맡겨진 것이다.

그의 주요한 작품은 『칭의와 화해에 대한 기독교 교리Die christliche Lehre von der Rechtfertigung und Versöhnung』인데 여기서 기독교 신학은 교회가 설립되었을 때 만들어진 문서들을 사용하여 기독교를 순전하게 이해해 온 것이라고 주장한다. 신약성경은 그리스도 안에 있는 하나님의 계시의 유일한 근원이다. 여기서 리츨은 하나님에 대한 정의를 「요한복음」에 나타난 사랑이라고 내린다. 이 의미는 하나님에 대한 기독교 교리의 결정적인 주제라는 것이다. 그는 기독교 공동체가 겪는 종교적 경험을 자신의 체제의 객관적 근거로 보았고, 공동체에 계시된 예수님에 대한 지식이라고 보았으며 하나님은 사랑이고, 하나님의 사랑의 목적은 하나님의 나라에서 인간성을 도덕적으로 조직화하는 것이라고 보았다.

하르나크의 기독교 본질

1900년 출판된『기독교의 본질Das Wesen des Christentums』은 하르나크Adolf von Harnack, 1851~1930의 대표작이다. 또 다른 그의 걸작은 1886~1889년에 펴낸『교리사Lehrbuch der Dogmen Geschichte』다. 리츨을 넘어서서 하르나크는 기독교의 본질이라 불리는 것으로부터 기독교 신앙의 교회의 형식화된 교리를 분리시키고자 했다. 그는 이를 위해 모든 추상적인 사색과 형이상학적 연역을 피해야 한다고 주장했다. 그 대신 기독교에 대한 지식의 근원을 연구하기 위해 사실적 증명, 역사적 관련 자료들 및 문서의 신빙성에 근거한 과학적 방법을 사용하기를 제안했다. 또 하르나크는 리츨과 더불어 복음이 그리스철학의 생소한 영향으로 인해 부패되었다고 믿었다. 그리스화의 과정사를 추적하면서 그는 예수님의 단순한 복음이 사도바울에 의해서 예수님에 대한 종교로 변화되었다고 주장했다. 그래서 기독교의 본질은 예수그리스도의 인격과 교훈의 개념에 기초해야 한다고 한다.

2
프랑스의
실증주의

하나님 없는 자리에서 이성은 사회와 인류를 지배하게 되는데 그 방법론으로 제시된 것이 프랑스에서 일어난 실증주의다. 물론 인간 사회이기에, 인간에게 맡긴 세상이기에, 인간이 만물의 영장이기에 가능한 것이라고 말할 수 있다. 하지만 기독교의 관점에서는 의도가 그분이 맡기셨다는 데서 출발하지 않고 바벨탑처럼 하나님 없는 세상의 주인이 인간이라는 데서 출발하기 때문에 이것이 위험한 것이다.

알다시피 18~19세기는 특별히 이것이 요구된 시기였고, 이 시기가 변화무쌍한 시기였던 이유는 철학의 지향점이 과학이었기 때문이다. 이 시대에 그 과학은 사회학sociology이었다. 사회학은 종교에 대한 논쟁에서 시작되었다. 1789년 프랑스혁명 동안 기독교는 폐지되었고 그것의 권위로부터 벗어나 인간 이성의 탁월성을 강조하는 시기가 도래했다. 새로운 숭배의 대상이 1794~1801년에 등장했다. 알다시피 이때는 나폴레옹의 시대였고 기독교에 대한 반감이 흐르고 있었다. 사제들과 귀족들을 단두대로 보내는 시기이기도 했다. 문제는 기독교가 사회를 위해 무엇을 행하고 있었느냐는 것이다. 교황적 신정정치는 무정부를 변호할 뿐이고 잘 차려진 밥상처럼 규모가 제대로 잡힌 국가에 필요할 뿐이라는 주장이 일어났다.

그 대표적 인물이 바로 콩트Auguste Comte, 1798~1857였다. 그의 사상은 1830~1842년에 쓰인 『실증철학 강의Cours de Philosophie Positive』 시리즈에 잘 나타난다. 그는 '사회학'이라는 새로운 학문 용어를 만들었다. 이 책에서 그의 대표적 사상을 찾을 수 있는데 그는 역사가 세 단계를 거쳤다고 제안한다. 첫 번째는 종교가 신앙 체제를 제공하고, 군사적 귀족정치가 주도하며, 가족이 사회의 기본 단체인, 즉 중세 시대와 같은 신학적인 단계, 두 번째는 형이상학적인 단계로서 법이 신앙 체제를 제공하고 국가가 주도하는 사회적 단체인 단계, 세 번째는 산업이 지배적인 실증적 단계로서 온 인류가 주도하는 사회적 단체가 된다고 한다. 1852년 콩트는『실증 종교의 교리문답catéchisme positiviste』또는『우주적 종교 요약sommaire exposition de la religion universelle』을 출판한다. 여기서 실증주의Positivism를 하나의 신앙 체제라고 주장했고 자신을 인류의 대제사장이라 칭했다. 과학이 종교가 된 셈이다. 하나님 자리에 이성이 들어섰다면, 이제는 이성의 자리를 인간이 만든 과학이 차지한 셈이다.

이렇게 하여 콩트는 사회를 연구하는 과학적이거나 학문적인 분야에서 새로운 종교의 설립 문제를 해결했다고 보았다. 그의 후계자는 에밀 뒤르켐Émile Durkheim, 1858~1917과 막스 베버Max Weber, 1864~1920인데 그들은 20세기에 사회학을 조직화하고 이론화했다. 또 이 두 사람은 최초의 종교사회학자들로서 종교가 그들 사회학의 중요한 열쇠라고 보았다. 뒤르켐은 의식들에 의해 만들어진 집단적 인식에 나타난 사회적 변화를 추적했고, 전통적, 종교적 관습 없는 세속적 삶이라도 그 자체의 의식들로 보존된다고 보았다.

한편 종교적으로 프랑스는 로마가톨릭 국가로 전환했기에 프로테스탄트의 후예, 즉 약 40만 명의 위그노들은 1685년 루이 14세가 내린 퐁텐블로칙령으로 프랑스를 떠날 수밖에 없었다. 비록 1787년 루이 16세의 베르사유칙령으로 종교의 자유가 주어졌지만 절대적인 다수는 로마가톨릭교회에 속했고 현재까지도 그러하다. 그러니 그들은 이런 사회학에 대해서는 속수무책이었고, 그들 스스로도 감당하지 못하는 상태였다. 후에 1차 바티칸종교회의(1869~1870)가 개최되었지만 그것에 대해 뚜렷한 방안을 제시하지 못했다. 단지 교리적으로 교황의 무류성, 그리스도의 하나님의 아들 되심Dei Filius, 그리고 과학주의에 반대하여 마리아의 동정녀성을 확인했을 뿐이다.

3

영국에서의 여파

17세기 청교도 운동, 18세기 부흥주의가 있은 후 영국은 급속도로 산업화 사회로 발전해 나갔다. 태양이 지지 않는 나라라 불릴 정도로 영국은 세계 오대양 육대주로 뻗어 나갔다. 기독교에서는 선교의 무대가 넓어졌지만 국가적으론 제국주의의 확장이었다.

공리주의

프랑스에서 실증주의가 등장했다면 영국에서는 공리주의 Utilitarianism가 등장했다. 현대에도 공리주의를 신봉하는 사람들이 많다. 먼저 공리주의의 슬로건은 "최대 행복의 원리"다. 대표적인 공리주의자는 제러미 벤덤Jeremy Bentham, 1748~1832과 존 스튜어트 밀John Stuart Mill, 1806~1873이다. 전자는 최대가 되는 것의 양을 강조했고, 후자는 그 최대가 되는 것의 질을 강조했다. 이런 사상은 고대 철학 사상인

에피쿠로스학파의 쾌락주의에 근거한다고 볼 수 있다. 비유적으로 얘기하자면 전자의 사상은 최대의 행복을 위해서라면 선한 거짓말이라도 할 수 있다는 것이라면, 후자의 사상은 아무리 최대의 행복을 안겨다준다 하더라도 거짓말을 행해선 안 된다는 것이다. 전자는 윤리적 판단의 기준을 행위에 두었다면, 후자는 규칙에 두었다는 것이다.

본래 공리주의 또는 실리주의는 비종교성을 띠었지만 점차적으로 복음주의에 영향을 끼치게 된다. 그 이유는 둘 다 개혁적이고 개인주의적 성향을 가지고 있었기 때문이다. 공리주의는 인간을 기계적인 모습으로, 사회적으로 분석했고, 환경을 제대로 구성하고 재배치하면 완전한 국가와 인간을 구현할 수 있다는 것이다. 이 사상에 동참한 복음주의자들은 원죄와 오직 은혜에 의한 성화를 주장하는 사람들이었다. 그들은 사회적인 기관들을 변화시켜 완전한 사회를 구현하고자 했다. 그들은 기독교의 입장에서 보면 반쪽 진리를 지니고 있었기에 나머지 반쪽 진리를 사회에서 찾았던 것이다. 만일 이들이 공리주의자들이 아니었다면 감리교도가 되었을 것이라는 말까지 들린다.

다원주의의 파장

19세기에 이르러 성경과 과학은 진리의 양면으로 여겨졌다. 과학은 진리의 기초가 된다고 보았고, 성경은 전통적으로 권위가 있어 과학 위에 서 있을 뿐 아니라 그것 너머에 있어 성경의 오류를 지적할 수 없다고 보았다. 성직자들과 교육가들은 성경과 과학 이론이 하나님의 계시를 조화 있게 만든다고 보았지만 이런 분위기는 다윈주의가 등장하면서 무너지고 만다.

이 사상은 1859년에 찰스 다윈Charles Darwin, 1809~1882이 낸『종의 기원Origin of Species』에서 나왔다. 토머스 헉슬리Thomas H. Huxley, 1825~1895는 이 책이 신학에 대한 과학적 자연주의를 일으키는 신호탄이 되었다고 했고 다윈을 코페르니쿠스에 비견했다. 다윈주의는 두 가지로 요약되는데, 바로 자연 선택과 생존 경쟁이다. 자연 선택이란 모든 생물은 생존과 번식을 위하여 주변의 환경이나 조건, 여러 생물과의 관계를 통해 변화되었으며 지속적으로 변화한다는 것이다. 변화되지 않는 생물은 없으며 그런 것이 있다면 변종이다. 다윈은 다양한 지역의 다양한 생물을 조사한 후 창조론을 부정했다. 하나님께서 창조하지 않았다면 모든 생물은 자연 선택으로 발생했다는 것이다. 생존 경쟁이란 생물이 변화하는 가운데 종족 번식을 위해 개체수의 과잉이 일어나고 이런 상태에 있는 생물은 치열한 투쟁을 통해 생존하게 된다는 것이다. 말하자면 투쟁에서 승리하는 생물만이 생존하는 것이다.

자유주의 계열의 사상가들은 이런 이론을 무분별하게 수용하여 새로운 지리학에 접목시키기 위해「창세기」1~2장의 재해석을 시도했다. 특히 조지 라이트George F. Wright, 1838~1921는 뉴잉글랜드 칼뱅주의와 발전 이론 간의 관련성을 증명하려고 부단히 노력했다. 인류의 연대는 발전 이론으로 확언되고 다윈이 말한 자연 선택에 의해 하나님께서 정하신 수단들로 다양한 생명체가 구성되었다고 주장했다. 이렇게 하여 그는 하나님을 최고의 디자이너로 규명했다. 라이트는 칼뱅주의에서 말하는 신비와 발전 이론을 이끄는 신비한 힘과 비교했다. 신학의 신비를 받아들인다면 다윈주의에서의 신비도 받아들여야 한다고 억지 주장했다. 그래서 칼뱅주의는 자연에 대한 칼뱅주의적 해석이라고 했다. 그뿐만 아니라 부富의 신학을 주장하는 자들 가운데 조지 베어George Frederick Baer, 1842~1914는 철도 파업이 일어나자 사회적 다윈주의 개념을 적용시키면서 파업을 주도하기도 했다.

이에 대해 교회는 양편으로 나뉘어 대응하게 되었다. 다윈과 같은 견해가 큰 영향을 끼칠 수 있었던 것은 극우 기독교 맹신주의자들 때문이라고 볼 수 있는데 이에 대해 1861년 10월 1일 스펄전은 최근에 발견된 아프리카 고릴라와 인류의 진화된 친척이라는 주제로 메트로폴리탄 태버내클에서 강의했다.

> 그는 극악무도한 원숭이가 어떤 다른 피조물보다 인간에게 가장 가까운 동물이라고 한다. 그가 얼마나 접근했는지 그 판단은 여러분에게 남겨 둔다. 그의 주장에 의하면 고릴라가 우리의 첫 번째 사촌이라는 것이다. 가장 학문적인 몇몇 사람이 이것을 주장한다. 고릴라가 사람의 첫 번째 사촌이라고 인정한다면 고릴라가 동등한 권한을 주장하기 위해 고소를 할 수도 있다고 두려워할 것이다. 그래서 많은 사촌들이 불편할 것이다. 그 외에도 이 신사를 우리 사촌이라고 인정한다면 우리의 고고조부가 진정한 돼지라는 것을 다윈 씨는 인정해야 할 것이다. 또 우리가 굴, 미역 또는 불가사리에서 나왔다고 증명해야 할 것이다.[22]

자유주의자들은 다윈주의의 도전에 적응하기 위해 과학의 발견을 환영했다. 진화는 하나님의 내재를 증명했는데 그 이유는 하나님께서 어떻게 자연법을 통해 우주를 천천히 지었는지 설명하기 때문이라고 여겼다. 하나님은 진화 과정을 통해 자신을 나타냈다는 것이다. 이는 이스라엘을 통해 자신의 뜻을 나타내는 것과 같다고 보았다. 그래서 구속은 인간이 원시 상태로부터 하나님께 순종하는 아들의 자세로 점차적으로 변모하는 것이라고 보았다. 과학적 접근 방법은 신학과 성경 비평주의에 적용되었다.

설교의 황태자

19세기에 꺼져 가는 부흥주의를 그나마 청교도 정신으로 되돌리려고 부단히 노력한 부흥사이자 목회자가 있었는데 그가 바로 찰스 스펄전Charles H. Spurgeon, 1834~1892이다. 그는 영국 개혁 침례교[23]에 속했시만 여러 교파로부터 손경을 받는 설교자로서 설교자들의 황태자 Prince of Preachers라는 별명을 얻었다.

그의 개종 이야기는 참 흥미로운데, 1850년 1월 6일 눈 폭풍 속에서 죄에 대한 깊은 인식을 하며 그의 인생의 계획을 바꾸었다고 한다. 그는

---

22 Charles Spurgeon, *C. H. Spurgeon's Autobiography*, vol. III(London: Passmore and Alabaster, 1899), 354.

23 개혁 침례교(Reformed Baptist)는 이따금 칼뱅주의 침례교라 불리기도 하며, 1689년 침례교 신앙고백서를 엄격하게 순수한다. 존 버니언, 존 길(John Gill, 1697~1771) 등의 신앙과 맥을 같이하며, 칼뱅주의 5개 교리를 준수한다.

체스터에 있는 프리머티브 메서디스트 채플Primitive Methodist Chapel에서 인생의 목표를 이루기 시작했다. 그곳에서 그는 「이사야」 45장 22절의 "땅 끝까지 흩어져 있는 사람들아! 모두 나에게 돌아와서 구원을 받아라. '내가 하나님이며, 나밖에 다른 신은 없기 때문이다'"라는 말씀을 통해 마음을 열었다. 그는 설교집에서 자신의 개종 이야기를 280차례 언급하기도 한다.

현대 선교의 아버지

종교개혁 이후 선교 활동의 중심은 모라바파였지만 점차적으로 영국이 프로테스탄트 선교의 중심 국가로 부상했다. 탐험가 제임스 쿡James Cook, 1728~1779은 영국인들이 비기독교인들에 대한 관심을 갖

윌리엄 캐리

도록 동기를 제공했다. 그가 발견한 곳에 대한 소식은 신대륙에 대한 생각을 갖게 만들었다. 여기에 큰 관심을 가진 사람이 침례교 목회자인 윌리엄 캐리William Carey, 1761~1834였다.

윌리엄 캐리는 침례교 선교사로서 인도에서 41년간 활동했다. 그는 가난한 삶에도 불구하고 세계 지도를 펴 놓고 복

음이 아직 전파되지 않은 곳을 표시하곤 했다. 캐리는 선교와 관련해 당대 사람들이 하지 못했던 생각을 했고, 어느 선교 모임에서는 이교도들의 회심에 대해 말하면서 선교에 대한 열정을 피력했다. 후에『이방인의 개종을 위하여 사용해야 할 방법에 대한 기독교인의 책임에 관한 연구 *An Enquiry into the Obligation of Christians to Use Means for the Conversion of the Heathens*』를 출판하기도 했다. 1792년 5월 목회자 모임에서「이사야」54장 2~3절의 말씀을 설교한 적이 있는데 그때 그는 "하나님께로부터 위대한 결과를 기대하고, 하나님을 위해서 위대한 일을 시도하라 **Expect great things from God: attempt great things for God**"고 강조했다. 이후 1792년 10월, 어느 목회자 모임에서 침례교선교회Baptist Missionary Society가 조직되었고 그는 여기서 모인 금액으로 선교지에 갈 수 있게 되었다.

1793년 11월 그는 아내와 자녀와 함께 캘커타에 도착한 이후, 어려움에 직면하고 위로를 받으면서도 성경 번역에 주력했다. 오전 5시 45분에 기상하여「히브리서」한 장을 읽고 하나님께 기도하고, 수종 드는 벵골인들과 더불어 기도하고, 차를 마실 때까지 페르시아 작품을 읽고, 산스크리트어에서 힌두스탄 언어로 성경을 번역하고, 대학에서 가르치고,「마태복음」을 산스크리트어로 번역하고, 박식한 자들과 더불어 시간을 보내고, 오후 7시에 설교 준비를 하고, 7시 30분에 40명에게 설교하고, 벵골어를 11시까지 번역하고, 서신을 쓰고, 그리스어 신약성경 한 장을 읽고, 잠자기 전 하나님께 자신을 드리는 것이 그의 하루 생활이었다. 그는 마흔네 개 언어를 사용하는 자들에게 성경을 보급했는데 평생 21만 3천 권을 만들었다고 한다.

스코틀랜드에서는 세 차례에 걸친 종교개혁이 일어났다.

1차 종교개혁은 앞에서도 살펴보았듯이 16세기에 존 녹스에 의해 일이났다. 그의 영향을 받은 사람들은 새로운 교회 정치를 수용했는데 사제적, 계급적인 제도를 대신하는 장로교였다. 또 그들은 신약성경에서 발견되지 않는 모든 예배 형식을 거절했다. 이 교회가 1560년 스코틀랜드 의회령에 의해 스코틀랜드 국교회로 정해졌다. 얼마 후 새로운 개혁 교회와 장로교회가 법으로 확립되었고 스코틀랜드 국교회가 되었다. 이 교회는 정치에선 장로교이고 교리와 예배에선 칼뱅주의 또는 개혁 신학을 따랐다.

2차 종교개혁은 1638~1648년에 영국 종교개혁과 맞물려서 일어났다. 찰스 1세의 심복 윌리엄 로드에 의해 1638년 이전 스코틀랜드의 개혁 교회가 교회 정치의 장로교 제도에서 제거되었다. 교회 정치에서 사역자들과 장로들이 동일한 위치라는 면에서 감독 제도, 즉 감독들이 사역자들을 감독하고 국가가 사역자들을 임명하는 것으로 바뀌었던 것이다. 이것은 개혁 교회에서 본래 확립되었던 정치 제도와 배치되고 대부분의 사람들이 이를 인정할 수 없었다. 이리하여 앞에서 살펴보았던 1638년 글래스고 총회, 엄숙한 동맹과 언약, 언약도, 웨스트민스터 총회와 같은 일련의 사건이 일어난 것이다.

1843년 스코틀랜드 자유교회 총회의 모습

　3차 종교개혁은 흔히 1843년 분열이라 불린다. 1843년 스코틀랜드 기존 교회로부터 탈퇴하여 형성된 교회를 우리는 스코틀랜드 자유교회 Free Church of Scotland라 부른다. 1900년에 이르러 대부분의 자유교회는 다시금 스코틀랜드 연합 장로교회에 가입하여 스코틀랜드 연합 자유교회United Free Church of Scotland를 형성했다. 그런데 여전히 1900년 연합의 부당성을 주장하는 소규모 자유교회가 있다. 이들이 순전한 스코틀랜드 자유교회라고 여겨지는데 속칭 '위프리Wee Free'라 부른다.

　명예혁명 이후, 1689년 3월 귀족들의 총회는 '권리령Claim of Right Act'을 채택했다. 그리고 이 칙령을 명예혁명으로 영국 왕이 된 빌럼 3세와 메리에게 주었고 그해 5월 인준을 받아 그들을 스코틀랜드의 왕 윌리엄 3세와 여왕 메리 2세라는 이름으로 옹위하였다. 이 권리령은 감독제도를 반대한다는 내용을 담고 있었다. 이 법령은 1707년 연합령Act of Union에 의해 재확언되었다.

　하지만 1711년 교회 수임령Church Patronage Act이 발표되었는데 이것은 명예혁명(1688)으로 인해 교회들이 상실한 권한을 회복하고자 하는 스코틀랜드 귀족들의 노력이었다. 동시에 시민 권한을 얻기 위해 대영제국 의회와의 연합을 시도한 것과 관련된다. 1706년에 맺어진 연합 조약Treaty of Union의 20 항목의 강화로 인해 마침내 역사상 '대영제국'이 탄생되었다. 이는 영국 정부가 중요한 사항, 즉 국무총리를 선출하는 문제에 대중의 참여를 원치 않는다는 것을 의미하기도 했다. 결과적으로 1711년 교회 수임령이 통과되어 장로교가 가졌던 권한은 빼앗기게 된 것이다. 후원자들은 스코틀랜드 교회의 일원도 아니었고 그 교회에 속하기를 원치 않았다.

스코틀랜드 교회는 이런 복원에 조용히 따를 수밖에 없었다. 물론 반대도 간헐적으로 있었지만 어쩔 수 없었던 것이다. 스코틀랜드 교회 총회는 점점 더 교육적, 도덕적, 실천적인 부분에서 절박한 어려움에 처했다. 목회자들을 선출하는 일에 이권이 개입되기에 시민 법정이 관여하게 되었고, 성직자 임명은 후원자의 몫이 되었다. 성직자들은 항거했으나 의회법에 따르는 처지였기에 법적으로 문제를 삼을 수 없었다. 후원자들은 성직자 임명에 관련된 교육, 성격, 능력 등을 심의하는 규정을 만들고자 했다. 여기에 동참한 성직자들, 교구 소유자들Heritors, 장로들 및 후원자들이 모여 온건파Moderates를 형성했다. 이들은 18세기 스코틀랜드 교회를 지배했다. 이와 달리 복음주의자들Evangelicals은 정통 칼뱅주의를 지향하는 자들이었다. 온건파와 복음주의자 간에 신학적 차이점이 두드러졌는데 온건파는 원리론적으로 교회와 회중에게 자신들의 목회자를 선출하는 독립을 준다고 했지만, 현실에서는 성직매매가 자행되었다. 복음주의자들은 이렇게 관료 사회를 이끄는 과정을 가만히 보고만 있을 수는 없었다. 이런 가운데 1733년과 1752년 총회에서 성직자

임명과 교회 문제에 국가의 간섭을 받는 일이 일어나 혼란에 빠지기도 했다.

마침내 1843년 5월 증경 총회장 데이비드 웰시David Welsh, 1793~1845가 이끄는 121명의 목회자들과 73명의 장로들은 에든버러의 스트리트에 있는 세인트앤드루스교회를 떠나 스코틀랜드 자유교회Free Church를 만들었다. 웰시 박사가 성문서를 읽은 후 그들은 언덕에서 캐넌밀스Canonmills에 있는 탠필드 홀Tanfield Hall까지 걸어갔다. 그곳에서 그들은 토머스 찰머스Thomas Chalmers, 1780~1847 총회장하에 분열 총회의 첫 모임을 가졌다. 1,200명 목회자들 중 474명이 분열령의 서명 Signing of the Act of Separation에 동참했다. 이들 대부분은 선교사들과 하일랜드 사람들이었다. 그렇다고 분열해 나간 이들이 기존 교회의 원리까지 거부한 것은 아니다. 복음주의자들 중 삼분의 일은 중도파였는데 이들은 여전히 기존 교회에 머물렀다. 연합을 원했기 때문이다.

기존 교회는 여전히 재산, 건물, 학교 및 기부금까지 소유했다. 자유교회는 자신들의 학교를 세워야 했다. 1850년 뉴칼리지를 설립했고, 후에 크라이스트스칼리지와 트리니티칼리지도 만들었다. 윌리엄 커닝햄 William Cunningham, 1805~1861을 비롯한 1세대 교수들은 열정적으로 '웨스트민스터 기준서'를 지키는 칼뱅주의자들이었다. 하지만 연합을 위해 노력하여 1893년 마침내 스코틀랜드 자유 장로교회를 만들었고 1900년 10월에 스코틀랜드 연합 자유교회를 만들었다. 그렇지만 여전히 소수의 자유교회 사람들은 이 연합 자유교회에 가입하지 않고 순전성을 유지하고 있다.

연합 자유교회에 가입하지 않은 순전한 자유교회는 10월 31일 프리 어셈블리 홀Free Assembly Hall에서 모임을 가지려고 했으나 거절당한 후 다른 장소로 옮겼다. 1901년 25명의 목회자와 73개의 교회가 자유교회에 가입했다. 1906년에는 프리처치칼리지를 에든버러에 설립하였는데 이때 91명의 목회자, 170개 교회가 있었다. 여기서 1929년 『복음적 계간지Evangelical Quarterly』를 편찬해 냈고, 이어서 1942년엔 IVFInter Varsity Fellowship를 만들었다. 오늘날 이 대학은 글래스고대학교와 연계하여 학위를 주고 있다. 현재 자유교회는 「웨스트민스터 고백서」와 개혁 신학을 고수하고 있으며, 현대 영어로 된 「시편」을 부르고 있다. 그 사무실은 에든버러의 더마운드The Mound에 위치해 있다.

5
네덜란드의
신칼뱅주의

네덜란드 교회에서도 스코틀랜드 교회와 비슷한 분열이 일어났다고 할 수 있다. 계몽운동의 영향을 받은 18세기부터 서서히 시작되어 19세기에 꽃핀 자유주의는 결국 교회를 분열시키는 결과를 낳았다.

　네덜란드는 1648년 종교의 자유를 얻으면서 독립전쟁을 이룩해 냈지만 통일된 국가로 발전하기에는 갈 길이 멀었다. 18세기 프랑스가 여전히 네덜란드를 지배하고 있을 당시(1797~1814) 네덜란드 지역들의 통치 구조의 재편성 역시 네덜란드 개혁 교회의 재조직에 영향을 끼쳤다.

도르트레히트 교회 기강Church Order of Dort은 덴하흐의 총회 규칙들 General Regulations of the Hague, 즉 계급적이고 에라스투스파 교회 정치 형식으로 대치되었다. 이런 재조직이 일어나는 동안 교리적 자유성은 네덜란드 개혁 교회로 은밀하게 들어왔다. 자유주의가 유행하자 네덜란드 개혁 교회들은 두 분파로 나뉘었다. 1834년 탈퇴파Secession와 1886년의 돌레레Doleantie였다. 전자는 네덜란드 개혁 교회에서 탈퇴한 단체로 흔히 분리파Afscheiding라 알려져 있다. 아브라함 카위퍼Abraham Kuiper, 1837~1920가 이끈 후자는 네덜란드 개혁 교회에서 분열하였고 정통 칼뱅주의를 고수했다. 이 분파의 결과로 카위퍼가 이끄는 대부분의 교회는 1892년 네덜란드 개혁교회들RCN, Reformed Churches in the Netherlands이란 단체를 만들기에 이르렀다. 카위퍼는 신칼뱅주의자, 네덜란드의 저널리스트 및 정치가로 알려져 있다.

신칼뱅주의란 네덜란드 프로테스탄트주의에서 일어난 개혁 신학이라 말할 수 있는데 카위퍼와 헤르만 바빙크Herman Bavinck, 1854~1921와 같은 신학자들이 19세기 말 전통 개혁 신앙을 현대의 요구에 조화시키려 한 데서 비롯되었다. 이 목적을 위해 종교적이고 사회적인 단체들이 대학교를 세우곤 했다. 또 네덜란드 개혁 교회로부터 탈퇴한 개혁 교회가 세워지기도 했다.

미국의 2차와 3차 대각성 운동

미국의 서부로 인구가 대이동하면서 기독교 역시 큰 타격을 면치 못했다. 1790년경 교회는 새로운 분위기에 적응해야 한다는 목소리가 일어났다. 이것이 '2차 대각성Second Great Awakening'이었다. 또 등록 교인이 인구의 15퍼센트에 이르게 되면서 국내 선교에 대한 관심이 고조되었다. 동시에 부흥주의는 결국 종말론적 신앙에 불을 붙이게 된다. 주님의 재림을 앞당기기 위해 이방인과 유대인을 위한 기도 운동이 뜨겁게 일어났다. 1780~1860년 약 4백 개의 대학교가 설립되었는데 주로 교회에 의해 건립되었다. 1차 대각성 운동의 신학 사상은 칼뱅주의지만 선교 열정에 발맞추어 하나님의 영광, 피조물들을 위한 봉사가 강조되었다. 자연스럽게 자신들의 구원까지도 중요하게 여기지 않는 극단적인 혼합주의가 나타났다.

2차 대각성 시기에 가장 놀라운 성장을 보였던 교단은 감리교였다. 1771년 감리교 교인은 천 명 이하였는데 남북전쟁 직전에 가장 큰 프로테스탄트교회로 성장했다. 두 번째는 침례교였다. 침례교는 부흥회를 근간으로 전도를 했다. 회심을 위한 복음 선포에만 정력을 쏟았기에 양육엔 자연스럽게 소홀할 수밖에 없었다. 이 시기 원고 설교에 치중하던 장로교, 회중파는 환영을 받지 못했다.

이러한 부흥 운동은 사회운동에 관심을 가지도록 했다. 교회는 범죄자들, 알코올 중독자, 창녀 등 여러 분야에서 힘들어하는 자들을 돕는 데 힘썼다. 도덕적 개혁으로 신앙의 개혁이 일어난다고 보았다. 하지만 회심을 경험한 사람들을 어떻게 돌볼 것인가에 대한 답을 내리지 못했다. 또 노예제도 폐지 운동으로 인해 신학적 논쟁이 불가피했다. 그 결과 침례교와 감리교 및 장로교 내에서 분열이 일어났다.

피니와 부흥 운동

19세기 초 뉴욕 주 중서부, 즉 개종된 지역burned-over district이라 불리는 곳에서 일어난 부흥 운동이 널리 퍼지게 되었다. 이 지역에서 활동한 중심인물로 찰스 피니Charles Grandison Finney, 1792~1875를 들 수 있다. 그는 1876년 자신의 『자서전Autobiography of Charles G. Finney』에서 미국의 중서부 지역 또는 개종된 지역burned district이란 용어를 사용했다.

찰스 피니는 2차 대각성 운동을 주도한 미국 장로교 목회자이자 지도자였고, 현대 부흥주의의 아버지라고 불리기도 한다. 법률가였던 찰스 피니는 29세 때 자신의 영의 구원에 대한 질문에 직면했다. 그는 1821년 10월 10일 뉴욕 주 애담스 근처의 숲속으로 들어가서 하나님을 발견코자 했다. "나의 심정은 하나님을 향하든지 그렇지 않으면 그곳에서 내려오지 않을 것이다." 몇 시간 후 그는 사무실로 돌아왔다. 그는 강력한 감정을 경험한 후 유사한 일에 직면한 사람들에게 도움을 줄 수 있었다고 한다. 그는 다음 날 아침 고객에게, 자신은 하나님의 그릇이니 더 이상

고객의 사건을 맡을 수 없다고 사양했다. 그리고 부흥 운동가로 활동하기 시작했다.

피니는 새로운 수단New Measures을 고안해 냈는데 여인들에게 혼성 모임에서 기도하도록 허용한 것이다. 또 그는 감리교도가 행하는 열망의 자리anxious bench를 놓았다. 교회의 설교단 가까이에 자리를 놓아 사람들을 앉게 한 것이다. 그 의도는 자신들의 구원에 대한 확신을 느낀 자들을 앞으로 나오게 하여 즉각적인 자복의 마음으로 결심한 자들에게 자신들의 죄를 공개적으로 고백할 기회를 주고, 하나님께서 그들에게 요구하는 것을 행하려고 하는 자들을 무릎 꿇게 하고, 새로운 회심자들을 교회 일원으로 쉽게 받아들이기 위한 것이었다. 그는 감동적으로, 열정을 다해, 간절하게 기도했다. 대부분의 새로운 수단들은 수십 년 동안 행해졌지만 피니는 그것들을 대중화시켰고 이로 인해 공격도 받았다.

피니는 19세기 미국 교회사에 큰 획을 그은 인물이었고, 후에 등장할 드와이트 무디, 빌리 그레이엄과 같은 자들을 위한 길을 마련했다고 여겨진다. 피니는 청중들에게 원죄를 강조하지 않았고 그들에게 자신들의 죄와 관련해 뭔가를 행하라고 권했다. 죄성을 가진 채로 출생하는 것을 그는 인정하지 않았다. 그는 속죄는 공적 정의public justice이며 이것이 하나님께서 인간의 죄를 용서하시는 길이라고 주장했다.

신흥 종파

19세기의 혼란한 틈을 타서 신흥 종파 또는 이단 종파들이 우후죽

순으로 미국 여기저기서 일어났다. 주류 프로테스탄트 개종자들이 비주류 종파들을 창설하는 경우가 많아지고 일반 신자들이 설립한, 사회적 규범과는 무관한 종파들에서 혁신적인 신앙 운동들이 봇물처럼 터져 나왔다.

그 예로 말일 성도 운동, 즉 모르몬교를 들 수 있다. 모르몬교에 따르면 천사 모로나이Moroni가 조셉 스미스 주니어에게 나타나 그동안 감춰진 메시지가 담긴 금판을 보이며 번역토록 했다고 한다. 모로나이는 모르몬의 아들로 전투에서 죽기 전에 그로부터 금판을 받고, 그것에 기록하는 일을 마친 후 뉴욕주의 서부 지역에 있는 언덕 커모러Cumorah에 묻어 두었다. 모르몬파는 전통적 기독교처럼 예수그리스도의 속죄의 성격과 유사한 것을 주장하고, 육체적 부활 및 재림을 주장한다. 하지만 하나님에 대한 그들의 견해는 니케아 정통 신앙과 다른 삼위일체론이다. 그들은 성경을 인정하면서 다른 것을 덧붙여 사용한다.

또 다른 신흥 종파로 밀러파를 들 수 있다. 종말론적이고 천년왕국적 신앙인 밀러파는 윌리엄 밀러William Miller, 1782~1849의 이름에서 나온 종파다. 밀러는 침례교 목사로서 예수 재림론Adventism을 주도했다. 제7일 안식교와 재림교도들이 그의 영향을 받았으며, 그를 따르는 사람들을 가리켜 밀러파라 부른다. 그는 자연신론자로서 볼테르, 흄, 페인 등의 작품을 선호했다. 밀러는 "다른 천사가 나에게 말하였다. '밤낮 이천삼백 일이 지나야 성소가 깨끗하게 될 것이다'"(「다니엘」 8: 14)에 근거하여 그리스도의 재림 때에 불로서 세상을 청결케 할 것이라고 주장했다. 그는 재림 일자를 1843년 3월로 계산했다가 1844년 10월로 변경하기도 했으며, 1844년 10월 22일까지 지상의 모든 업무를 종결지으라고 명령을 내렸다. 밀러는 뉴욕과 뉴잉글랜드 지역에서 활동했고 점차적으로 동쪽으로 세를 확산시켜 나갔다. 여러 교파의 사람들이 그를 따랐는데 1843년에는 거의 백만 명에 육박했다. 이 밖에도 1830~1840년대 미국에는 진교도Shakers, 완전주의자Perfectionists 등 천년왕국설을 신봉하는 종파가 많았다. 이들 중 밀러파가 가장 극적으로 임박한 재림설을 주장했다.

그리고 진교도 또는 그리스도의 재림을 신봉하는 연합체United Society of Believers in Christ's Second Appearance는 미국 역사에서 가장 성공적인 유토피아 공동체 중 하나다. 이들의 성공 비결은 영적 세계로부터 지속적으로 받는 계시를 항상 믿었고 작은 유토피아 공동체보다 큰 단체를 늘 추구했다는 것이다. 진교도는 1770년 앤 리Ann Lee에 의해 영국에서 설립되었는데 1760년대 리는 퀘이커파였다. 퀘이커파는 춤을 추면서 말을 했기 때문에 흔히 떠는Shaking 자로 불렸다.

3차 대각성 운동(1850년대~1900년대)

해외 선교와 사회복음 운동이 일어났고, 백만 명 이상이 미국 내에서 개종한 시기를 우리는 3차 대각성 운동이라 부른다. 이 시기에 YMCA와 같은 운동들이 일어났고, 드와이트 무디Dwight L. Moody, 1837~1899와 같은 부흥사도 활동했다.

드와이트 무디는 조지 화이트필드 이후 미국과 영국에 가장 큰 영향을 끼친 최초의 복음 전도자였다. 그는 매사추세츠주의 노스필드에서 태어났고, 일리노이주의 시카고에서 주로 활동했다.

1856년 개종한 무디는 시카고로 거주지를 옮겨 플리머스 회중교회에 열정적으로 헌신했다. 또 제일 감리교회의 선교 단체에 가입하여 호텔과 기숙사 등지에 소책자를 배분했다. 1857년부터 1859년에 있었던 국가를 휩쓴 기도 부흥에서는 하나님을 위한 사역에 열정을 불태웠다. 그는 1858년 여름 미시간 호숫가로 가서 뗏목을 사용하여 아이들을 가르쳤고, 이 일로 사람들로부터 '미친 무디Crazy Moody'라는 별명을 얻었다. 후에 '형제 무디Brother Moody'라는 별명으로 바뀌었다가 마침내 '드와이트 무디Dwight L. Moody'로 바뀌었다고 한다.

드와이트 무디

미시간 스트리트에 있는 텅 빈 공간으로 옮겨서는 여섯 개의 촛불을 피우고 한 촛불은 손에 들고 다른 손에는 성경을 들고 가르쳤고 어떤 때는 그의 무릎에 어린아이가 앉아 듣기도 했다. 이렇게 하여 주일학교가 점점 크게 확장되자 시카고 시장은 그에게 무료로 노스마킷North Market에 있는 큰 공간을 제공했다.

1860년 6월 무디는 세속 직업을 포기하고 주님의 일을 위해 전적으로 헌신하기로 마음을 먹었는데 이때가 그의 나이 23세였다. 그는 지속적으로 복음 사역을 하며 복음송 가수인 생키Ira D. Sankey, 1840~1908를 만났을 뿐 아니라 유명한 런던 침례교 목회자인 찰스 스펄전이 그를 초청해 더 유명세를 얻었다.

무디가 세상을 떠난 10년 후 시카고 애버뉴 처치Chicago Avenue Church는 무디 처치Moody Church로 개명했고 시카고 성경 학교도 무디 성경 학교Moody Bible Institute로 개명했다. 이 학교의 지도자로 취임한 루벤 토레이Reuben A. Torrey, 1856~1928는 무디를 이었다.

7

교훈

과학주의가 지배했던 19세기는 철학적으로 볼 때 인간 만능의 시대였다고 볼 수 있다. 하나님이 창조한 세상이 제대로 다스려지지 않기 때문에 인간이 직접 대리자가 아니라 신적 위치에서 행복한 세상을 만들고자 한 것이 19세기의 특징이다. 이 시기의 기독교 신앙은 시대에 적응하기 위해 성경을 의심한다. 그래야 기독교 신앙의 지침과 근거가 되는 것을 무너뜨리고 인간의 철학적 사상들이 그 자리를 대신할 수 있었기 때문이다. 하지만 유한한 존재인 인간은 결코 무한한 존재인 하나님을 대신할 수 없다. 이러한 기독교적 관점에서, 수세기에 걸쳐 인간이 제각기 다르게 만들어 낸 이론인 철학적 사상들을 돌아볼 필요가 있다.

교회는 과학주의라는 거대한 물결을 극복하기 어려웠다. 시대와 인물에 따라 쏟아지는 수많은 사상에 그때마다 대응하기가 매우 벅찼다. 하는 수 없이 일어나는 파도 때마다 교회는 휘청거리며 정신을 잃었다.

그때마다 새로운 사상들을 내세워 반응했지만 극복하기 쉽지 않았다.

과학의 발전으로 인류는 대이동을 실시했다. 대륙 간의 이동이 빈번해졌고, 특히 신대륙이었던 미국에는 수많은 이민자들이 쏟아져 들어왔다. 그들로 인해 무너지는 교회를 붙잡기 위해 일어난 2차와 3차 대각성 운동은 1차 대각성 운동과는 성격의 차이가 있었다. 1차 대각성 운동은 개인 회심에 중점을 뒀다면 2차는 그것을 근거로 널리 확장하는 데 중점을 두었고, 3차는 사회 복음화에 관심을 두었다.

이런 교회의 반응에도 한계가 있어 틈새를 이용하여 각종 신흥 종파가 쏟아져 나왔다. 급변하는 사회에 적응하지 못하는 자들이 세상의 종말을 꿈꾸게 되었다. 이것은 사회적으로 볼 때는 공산주의 혁명을 연상케 한다. 새로운 세상이 도래하기를 기다리며 그 세상에서 우선권을 점유하고자 하는 욕망을 가지고, 사회에 적응하지 못한 채 탈문화를 지향하며 세상이 조속히 종말로 치닫기를 바라는 것이다. 하지만 아직도 세상의 종말은 일어나지 않았다.

5장

20세기 이야기: 가공의 시대

16세기부터 시작된 우리의 이야기는 마침내 20세기에 이르렀다. 20세기는 교파적 특성이 점점 사라지고 초교파 운동이 일어난 세기다. 선교의 영향이 있기도 했지만 사회적으로 글로벌 시대가 되면서 고립되지 않기 위해 이러한 운동이 일어났다. 하나 된 세상을 만들고 싶어 하는 욕망에서 비롯된 것이라 평가할 수 있다. 또 20세기의 특징으로 은사 운동을 꼽을 수 있다. 은사 운동은 한국 교회에서도 널리 유행하고 있는데 신비적 체험을 통해 임재를 확신하고 복잡하고 힘든 세상을 잠시라도 잊고자 하는 운동이다. 그리고 20세기는 신학적으로는 자유주의와 복음주의의 세기다. 계몽운동에 근거한 철학적 신념이 기독교를 타격함으로써 하나님의 자리에 이성이 자리 잡은 것에서 인간이 세상을 창조하고 다스리는 쪽으로 변해 가고 있다. 이에 대한 대응책으로 나온 것이 하나는 자유주의고 다른 하나는 복음주의다. 자유주의는 변화하는 20세기 문화를 많은 부분 수용하겠다는 입장이고, 복음주의는 덜 수용한다는 입장이다.

1
신예루살렘을 꿈꾸며

문화가 서로 다른 사람들에게 복음을 선포하는 사역 현장에서 선교사 각자가 고수하는 교파를 뛰어넘는 운동이 일어났다. 복음을 보다 효과적으로 선포하기 위해서이기도 하고 교파적 분열에 대한 염려 때문이기도 했다. 대표적인 단체가 1795년 조성된 초교파적 런던선교회London Mission Society였고, 1855년의 YMCA연맹Alliance of Young Men's Christian Associations이었다. 그리고 복음연맹Evangelical Alliance은 초교파 운동의 중요한 징검다리가 되었다. 이 연맹의 공식적인 모임이 1845년과 1846년 런던에서 있었는데 유럽과 미국에서 8백 명에 이르는 사람들이 모였다. 그 목적은 복음적 프로테스탄트주의의 발전과 이교도, 교황제도 및 미신, 오류, 모독, 특히 주님의 날 준수 등과 같은 것들을 협의하는 것이었다. 또 19세기 후반에서 20세기에 선교 분야의 세계 대회들이 개최되었는데 국제적이고 초교파적인 모임들 중 가장 성공적인 모임은 1910년 스코틀랜드 에든버러에서 개최된 세계 선교 대회World Missionary Conference였다. 이 모임은 부분적으로 두 단체, 즉 '믿음과 질서에 대한 세계 대회World Conference on Faith and Order'와 '생명과 사역을 위한 우주적 기독교 협의회Universal Christian Council for Life and Work'라는 두 단체가 1914년 이후 '세계교회협의회World Council of Churches'라는 하나의 단체로 통합해 개최한 것이다.

1~2차 세계대전 사이와 특히 2차 세계대전 직후 초교파 운동은 급물결을 탔다. 국제선교협의회가 세계선교대회로 변모하면서 각각의 국가에서 폭넓은 회원들을 갖게 되었다. 2차 세계대전 중 국제선교협의회는 대륙에서 활동하는 프로테스탄트 선교 단체들을 구출하는 데 큰 도움이 되기도 했다.

1938년 이런 단체들의 대표들은 네덜란드 위트레흐트에서 모임을 가져 세계교회협의회의 지속을 위한 헌장을 만들었다. 이것은 '믿음, 질서, 생명 및 사역'이라 간략하게 불린다. 공식적으로는 '하나님과 구세주이신 우리 주 예수그리스도를 수용하는 교회들의 교제'이다. 또 1948년 암스테르담에서 공식적으로 총회를 개최했는데, 수백 개의 교회가 가입했다. 대부분 유럽과 영국을 비롯하여 미국과 호주에 있는 교회들이었고 더 나아가서 현재는 아시아와 아프리카의 신흥 교회들도 가입한 상태다.

2
사도적 운동

부흥 운동은 은사 운동으로 쉽게 옮겨 간다. 은사 운동으로 향하는 이유는 부흥 운동이 성결 운동을 지향하기 때문이다. 성결 운동은 거룩한 삶이나 완전한 삶을 꿈꾸는 것인데 지상에서 이런 삶을 꾸게 하는 것은 매우 매력적이었다. 은사 운동은 성령의 강력한 임재를 체험하고자 열망하고, 그 성령의 임재를 은사로 체험하고자 하는 것이다. 또 은사를 체험하고 행하는 것을 통해 성령의 임재를 확신하고 그 확신 속에서 무엇이든 이뤄질 수 있다는 생각을 갖기에 이른다. 거룩한 삶을 살겠다는 것자체가 그릇된 것은 아니지만 은사를 받아야 성령의 임재를 확신할 수있다는 점에서 은사 받는 데 중점을 둔다는 것이 문제가 되는 것이다. 그 은사 운동은 곧 오순절 운동으로 돌아가서 해법을 찾으려 한다. 그래서 은사 운동은 사도적 신앙에 관심을 갖게 된다. 사도적 신앙Apostolic Movement은 1세기 그리스도께서 승천한 후 초대 교회 성도들이 성령의임재를 체험하고 그 증거로 은사를 받았다고 주장한다. 그래서 은사 운동, 오순절 운동, 사도적 신앙, 성령의 임재, 성결 운동은 모두 같은 범주로 이해하는 것이 좋다.

오순절 운동과 퍼함

은사 운동은 성결 운동과 부흥 운동에 그 기초를 둔다. 이런 운동은 이미 2세기 이단 몬타누스주의에서 일어나 역사에서 이따금 나타나다가 매스컴을 통해 널리 알려지면서 미국, 유럽, 아시아에 두루 퍼져 나갔다. 세 가지 특징을 갖는데 '성령 세례', '방언'[24] 그리고 '치유'다.

1 애주사 스트리트

19세기 3차 대각성 운동, 즉 성결 운동을 주도한 인물은 무디와 그의 후계자 토레이였다. 이들은 성령 세례도 강조했다. 실례로, 1873년 무디는 선더랜드에서 집회를 인도하고 있었는데 YMCA 방에 들어서자마자 그곳에서 불처럼 뜨거워지는 것을 느꼈고, 젊은이들이 방언과 예언을 행하고 있었다고 한다. 오순절주의의 특징인 방언은 19세기에도 여기저기서 일어나고 있었다. 본격적인 오순절 운동은 1900년 가을에 미국 캔자스주의 토피카Topeka에 있는 베델바이블칼리지Bethel Bible College에서 일어났고, 그 학교의 학장이 감리교 복음 전도자였던 찰스 퍼함Charles F. Parham, 1873~1929이었다. 그리고 또 한 명의 대표적 인물이 윌리엄 시모어William J. Seymour, 1870~1922였다.

찰스 퍼함은 사우스웨스턴칼리지를 졸업했지만 감독 제도 교회에

---

24 기독교에서 말하는 '방언'은 보통 '천상의 언어'를 가리킨다. 사도 바울도 방언을 할 줄 알았다고 전해진다.

서 수임받지 않고 순회 성결 운동가로 활동하고자 했다. 그런데 그는 자신이 질병에서 치유된 후 병을 낫게 하는 사역에 힘쓰게 되었다. 그는 1898년 캔자스주의 토피카에 베델 치유 안식처Bethel Healing Home를 설립하고 『사도적 신앙Apostolic Faith』이라는 잡지도 출판했다. 그리고 1900년에는 그곳에 베델바이블칼리지를 설립했다. 그는 모든 재산을 팔아 연구와 기도를 위해 썼고 등록금을 받지도 않았다. 당시 약 40명의 학생이 등록했고 유일한 교과서는 성경이었으며, 교사는 성령이었다.

1900년 12월 31일 베델에서 철야 예배가 있었는데, 다음 날 저녁, 그러니까 1901년 1월 1일 그들 중 애그너스 오즈먼Agnes Ozman, 1870~1937이 성령의 충만함을 받았다고 한다. 그는 방언으로 말하기 시작했는데 누구든 알아들을 수 있는 언어였다고 한다. 또 1903~1904년 겨울 집회를 통해 천 명의 청중 가운데 8백 명가량이 회심했다. 이제 이 운동은 텍사스, 캔자스 그리고 오클라호마주로 뻗어 나갔다.

1906년 퍼함은 휴스턴에 성경 학교를 설립했는데 등록한 학생 중 한 명이 아프리카계 윌리엄 시모어였다. 퍼함은 그와 함께 휴스턴에 있는 아프리카계 미국인들에게 복음을 전파했고 시모어를 보내 텍사스 전역의 흑인 공동체에 복음을 전파하도록 했다. 같은 해 퍼함은 시모어를 로스앤젤레스로 보내기도 했다.

윌리엄 시모어는 1906년 애주사 스트리트 부흥Azusa Street Revival의 주역이다. 캘리포니아주 로스앤젤레스의 애주사 스트리트 312번지에서 있었던 모임을 가리켜 애주사 스트리트 부흥이라 하는데, 이 부흥은 오순절주의를 확대시키는 계기가 된다. 이 모임의 지도자였던 시모어는 나무 상자로 만든 강단 뒤편에 앉곤 했다. 외눈을 가진 지도자는 가끔 강단 안으로 머리를 넣고 기도하면서 회중들로부터 자신을 숨기곤 했다. 그는 예언, 방언 및 통변 등을 하며 예배를 드리는 동안 확실한 말씀으로 권했다. 선호했던 찬송은 〈보혈 밑에Under the Blood〉와 〈이 기쁜 소식을the Comforter is Come〉이었다. 그는 이따금 하늘의 찬양대를 흉내 내는 것처럼 방언으로 찬송을 부르면서 새로운 자들에게 경외감을 주곤 했다. 이 집회는 1906년부터 1909년까지, 3년 동안 아무 문제 없이 지속되었다.

오순절파는 오순절 운동이 여전히 현재도 일어나고 있다고 믿었다. 이 운동은 미국을 강타했고 오순절파 교회들은 뻗어 나가기 시작했다. 성결 계통의 교회들은 이 운동을 적극적으로 반대했지만 하나님의 성회Assemblies of God는 아칸소주의 핫스프링스에서 1914년 총회를 개최했다.

오순절 운동은 두 주축으로 나뉘는데, 그리스도 안에 있는 하나님의 교회Church of God in Christ와 오순절계 성결교회Pentecostal Holiness Church다.

오순절 운동의 중심이 퍼함에서 시모어로 옮겨 가자 퍼함은 분개했다. 그는 다양한 류머티즘 열병으로 고생하다가 건강이 악화되었다. 그는 하나님의 은혜로 치유받았다고 설교했지만 건강은 쉽게 회복되지 않았다. 1927년 심장 발작을 겪은 퍼함은 1929년 1월 29일 캔자스주의 백스터스피링에서 임종을 맞았다.

2 케직 운동

일종의 오순절 운동으로 알려진 더 높은 삶의 운동higher life movement은 영국에서 일어났다. 이 이름은 1858년에 출간된『더 높은 기독교인의 삶*The Higher Christian Life*』이란 책 제목에서 나왔다. 이 책은 그리스도의 칭의 이후 성화의 필요성을 강조한다. 이 책에 매료를 느낀 사람들은 이 책이 성경적인 내용이라고 확신을 갖기보다는 일상적인 삶에서 일어난 일들에 더 관심을 가졌다. 이 책의 저자인 윌리엄 보드만 William Boardman, 1810~1886은 미국과 영국에 널리 알려지면서 더 높은 삶의 교훈의 대변자가 되었다.

1874년 브로드랜즈와 옥스퍼드에서, 1875년 브라이턴 및 케직에서 대중 집회가 개최되었다. 케직 집회로 인해 이 운동은 널리 인식되었고, 이를 가리켜 '승리적 기독교인의 삶victorious movement'이라고도 한다. 그 주축은 프레더릭 마이어Frederick B. Meyer, 1847~1929, 앤드루 머리Andrew Murray, 1828~1917, 루벤 토레이 능이었다.

이 운동의 특징은 죄성 있는 그릇된 열정에서 구원받아야 하고, 율법을 어긴 자발적 범죄voluntary transgressions를 멈춰야 한다는 것이다. 기독교인은 유혹과 도덕적 연약함의 모든 형태에 대해 무한한 승리자가 되어야 한다고 강조한다.

은사 운동과 베넷

앞에서 언급한 오순절 운동을 가리켜 제1 물결이라 부르고, 여기서 다루는 은사 운동 또는 카리스마 운동Charismatic Movement을 제2 물결이라 부른다. 오순절 운동의 시기가 20세기 초라면, 은사 운동은 프로테스탄트와 로마가톨릭에서 1960년대부터 시작되었다.

미국 감독제 교회의 우파는 이 새로운 운동의 충격을 제일 먼저 접하게 되었다. 그때는 1960년 부활절이었고 그 주인공은 바로 사제 데니스 베넷Dennis Bennett, 1917~1991을 비롯한 존과 조안 베이커 부부다.

베넷이 1960년 4월 3일 고난 주간에 설교를 했을 때 대중이 오순절 성령 강림과 같이 방언을 했다고 한다. 이 일로 인해 말썽이 일어나자 그와 함께하던 부교역자들과 회계가 사임을 하면서 베넷은 일자리를 잃을 정도였고 주위 사람들로부터 괴팍한 자로 낙인이 찍혔다. 그런데 점점 은사 체험을 하는 사람들의 수가 증가하면서 교회 참석자 수는 배로 늘었다. 1973년 베넷은 『오전 아홉 시Nine O'Clock In the Morning』라는 책을 썼는데 이 책으로 인해 세계 각처로 알려지게 되었다.

신은사 운동과 와그너

오순절 운동, 은사 운동 및 신은사 운동을 가리켜 1물결, 2물결 그리고 3물결이라 부른 사람이 피터 와그너Charles Peter Wagner, 1930~2016다. 이 운동들의 시기는 각각 20세기 초, 20세기 중반 그리고 20세기 후반으로 구분할 수도 있다.

와그너는 미국 캘리포니아주의 풀러신학대학원 교회성장학 교수였다. 제3의 물결이란 용어는 1988년에 출판된 그의 책 『성령의 제3의 물결The Third Wave of the Holy Spirit』에서 유래되었다. 이 물결은 빈야드 운동을 시작한 존 윔버John Wimber, 1934~1997가 1981년에 그 학교에서 했던 수업에서 시작되었다.

신은사 운동은 은사 운동의 일종이지만 특별히 표적(초자연적 능력에 의해 외부로 나타난 현상)과 기사(기이하고 경이로운 일 또는 장래 일에 대한 징조나 암시), 복음 선포에 강조점을 둔다는 점에서 은사 운동과 구분된다. 교회 성장의 원리로 성령의 초자연적 사역을 적용시키다 보니 교파를 초월하여 현재까지 이르고 있다.

신사도 운동

지금까지는 사도적 운동을 이야기했다면, 신사도 운동은 선지자와 사도의 직분을 회복시키겠다는 것이다. 그래서 신사도 종교개혁New Apostolic Reformation이라 불린다. 이 운동은 G12, 즉 열두 명의 제자화 운동에서 비롯되었다. 누구든 그리스도의 열두 명의 제자에 속할 수 있다는 것이다. 열두 명의 원리 정치government of 12라는 말에서 G12라는 용어가 나왔다. 목회자는 세포, 즉 셀cell 지도자가 되기 위해 열두 명을 훈련시킨다. 이렇게 해서 이뤄진 셀 지도자는 열두 명을 훈련시키는 데 책임을 진다.

신사도 운동은 다섯 가지 직분(「에베소서」 4 : 11), 즉 사도, 선지자, 복음 전하는 자, 목사 및 교사를 강조한다. 이들 모두가 교회를 세우는 데 요구되는 직분이었던 것처럼 교회 성장에도 이 직분들이 필수적이라고 주장한다. 현시대에 이 직분들을 회복시켜야 한다는 것이 신사도 운동의 핵심 사상이다. 이런 지도자들은 사도들처럼 영적 체험, 즉 은사나 표적에 정통해야 한다. 그래야 그 직분을 수행할 수 있기 때문이다.

3

—

자유주의

자유주의liberal Christianity(theology)는 계몽운동의 영향을 받은 철학적 신앙을 바탕으로 한 사상이라 말할 수 있다. 이성이 최종적 권위를 갖는 신앙이다. 자유주의 신학자들은 과학과 현대 문화를 기독교에 적용시키고 화해시킨다. 그들은 과학은 누구든 용납할 수 있는 것이고 성경은 그렇지 않다는 결론을 내린다. 몇 가지 특징을 갖는데 성경의 영감설, 동정녀 탄생, 예수님의 부활을 부인한다. 또 지옥은 실제적이지 않다고 보며, 예수는 도덕 선생이지 하나님이 아니며, 현대인에게 요구되는 것은 이웃 사랑이라고 주장한다.

사도적 운동, 신사도 운동 및 자유주의는 모두 사회운동을 지향한다. 하나님을 중심에 놓는 것처럼 보이지만 실제로는 하나님을 이용하여 인간을 위하는 것이다. 또 이 사상들은 인류애를 중요시한다는 공통점을 지니고 있다. 이에 대해 정통 신앙을 가진 사람들은 어떤 반응을 보일까? 그들은 논쟁하고 분열하여 분파를 만들기도 했다. 하지만 분열이 대안만은 아니다. 세상 속에 기독교인이 있는 것이고, 소금의 역할을 감당하는 것이 기독교인의 목표이기도 하다. 그렇지만 비성경적인 경향의 이상의 사상들과는 다른 성경적 사상을 추구하게 되었는데 이것이 바로 복음주의Evangelicalism인 것이다.

복음주의는 그리스도와 개인 신자 사이의 개인적 관계라는 의미에서 이해된 성경을 향한 경외심과 그분의 신적 인격에 대한 헌신으로 인해 일어나는 사상이다. 다시 말하면, 그리스도가 자신의 죄를 위해 처벌받으셨다는 믿음 안에서 깨닫고 개인의 극적인 결과들을 마음과 삶에 허용하는 믿음을 가질 때 일어나는 개인적 회심의 경험을 강조한다. 칼뱅과 경건주의의 영향을 크게 받는다. 복음주의는 청교도주의 또는 개혁신학에 근거한다고 하지만 극단적으로 나가면 근본주의Fundamentalism가 되고 만다.

복음주의의 강조점은 기독교를 비기독교인들에게 전하는 임무, 즉 복음화에 있다. 20세기 복음주의의 중요한 인물로 미국의 복음주의자 빌리 그레이엄Billy(William) Graham, 1918~을 들 수 있다. 이와는 조금 다르게 보수파 복음주의도 있는데 정통과 고전 교리에 비중을 두고 성경적 헌신을 우선순위에 둔다. 물론 복음화에도 관심을 갖는다. 보수파 복음주의의 지도자로는 미국의 제임스 패커James Innell Packer, 1926~, 영국의 존 스토트John Robert Walmsley Stott, 1921~2011와 프레더릭 브루스Frederick Fyvie Bruce, 1910~1990를 들 수 있다.

5

교훈

20세기는 과학주의 또는 모더니즘이 일었던 19세기의 다음 시기다. 그래서 포스트모더니즘postmodernism의 시대라고 하기도 한다. 1차와 2차 세계대전으로 인해 19세기의 망령은 점점 사라지고 말았다. 인간이 결코 신이 될 수 없다는 것을 비로소 깨달은 것이다. 하지만 그 망령은 여전히 살아남아서 초자연적 힘을 통해 그것을 유지하고자 한다. 그렇다고 과학주의를 포기한 것도 아니다. 새로운 방식의 과학을 통해 여전히 세상을 다스리려고 한다. 그 노력과 기상은 정말 놀랍다.

　　교회는 20세기에 들어서서 변하는 세상에 직면하기보다 비껴가려는 활동을 추구했다. 그것이 바로 사도적 운동이고 현대의 신사도 운동이다. 이것은 비주류임에도 불구하고 교회의 주류처럼 되어 버렸다. 비주류인 이유는 뚜렷한 교리가 없기 때문이고 그 정체성이 모호하기 때문이다. 이에 반해 주류는 자유주의와 복음주의다. 전자는 독일 중심이고, 후자는 미국 중심이다. 전자는 자신들이 이미 기독교인임을 전제하여 사회문제에 관심을 가지는 것이라면, 후자는 자신들이 기독교인임을 분명하게 하면서 사회문제에 조심스럽게 또는 성경적으로 관심을 가지자는 입장이다. 어느 입장이든지 교회는 세상의 소금과 빛의 역할을 해야만 한다. 그리스도께서 하나님이면서 인간이었던 것처럼 교회도 하나님 중심인 동시에 인간 중심이어야 한다. 그 한계성이 모호하여 자유주의와 복음주의로 나뉘지만 어느 한쪽으로 치우쳐선 결코 안 된다.

일각에서는 사회운동을 통해 변화를 도모하고자 하는 교회의 움직임도 있었다. 그 대표적인 인물로 마틴 루터 킹Martin Luther King Jr., 1929~1968을 들 수 있다. 그는 복음 선포자라기보다 사회운동가로 더 알려졌지만 자신의 삶을 통해 사회에 대한 기독교인의 책임과 의무를 부각시켰다. 그를 통해 배울 수 있는 큰 교훈은 그가 어떤 교회 단체를 이용하여 사회의 부조리를 지적한 것이 아니라 한 시민과 국민으로서 나섰다는 것이다. 한국 사회에도 어떤 문제가 있다면 기독교인이 나서야 하지만 어떤 교회나 예수님의 이름을 악용하지 말고 순전한 사회인으로 행동하는 것이 더 바람직한 모습일 것이다.

◐ 2부에서는 한국 교회가 어떤 과정을 거쳐 지금에 이르렀는지 살펴본다. 19세기 이후 전개된 서구 교회의 선교 운동에서 시작하여 기독교의 전래와 수용, 기독교의 성장과 발전, 기독교회의 형성, 일제하에서의 교회, 광복과 교회 쇄신 운동, 그리고 1960년대 이후 정치 현실에서의 교회, 교회의 외적 성장과 내적 변화 등 한국 기독교 전반의 역사를 소개한다.

특히 광복 후 친일 청산이 좌절되고 이승만과 박정희 정권을 거치며 교회가 어떻게 진보와 보수로 갈리게 되었는지, 한국 현대사의 거친 물결 속에서 교회가 어떤 길을 걸어왔는지 객관적으로 살펴볼 것이다. 또 한국 기독교의 연원을 18세기 이래로 서구 교회에서 전개된 근대 선교 운동에서 찾아보고, 다수의 선교사를 파송했던 미국 교회가 한국 교회에 끼친 영향도 더듬어 본다. 한국 교회의 역사적 발전 과정을 돌아보는 일은 현재의 한국 교회를 마주하는 첫걸음이 될 것이다.

2부

한국 교회의 역사:
선교사의 내한부터
오늘까지

1장

근대 선교 운동과 한국 선교

선교사들의 내한과 한국에서의 기독교의 태동은 19세기 이후 서구에서 전개된 근대 선교 운동의 열매라고 할 수 있다. 한국의 기독교는 서구 기독교회와 무관한 자생적 창립이나 독립적 변인에 의해 이루어진 것이 아니라 접경接境을 왕래하는 연쇄적인 선교 운동이 가져온 결실이었다. 이런 점에서 한국으로의 복음 전파, 선교사의 내한, 한국 기독교의 역사를 살펴보기 위해서는 선교 운동의 국제적인 흐름과 연쇄, 곧 각종 선교 운동을 종횡으로 연결하는 상호 관련에 주목해야 한다. 우선 윌리엄 캐리William Carey, 1761~1834로부터 시작되는 근대 선교 운동의 전개 과정을 살펴보자.

1 | 19세기 선교 운동과 한국 기독교의 연원

월리엄 캐리 이전에도 선교 운동이 이루어졌지만 일반적으로 캐리 이후의 선교 운동을 '근대 선교 운동'이라고 부르고, 캐리를 '근대 선교의 아버지'라고 부른다. 이 선교 운동을 주도한 나라가 영국이었다.

월리엄 캐리와 '침례교선교회'

18세기까지 서구 교회는 선교에 무관심했다. 그 이유는 크게 세 가지인데, "온 천하에 다니며 복음을 전하라"는 명령은 예수님의 제자인 사도들에게 국한된 명령이라고 이해한 점, 구원이 예정된 사람은 반드시 구원받게 된다는 식의 칼뱅주의 예정론에 대한 잘못된 이해, 그리고 로마가톨릭 국가가 해상권을 장악하고 있다는 현실적 이유 때문이었다. 이런 상황에서 세계 선교를 주창한 인물이 월리엄 캐리였다. 그는 1792년 87쪽에 불과한 『이방인의 개종을 위하여 사용해야 할 방법에 대한 기독교인의 책임에 관한 연구*An Enquiry into the Obligation of Christians to Use Means for the Conversion of the Heathens*』라는 책을 출판했는데, 이 책은 근대 선교 각성에 커다란 영향을 끼쳤다. 그는 이 책에서 선교는 개인과 교회에 주어진 가장 중요한 과제라는 사실을 지적하고, 선교의 도구, 곧 선교 단체의 조직을 강조했다. 이 책이 선교에 끼친 영향은 흔히 루터의 「95개 항목」이 교회 개혁에 끼친 영향과 비교되곤 한다.

캐리는 1792년 5월 30일 영국 노팅엄에서 열린 침례교 교역자 대회에서 "당신의 장막터를 넓히소서"라는 제목으로 설교하면서 "하나님께로부터 위대한 결과를 기대하고, 하나님을 위해서 위대한 일을 시도하라Expect great things from God, attempt great things for God"고 강조하였으나 교회 지도자들의 반응은 냉담했다. 실망한 그는 4개월 후 열세 명의 동료와 함께 침례교선교회BMS, Baptist Missionary Society를 조직했다. 그리고 1793년 6월 13일, 아내와 네 자녀 그리고 두 동료와 함께 인도로 출발하였는데, 이것이 근대 선교 운동의 시작이었다. 해외 선교에 대한 캐리의 호소, 그리고 그의 40년간의 선교 활동, 그가 남긴 편지와 보고서 등은 선교 운동에 큰 영향을 끼쳐 그 후 여러 선교 단체가 조직되었다.

런던선교회와 귀츨라프, 토머스

1795년에는 '런던선교회London Missionary Society'가 조직되었다. "이방 땅에 영원한 복음을 전한다"는 고매한 목적으로 출발한 런던선교회는 처음부터 '특정 교파를 권장하지 않는 복음 선포'를 원칙으로 정했다. 첫 30명의 선교사를 1796년 남태평양의 타히티로 파송했고, 이어서 인도(1798), 아프리카(1799), 중국(1807)에 선교사를 파송했다. 중국으로 파송된 첫 선교사가 로버트 모리슨Robert Morrison, 1782~1834이었다. 그는 1813년에는 신약성경을, 1818년에는 윌리엄 밀른William Milne, 1785~1822과 함께 구약성경을 중국어로 번역하였고 중국어 문법책을 비롯하여 약 20여 권의 중국 선교

한국에 온 첫 개신교 선교사 귀츨라프

관련 서적을 저술했다. 그는 특히 카를 귀츨라프Karl Friedrich Gützlaff, 1803~1851와 교류하였고, 그에게 영향을 받은 귀츨라프는 한국에 온 첫 개신교 선교사가 되었다. 모리슨은 자신이 번역한 신약과 밀른과 공역한 구약을 합본하여 『신천성서神天聖書』라 명명하고 이 책을 마카오에서 1823년 출간했는데, 1832년 귀츨라프가 내한할 당시 가져온 성경이 바로 이 『신천성서』였다. 귀츨라프는 바로 이 성경을 순조에게 진상했으나 거절당했다. 천주교 선교 단체인 '예수회Jesuits'의 중국 선교사였던 마테오 리치는 God을 '천주天主', '상제上帝'로 번역했으나, 모리슨은 God을 '신神'으로, Holy Spirit을 '성풍聖風', 후에는 '성령聖靈'으로 번역하였는데, 이런 번역어가 후일 한국어 성경에도 영향을 주었다. 특히 『신천성서』는 만주에서 번역된 첫 한국어 성경인 『예수셩교젼셔』의 준대본이 된다.

런던선교회는 한국에도 선교사를 파송하는데, 그가 로버트 토머스Robert Jermain Thomas, 1840~1866였다. 1863년 12월 아내와 함께 중국 상하이에 파송된 그는 아내와의 사별, 상하이 선교부 책임자인 뮤어헤드William Muirhead와의 불화 등으로 인해 1864년 12월 선교사직을 사임하였다. 그러나 1865년 9월 스코틀랜드성서공회의 윌리엄슨Alexander Williamson, 1829~1890의 격려

내한해 26세의 나이로 순교한 토머스 선교사

와 후원을 얻고 스코틀랜드성서공회 대리인으로 비밀리에 조선을 방문했다. 이듬해 1866년 8월에는 런던선교회 소속 선교사이자 스코틀랜드성서공회 대리인 자격으로 재차 입국하였으나 9월 5일경 조선에서 26세의 나이로 순교하였다. 이렇게 볼 때 런던선교회는 한국에서 개신교가 태동하는 데 큰 영향을 주었음을 알 수 있다. 런던선교회는 1816년부터 1896년까지 109명의 선교사를 중국에 파송했는데, 이들은 직간접적으로 조선 선교에 영향을 끼쳤다.

영국교회선교회

선교에 대한 관심이 고조되자 영국 교회의 복음주의자들은 1799년 새로운 선교 단체를 조직했다. 이것이 영국교회선교회Church Missionary Society였다. 이들에게 가장 중요한 선교 지역은 인도, 아프리카, 중국이었다. 이 선교회의 중국 선교사였던 울프John R. Wolfe, 1832~1915는 일정 기간 휴양을 권고받고 일본 나가사키를 방문한 후, 1884년 10월 24일경 부산을 방문했다. 그 후 그는 임지로 돌아가 조선 선교의 필요성을 역설하였다. 그의 활동이 성공회의 첫 선교사 코프Charles John Corfe, 1843~1921, 한국명: 고요한의 내한과 호주 장로교 선교사의 내한에 영향을 주었다. 코프는 조선 방문 후 호주 성공회에 한국에도 선교사를 파송해야 한다는 서신을 보냈는데, 이 편지는 멜버른 교외의 콜필드에 위치한 성메리교회의 메카트니H. B. Macartney 목사에게 전달되었다. 곧 이 편지는 『국내외 선교The Missionary at Home and Abroad』에 발표되었는데, 이 한 통의 편지가 호주 장로교의 선교사 데이비스J. H. Davies가 처음으로 내한하는 데 직접적인 동기가 되었다.

네덜란드선교회와 바젤선교회

이상의 선교 단체 외에도 영국과 스코틀랜드를 비롯하여 독일, 스위스, 네덜란드, 미국 등지에서 여러 선교 단체가 조직되었다.

이중 1797년 창립된 네덜란드선교회Netherlands Missionary Society는 초교파적 선교 단체였으나 칼뱅주의의 영향을 받은 복음주의 단체였다. 이 단체 소속으로 활동했던 이가 개신교 선교사로서 처음으로 내한한 귀츨라프였다. 그는 1823년 이 선교회에 가입하여 네덜란드 로테르담에서 3년간(1823~1826) 선교 훈련을 받았는데, 이 기간 동안 모리슨을 통해 중국에 대한 관심을 갖게 되었고 후일 중국에서 일하게 된다. 1826년 7월 20일, 네덜란드선교회 소속 선교사가 된 그는 곧 바타비아(현재의 자카르타)에 파송되었고, 1828년부터 1831년까지는 방콕에서 일했다.

귀츨라프는 중국에서 모리슨과 활동하던 중 1832년 7월 17일 조선 연안까지 왔는데, 이때 그는 모리슨이 번역한 『신천성서』를 배포한 것으로 보인다. 이처럼 개신교 선교사의 첫 내한은 여러 선교부와 선교사들의 연쇄적인 접촉의 열매였다. 그가 남긴 두 편의 항해기(1833, 1834)는 후에 토머스 목사의 내한에 동기를 제공했다.

1815년에 창립된 스위스의 바젤선교회Basel Mission는 경건주의적 경향을 띠고 있었다. 귀츨라프는 15세 때인 1818년 이 선교회가 발간하던 『바젤 선교지Basler Missionsmagazin』를 접한 이후 선교에 대한 이상을 갖게 되었다고 한다. 또 1900년 10월 내한했던 호주 선교사 겔슨 엥겔Gelson Engel, 1868~1939, 한국명: 왕길지은 인도에서 활동했던 바젤선교회 소속 선교사였다. 엥겔은 1889년 8월 이후 3년간 '바젤선교교육원'에서 교육을 받고 인도의 푸나에서 일했으나 호주 여성 클라라 바스Clara Bath

와 결혼한 이후 호주로 이민하게 되었다. 그리고 1900년에는 한국 선교사로 내한하게 된다. 이렇게 볼 때 엥겔 선교사의 내한은 바젤선교회의 결실이라고 할 수 있다. 그는 부산과 평양에서 38년간 교회 개척, 학교 교육, 성경 번역, 찬송가 편찬 등 여러 분야에서 활동했던 특출한 선교사였다. 오늘날 우리가 말하는 '종교개혁사'를 '교회갱정사敎會更正史'로 번역하고, 루터가 글을 쓰고 작곡한 〈내 주는 강한 성이요Ein feste Burg〉를 번역하여 『신편찬송가』(1935)에 수록되게 한 것도 바로 엥겔이었다.

중국내지선교회

1865년 6월 25일, 영국에서 테일러James Hudson Taylor, 1832~1905에 의해 중국내지선교회CIM, China Inland Mission가 조직되었는데, 이 시기 선교의 중요한 발전이었다. 다른 선교사들이 가기를 꺼려했던 중국 내지內地 선교를 지향한 이 선교회는 창립 과정에서 귀츨라프의 깊은 영향을 받았다. 테일러는 귀츨라프의 용기, 독창성, 모험심, 중국 문화에 대한 적응력, 그리고 선교 방식 등을 전수받았고, 귀츨라프를 중국내지선교회의 '선조'로 여겼을 정도였다. 이 선교회는 조직된 지 20년 만에 중국 모든 성에 선교사를 파송하였고, 1900년 당시 8백여 명의 선교사가 중국 전역에서 활동하고 있었다. 1900년 의화단사건Boxer Rebellion[1] 때

---

1   의화단(義和團)사건이란 1900년 중국 농민들에 의해 일어난 반제애국(反帝愛國) 운동으로서 산동(山東)에서 시작하여 하북(河北), 북경(北京), 천진(天津), 산서(山西), 하남(河南), 내몽고(內蒙古), 동북(東北) 등지로 확산되었다. 이들은 '부청멸양(扶淸滅洋, 청나라를 도와 서양 세력을 물리친다)'의 구호 아래 교회와 선교사를 물리적으로 파괴하고 살상했다. 영국, 미국, 일본, 러시아, 독일, 프랑스, 오스트리아, 이탈리아 등 8개국은 연합군을 구성

중국내지선교회 소속 선교사 58명과 그들의 자녀 28명이 죽음을 당했으나, 그리스도의 용서를 보여 주기 위해 보상금을 거절한 일은 화제가 되기도 했다. 그런데 의화단사건 당시 원산으로 피난해 온 두 여성이 남감리회의 화이트Miss Mary Cutler White와 캐나다 장로교의 매컬리Louise H. McCully였는데, 이들의 발의에 의해 원산에서 부흥이 일어났고, 이 부흥은 1907년의 평양대부흥으로 발전하였다.

1949년 중국 공산주의자들이 권력을 장악한 이후 선교 활동이 제한되었고, 중국내지선교회는 1951년 중국공산당이 선교회 국제본부를 강제 접수한 이후 중국에서 철수했다. 1964년에는 해외선교부OMF, Overseas Missionary Fellowship로 개칭해 오늘에 이르고 있다.

이상에서 살펴본 것처럼 한국 개신교회의 시원, 전파, 발전에는 18세기 이후 근대 선교 운동이 깊이 관련되어 있고, 여러 선교회의 상호 연쇄가 한국 선교와 한국 교회 형성에 큰 영향을 주었다.

2 미국에서의 선교 운동

1880년대 이후 한국에서의 개신교 운동은 미국 교회의 선교 운동과 깊이 관련되어 있다. 미국에서는 1810년 첫 해외 선교 단체가 조직되었고, 1812년 다섯 명의 첫 해외 선교사를 파송한 이래 선교사가 급증하면

하여 중국에 무력으로 대응하였다. 연합군이 북경과 천진을 함락하고 의화단을 진압했다. 자희태후는 광서황제와 소수의 측근들을 데리고 북경에서 서안(西安)으로 탈출하였다. 1901년 9월 청 정부가 연합군에 투항하고, '신축조약(辛丑條約)'을 체결함으로써 사건은 종료되었다.

서 미국이 선교 중심국으로 부상하기 시작한다. 그래서 스티븐 닐은 이제 '유럽의 시대'는 지나갔다고 말한 바 있다.[2]

　　미국에서 1810년 '미국해외선교회ABCFM, American Board of Commissioners for foreign Missions'가 조직된 이후, 1814년에는 미국 교회의 두 번째 해외 선교 단체인 '미국침례교해외선교회'가 조직되었고, 이어 장로교회(1816, 1831), 감리교감독교회(1819), 복음주의루터교회(1837) 등에 의해 선교 단체가 조직되었다. 그러다가 남북전쟁(1861~1865) 당시 선교 활동이 중단된 일이 있으나 곧 재개하였고, 1880년 이후 40년간 미국 교회의 가장 중요한 관심사는 해외 선교였다. 이렇게 시작된 미국 교회의 해외 선교는 1812년 인도에 이어 실론(1816), 근동(1820), 중국(1830), 마두라(1834) 등지로 확대되었고, 1880년대에는 한국에도 선교사를 파송하게 된 것이다. 이 시기 미국의 해외 선교 운동은 한국 선교 운동과 직결된다.

학생자원운동

　　미국 교회의 선교 운동에 커다란 영향을 끼친 것은 학생자원운동 The Student Volunteer Movement이었다. 헤이스택 기도회(1806)에서 헬몬산 집회(1886)에 이르기까지 젊은 학생들이 미국의 해외 선교 운동을 주도했는데, 이 운동이 학생자원운동으로 발전했다. 발단은 1886년 여름, 헬몬산 수양관에서 열린 수련회에서 백여 명의 학생이 "본인은

2　　Stephen Neill, *A History of Christian Missions*(NY: Penguin Books, 1977), 243.

하나님께서 허락하신다면 해외 선교사가 되기로 작정한다I purpose, God willing, to become a foreign missionary"는 프린스턴 서약Princeton pledge에 서명한 일이었다. 이들은 "우리 세대에 세계를 복음화하자The Evangelization of the World in This Generation"라는 슬로건으로 청년들에게 자극을 주었고, 이 운동은 미국과 캐나다, 호주 등 여러 나라 선교 운동에 지대한 영향을 끼쳤다. 그 결과 1891년에는 북미 지역의 350개 교육기관에서 선교 단체가 조직되었고, 선교 자원자는 6,200명, 해외에 선교사로 파송된 인원은 320명에 달했다. 1898년까지 학생자원운동은 839개의 고등교육 기관으로 확산되어 선교사 1,173명이 53개 나라로 파송되었다.[3] 헬몬산 집회 20주년이 되는 1906년까지 2,953명의 자원자들이 약 100개의 선교 단체를 통해 해외 선교지로 파송되었다. 학생자원운동이 시작된 지 50년 만에 약 10만 명의 선교 헌신자가 배출되었고, 이중 2만 5백여 명의 학생이 해외 선교지로 파송되었다. 후에 우리나라에 온 선교사들도 이런 선교 운동의 결실이었다. 이런 점을 고려해 볼 때 '학생자원운동'은 선교 역사의 신기원을 열었으며 한국 선교에도 커다란 영향을 끼쳤다고 할 수 있다.

선교 영역의 변화

미국 교회가 세계 선교 운동에 동참한 이후, 1830년대부터 선교 영역의 변화가 나타났다. 무엇보다도 미국 교회의 기여와 역할, 그리고 영

3　허버트 케인, 『기독교 세계선교사』(서울: 생명의말씀사, 1981), 148; 『세계선교의 오늘과 내일』(서울: 기독교문서선교회, 1994), 104.

향력이 크게 증대되었다. 이 점은 국제사회에서의 미국의 경제력이나 영향력과도 무관하지 않다. 소위 팍스 아메리카나Pax Americana는 선교 영역에도 변화를 가져온 것이다. 그래서 해외 선교사 수에서도 미국이 절대적 우위를 점했다. 표를 보면 미국 교회가 세계 선교의 주도권을 행사하였음을 알 수 있다.[4]

1900년대 미국의 선교사 수와 비율

연도	미국의 선교사 수(개신교)	선교사 총수	미국 선교사 비율(%)
1900	4,000	13,600	29.4
1902	5,000(추정)	18,164	27.5
1911	7,239	21,307	34.0
1925	14,043	29,188	48.1
1936	11,289	27,677	40.8
1952	18,576	35,522	52.3
1956	23,058	34,692	66.5
1958	25,058	38,000	65.0
1960	27,219	42,250	64.4
1969	33,290	46,000(추정)	72.4
1994[5]	44,500	68,500	65.0

• 단위: 명

---

4 Joel A. Carpenter and Wilbert R. Shenk, *Earthen Vessels, American Evangelicals and Foreign Missions, 1880-1980*(Grand Rapids: Eerdmans, 1990), 158.

5 1994년 통계는 허버트 케인, 『세계선교의 오늘과 내일』, 80에서 가져왔다. 이 당시 영국 출신 선교사는 4,200명으로 미국 선교사 수의 10분의 1에 불과했다. 유럽 8,800명, 제3세계 8,000명, 그 밖의 출신이 3,000명이었다.

그동안 영국 출신의 선교사들이 아시아와 아프리카 지역 선교를 석권하고 있었으나 1900년도부터 미국 출신 선교사들의 수가 급증하기 시작하였고 20세기에 이 점은 더욱 분명해졌다. 미국이 세계 선교를 주도하기 시작하면서, 목사 아닌 평신도, 남성 아닌 여성도 선교사로 인정되었고, 교육과 의료 분야 등의 전문인 선교가 강조되었다. 그 결과 선교에서 학교교육과 의료 활동의 중요성이 높아졌고, 한국을 포함한 아시아나 아프리카의 여러 나라 선교에서 학교와 병원이 선교의 중요한 통로로 인식되었다.

3 미국 교회의 한국 선교

한국에서 기독교가 금교禁敎였던 1880년대까지는 주로 만주 지방을 거점으로 유럽 교회 선교사들이 활동했으나, 1880년대 이후에는 주로 미국 선교사들이 기독교를 전파하기 시작했다. 이것은 1876년의 개항과 외국과의 외교 관계의 수립 등 국내외 환경이 변화한 결과라고 할 수 있다. 즉 1882년 5월 22일 '한미수호통상조약'의 체결로 1883년 5월에는 미국 공사관이 설치되었고, 1884년에는 영국, 독일 등과의 조약도 이루어진다.

이런 변화의 길목에서 중국과 일본에서 일하고 있던 미국 선교사들은 한국 선교의 필요성을 강조하였고 본국 교회에 선교사 파송을 호소하기 시작하였다. 당시 일본에 있던 한국인 이수정은 『세계 선교 평론 *The Missionary Review of the World*』 1884년 3월호에 「한국의 실정」이라는 글을 기고하고 한국 선교를 호소했다. 이수정은 1883년 12월 13일자로 요코하마에서 쓴 이 편지에서 조선에서의 종교적 상황을 언급한 후, "나는 지금이 조선에 복음을 전하는 황금기라고 생각합니다. 귀국은 기독교 국가로 우리에게 잘 알려져 있습니다. 그러나 만일 여러분이 우리에게 복음을 전하지 않는다면 나는 다른 민족들이 교사를 보낼 것이라고 우려하는 바입니다"[6]라고 썼다.

　　이 글이 발표된 후 미국 북장로교 해외선교부 총무 엘린우드F. F. Ellinwood도 한국 선교를 호소하기 시작하였다. 그러나 북장로교 해외선교부는 한국이 기독교가 금지된 나라terra incognita라는 점에서 주저하고 있었다. 한편 이수정의 선교사 파송 요청이 「감리교 선교지The Gospel in All Land」에 소개되면서 미국 감리교회도 조선 선교에 관심을 갖게 되었다. 그 이전에 조선 정부는 민영익을 특명전권대사(정사正使)로, 홍영식을 대리공사(부사副使)로 하는 보빙사報聘使라는 이름의 견미사절단을 워싱턴에 파견하였는데, 민영익 일행은 1883년 9월 워싱턴으로 향하는 열차에서 감리교의 가우처John. F. Goucher, 1845~1922와 만나게 된다. 가우처는 견미사절단을 통해 조선에서의 선교 가능성을 확인하고 1883년 11월 6일 감리교 해외선교부의 파울러 감독Bishop C. H. Fowler에게 "은둔의 나라 한국에서도 선교 사역이 시작되기를 바란다"며 2천 달러의 기부금을 보냈다. 후에 그는 3천 달러를 더 기부하며 한국 선교를 강력하게 촉구하였다. 또 그는 일본 주재 선교사 매클레이Robert S. Maclay, 1824~1907에게 서신을 보내 한국 선교의 가능성을 타진하게 했다. 이런 과정에

6　이 편지의 전문은 박용규, 『한국기독교회사 1』(서울: 생명의말씀사, 2004), 322~323을 참고할 것.

내한한 첫 거주 선교사 알렌

서 감리교 선교부는 1884년 10월 의료 선교사인 윌리엄 스크랜턴William B. Scranton, 1856~1922과 그의 어머니 메리 스크랜턴Mary F. Scranton, 1832~1909을 첫 조선 선교사로 임명했고, 곧 아펜젤러H. G. Appenzeller, 1858~1902도 한국으로 파송할 예비 선교사로 받아들였다.

미국 장로교도 한국 선교를 구체적으로 추진하던 중 미국 북장로교 해외선교위원인 맥윌리엄스David W. McWilliams는 1884년 5월 두 사람의 선교사가 1년간 활동할 수 있는 금액 5천 달러를 기증했다. 북장로교 해외선교부는 테네시의과대학을 졸업한 의사 헤론John W. Heron, 1856~1890을 한국에 파송할 첫 선교사로 임명했다. 그런데 헤론의 조선행이 지연되고 있을 때 중국 상해에서 일하고 있던 알렌Horace Newton Allen, 1858~1932이 1884년 9월 17일 부산을 거쳐 20일 제물포로 입국했다. 그가 내한한 첫 거주 선교사였다.

2장

선교사들의 내한과 한국 교회의 형성

1 기독교와의 접촉

미국을 비롯한 캐나다, 호주 혹은 영국에서 선교사들이 내한하기 이전에 한국에 기독교가 선해지지 않은 것은 아니다. 8세기 이전에도 기독교가 전해진 흔적이 보이지만 일반적으로 8세기에 전래된 경교景敎, Nestorianism가 한국에서의 최초의 기독교로 알려져 있다. 635년 중국에 전래된 '경교'는 외래 종교 대박해가 있기까지 약 2백 년간 중국에서 활발하게 전파되었다. 이때가 통일신라시대인데, 이 시기에 경교라는 이름의 기독교가 신라에까지 소개된 것으로 보이지만 이를 확증할 수 있는 문헌 기록이 없다. 그래서 경교의 나대羅代 전래설이라고 말한다.

문헌 기록에 근거하여 볼 때, 천주교가 최초로 전해진 것은 임진왜란 중인 1593년이었다. 이때 스페인의 그레고리오 데 세스페데스

Gregorio de Céspedes가 종군 신부로 내한했는데, 그가 조선에 온 첫 천주교 인물이었다. 그 이후 일본과 중국을 통해 천주교와의 접촉이 이루어졌고, 1784년에는 이승훈의 영세로 한국 천주교가 공식적으로 시작되었다.

개신교와의 접촉은 1830년대부터 시작된다. 물론 그 이전에도 개신교도인 네덜란드의 벨테브레이Jan Weltevree(1627)나 하멜Hendrick Hamel(1653), 영국의 홀Basil Hall(1816) 등이 내한했으나 이들은 선교사는 아니었다. 앞에서 살펴보았듯이 한국에 온 최초의 개신교 선교사는 1832년(순조 32년) 7월 현재의 충청남도 보령시 고대도로 상륙한 독일 루터교 배경의 카를 귀츨라프였다. 그는 중국 선교의 개척자인 모리슨의 한문 성경을 배포하며 한국인과 접촉했고, 주기도문을 우리말로 번역하기도 했다. 그가 한국에 체류한 기간은 약 30일에 불과했으나, 그의 내한은 서구 사회에 조선을 알리는 중요한 계기가 되었다.

그 이후 내한한 개신교 선교사는 토머스 목사였다. 1840년 웨일즈의 회중교회 목사 아들로 출생한 토머스는 1863년 목사 안수를 받고, 그해 12월 중국에 파송되었다. 후에 1865년 선교를 위해 조선에 입국하여 2개월간 은밀하게 체재한 바 있고, 1866년(고종 3년) 미국 상선 제너럴셔먼호를 타고 다시 내한했으나 9월 4일 처형되어 한국에서의 첫 개신교 순교자가 되었다.

보다 본격적인 개신교의 전파는 만주 지방에서 사역하던 스코틀랜드 선교사들에 의해 시도되었다. 스코틀랜드연합장로교회United Presbyterian Church는 1863년부터 북중국과 만주 지방에 선교사를 파송하였는데, 이중 1872년 이래로 만주 우장과 봉천에서 선교하던 로스

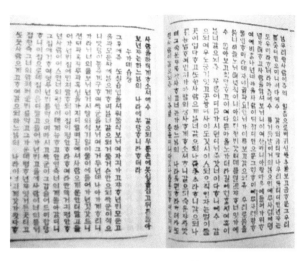

로스와 매킨타이어가 번역한 첫 한국어 성경 「예수성교 누가복음전서」
중 9, 10장

John Ross와 매킨타이어John McIntyre는 조선 선교를 위해 의주 출신 이응찬을 비롯하여 김진기, 백홍준, 이성하 등과 만났고, 이들을 통해 한국어를 습득하게 되었다. 이들 한국 청년들은 신자가 되어 1879년 세례를 받음으로써 한국인 첫 수세자가 되었다. 로스와 매킨타이어는 한국인들의 협조를 받으며 한글 성경 번역에 착수하여, 1882년에는 한국어 첫 성경인 「누가복음」과 「요한복음」이 역간되었다. 1887년에는 신약전서가 『예수성교전서』란 이름으로 출판되었다. 만주에서 한국어 성경이 번역되고 있을 때 일본 동경에서도 이수정을 통해 성경이 번역되고 있었다. 농학 공부를 위해 도일했던 이수정은 기독교 신자가 되었고, 미국성서공회 총무 루미스Henry Loomis의 요청으로 복음서 번역을 시작하여 신약성서 「마태전」, 「마가전」, 「누가전」, 「요한전」, 「사도행전」 등을 번역하였다. 이것이 『현토 한한 신약성서縣吐漢韓新約聖書』였다.

이처럼 한국에서는 외국 선교사들이 공식적으로 입국하기 이전에 세례받은 신자가 생겨나고, 성경 일부가 번역되고, 한국인에 의한 토착 교회가 설립되었다. 이것은 아시아나 아프리카 어떤 나라에서도 유례가 없는 특별한 일이었다.

2 선교사들의 내한

1장에서 살펴보았듯이 1880년대 이전까지 조선에서 기독교는 '금지된 종교'였다. 그러나 1876년의 개항과 1882년 한미수호통상조약의 체결 이후 미국과의 외교 관계가 수립되었고, 1883년 5월에는 미국 공사관이 설치되었다. 1884년에는 영국, 독일 등과의 수교가 이루어져 선교사들의 공식적인 내한이 가능해졌고, 적극적으로 기독교가 전파되기 시작한다.

감리교 선교사 아펜젤러

장로교와 감리교 선교사들의 내한을 살펴보면, 1884년 9월에는 알렌 의사가 입국하였고, 1885년 4월 5일에는 언더우드H. G. Underwood, 1859~1916, 한국명: 원두우와 아펜젤러가, 5월 1일에는 북감리회의 스크랜턴이, 6월 21일에는 북장로교의 헤론 의사가 입국한다. 초기 한국에서 선교 사역을 시작한 교회는 미국의 북장로교(1884), 북감리회(1885), 호주 빅토리

언더우드 선교사의 순회 전도 모습

아장로교(1889), 침례교(1889), 성공회(1890), 미국 남장로교(1892), 미국 남감리교(1896), 캐나다 장로교회(1898) 등이었다. 장로교와 감리교 외에도 미국 침례교 계통의 엘라싱기념선교회Ella Thing Memorial Mission는 폴링E. C. Pauling, 가들라인A. Gardeline 등을 파송하였으나 1900년 사역을 중단하였다. 그러나 이 선교회의 사업은 1889년 캐나다 출신 펜윅Fenwick에게 이양되었다. 펜윅은 1906년 '대한기독교회'라는 독자적인 교회 조직을 갖추었는데, 후일 이 조직은 '동아기독교東亞基督敎'로 개칭되었고, 해방 후 침례교회의 모체가 되었다.

성결교는, 카우만Charles E. Cowman과 킬보른Ernest A. Kilbourne에 의해 창립된 동양선교회東洋宣敎會. Oriental Missionary Society에서 교육받은 김상준, 정빈이 1907년 동양선교회 복음전도관을 설립한 것이 시작이었다. 구세군은 1908년 10월 1일 호가드R. Hoggard의 내한으로 시작되었다. 그 외에도 여러 교파가 한국에서 선교 사업을 개시하였고 각 교파의 선교사들이 입국하게 된다. 이때부터 해방 전까지 내한한 선교사

1884~1984년 교파별 내한 선교사 통계

교파(선교부)		선교사 수(명)	비율(%)
장로교	미국 북장로교	316	21.5
	미국 남장로교	178	12.0
	캐나다 장로교	80	5.4
	호주 장로교	78	5.3
감리교	북감리회	247	16.8
	남감리회	180	12.2
구세군		122	8.3
성공회		73	4.9
성결교		25	1.7
안식교		28	1.9
기타		147	10.0
총계		1,474	100.0

• 출처: Allen D. Clark, *Protestant Missionaries in Korea, 1893~1983*(Seoul: CLS, 1987); G. T. Brown, *Mission to Korea*(Richmond: Board of World Mission PCUS, 1962), 239~245; *Prayer Calendar and Directory of Protestant Missions in Korea.*

를 선교부별로 보면 표와 같다.

표에서 볼 수 있듯이 해방 전 내한 선교사 중, 교파적으로는 장로교 선교사가 652명으로, 전체 선교사의 44.2퍼센트에 해당하고, 국적별로 는 미국 선교사가 1,059명으로 69.3퍼센트에 달한다.[7] 미국 교회가 한 국 선교를 주도하되 장로교회가 주도적인 교파였음을 보여 준다. 이 점은 미국 선교사들이 한말 혹은 개항기 한반도를 둘러싼 국제 질서, 한미 관계의 형성, 미국의 대한 정책, 독립운동, 혹은 미국적 가치의 전수에도 직간접적으로 영향을 끼쳤음을 보여 준다. 그뿐만 아니라 선교사들이 남긴 각종 보고서나 서신, 영상 자료 등의 기록물은 미국을 비롯한 외부인들의 한국 인식에 지대한 영향을 끼쳤다.[8] 이런 점에서 내한 선교사들은 한미 관계의 가교자bridge builder 역할을 감당했고, 선교사들의 전도 교육, 의료 활동, 서구 문화의 전파는 근대 한국의 형성에도 적지 않은 영향을 주었다고 할 수 있다. 이런 점에서 미국만이 아니라 서구 문화적 배경에서 온 선교사들은 본인의 의사와 상관없이 직간접적으로 문화전수자Kulturträger의 역할을 했다고 구스타프 바르네크Gustav Warneck는 지적한 바 있다. 선교사들은 한국에서만이 아니라 아시아, 아프리카의 여러 나라에서 제국주의의 첨병으로 기능하거나 서구적 가치를 전파함으로써, 토착 문화 혹은 전통문화의 붕괴나 해체disintegrating agent의 기능을 행사했다는 비판도 없지 않다. 이런 비판은 대체로 민족주의 혹은 문화민족주의에 근거하고 있다는 추상 또한 설득력이 있다.

피선교국의 교회는 선교국의 한계(신학, 예전, 전통, 특성 등)를 극복하기 어렵다. 이런 점에서 19세기 말 미국 장로교회가 한국 선교를 주도하였다고 말할 때, 한국 교회는 미국 교회로부터 크게 네 가지 영향을 받은 것으로 보인다. 첫째는 성경에 대한 문자적 강조, 곧 성경 문자주의

7   김승태·박혜진, 『내한 선교사 총람』(서울: 한국기독교역사연구소, 1994), 2.

8   이 점에 대해서는 류대영이 깊이 연구한 바 있다. 류대영, 『초기미국선교사 연구』(서울: 한국기독교역사연구소, 2001); 『개화기 조선과 미국선교사』(서울: 한국기독교역사연구소, 2004).

Biblicism다. 이는 문자적 엄격성이 강조되었다는 것이다. 둘째는 유럽 교회의 전통에 비해 신조信條(신앙의 조목 또는 교의)나 신앙고백(그 믿는 바를 일정한 형식의 문서로 표명한 문서), 그리고 성례전(성찬식과 세례식)에 대해 상대적으로 무관심했다는 점이다. 미국 교회는 종교개혁 이후 유럽인들의 이주로 형성된 피선교지 교회였으므로 16~17세기 유럽의 개혁교회가 경험했던 것과 같이 로마가톨릭과의 교리적인 대립이 많지 않았기 때문이다. 세 번째는 부흥주의Revivalism라고 할 수 있다. 초기 내한 선교사들이 대각성 운동 이후 부흥 운동의 영향을 받았기 때문인데, 부흥주의는 감성적 측면과 개인적 신앙을 강조하는 경향이 있다. 네 번째는 복음주의다. 절대다수의 내한 선교사들이 19세기 이후 국제적인 복음주의 학생운동의 영향을 받았던 복음주의자들이었기 때문이다.

3 한국 교회의 조직과 신학 교육

비록 한국인들이 만주와 일본에서 선교사와 접촉하고 세례를 받고 교인이 되어 성경 번역에 동참하게 되지만, 한국에서의 교회의 조직은 주한駐韓 선교부와 깊이 관련된다. 장로교회의 경우, 미국 북장로교, 호주 빅토리아장로교, 미국 남장로교, 캐나다 장로교회가 선교사를 파송했는데, 이들 네 개 선교부는 상호 합의하에 선교 지역을 분담했다. 그 결과 여러 곳에 교회가 설립되었다. 1883년에 황해도 소래교회가 설립된 데 이어 서울의 새문안교회, 남대문교회, 승동교회, 연동교회 등이 1880년대 중반에 설립되었고, 1890년대 초에는 평양의 장대현교회, 부산의 부산진교회, 초량교회 등 도처에 교회가 설립되었다. 그래서 1893년 19개,

1894년 12개, 1895년 18개, 1896년 25개, 1897년 33개, 1898년 19개, 1899년 19개, 1900년 46개 교회가 설립되었다.

또 그동안 선교부 간의 협의체인 '연합공의회'(1889), '선교공의회'(1893), '장로교공의회'(1901) 등 예비 조직이 있었으나 1907년 9월 17일에는 한국에서의 첫 노회(목사와 장로 대표들로 구성되는 지역별 모임)인 '독노회獨老會'가 조직되었다. 당시 장로교회에 속한 교회는 750개 처에 달했고, 신자는 75,968명, 세례 교인은 18,061명이었다고 보고되고 있다. 또 목사 선교사는 49명, 한국인 장로는 47명에 달했다. 노회의 조직과 함께 「12개 신조」가 채택되었고, 「웨스트민스터 소교리문답Westminster Shorter Catechism」도 교회가 마땅히 가르쳐야 할 문답서로 채택되었다. 또 이때 평양의 장로회신학교 제1회 졸업생 7인이 목사 안수를 받았다. 감리교는 1901년에 김기범과 김창식을 '집사 목사'로 안수한 바 있으나, 장로교회는 1907년 첫 목사를 배출한 것이다. 1912년 9월 2일에는 평양에서 일곱 노회가 파송한 목사 96명(한국인 목사 52명, 선교사 44명)과 장로 125명 등 221명이 모여 '조선야소교장로회총회朝鮮耶蘇敎長老會總會'를 조직했는데, 이것은 전국 규모의 장로교 조직체였다. 당시 총회에는 노회 7개, 당회가 조직된 교회 134개, 당회가 조직되지 않은 교회 1,920개가 속해 있었고, 구성원을 살펴보면 한국인 목사 69명, 외국인(선교사) 목사 77명, 장로 225명, 세례 교인 53,008명, 학습 교인 26,400명, 총신자수 127,228명이었다.

한국 교회의 신학 교육은 1901년 장로회신학교의 설립과 함께 시작되는데 신학 교육 역시 미국 선교사들이 주도하였다. 다른 교파의 경우에도 동일했다. 1924년 로버트Stacy L. Robert, 한국명: 라부열 박사가 제2대 교장으로 취임하기 이전까지는 그레이엄 리Graham Lee, 한국명: 이길함, 스월른William L. Swallen, 한국명: 소안론, 베어드William B. Baird, 한국명: 배위량, 클라크Charles A. Clark, 한국명: 곽안련 등 매코믹신학교 출신들이 신학 교육을 주도하였다. 한국인들의 신학 연구는 1930년대 이후 나타난다. 한국인들이 신학 교육에 참여하게 되는 것은 1927년 이후인데, 1927년에 남궁혁, 1928년에 이성휘가 평양신학교 교수가 되었고, 박형룡은 1930년부터 교수로 참여하게 된다. 평양신학교 교지 형식으로 발행되었던 『신학지남神學指南』은 1918년 창간되지만 1930년 이전에는 선교사들이 주된 집필진이었다. 이처럼 미국 교회는 한국 교회 형성기에 신학과 교회 생활 전반에 영향을 끼쳤다.

4 초기 선교 정책과 교육, 의료 활동

내한한 초기 선교사들의 가장 일반적인 선교 방법은 순회巡廻 전도였다. 순행巡行 전도라고도 불린 이 전도 방식은 중국내지선교회의 테일러의 방식이기도 했다. 선교 지역을 방문하여 매서賣書 활동, 즉 기독교 문서 판매 활동을 통해 전도하는 방식이었다. 이것은 초기 한국 선교의 가장 효과적인 방법이었다. 이 결과 대도시뿐만 아니라 중소 지역에도 기독교가 확산되었다.

1890년대 이후에는 소위 '네비우스 정책Nevius plan'을 수용했는데, 이 정책은 영국교회선교회 총무였던 헨리 벤Henry Venn이 제창했던 토착 교회 설립론에 근거한 것이었다. '자립自立', '자전自傳', '자치自治'의 3자원리를 중심으로 한 이 정책은 한국의 토착 교회 형성에 영향을 주었다.

1893년에 조직된 장로교와 감리교 선교사들 간의 연합체인 '선교사 공의회'는 인적, 재정적 낭비를 막고, 효과적으로 전도하기 위해 선교 지역 분담 정책을 채택했는데, 이것은 보통 '예양 협정禮讓協定, Comity arrangement'으로 불린다. 이 협정에 따라 6개의 장로교와 감리교 선교부는 선교 지역을 분담했다. 이 분담 정책이 교회 성장에 긍정적인 영향을 주었으나, 후일 교회의 분열에 원인遠因을 제공했다는 주장도 있다.

한국에 왔던 선교사들은 주로 전도, 교육, 의료, 구제 등 네 분야에서 활동했는데, 이 선교 방책은 19세기 이래로 아시아, 아프리카 등 제3세계에서 유효한 선교 방법이었다. 특히 한국에서 선교했던 거의 모든 선교부는 각종 선교 학교mission school를 세워 학교교육을 시행했는데, 1909년 당시 한국에는 950여 개의 기독교 학교가 있었다. 이중 장로교계가 605개교로 63.7퍼센트, 감리교계가 200개교로 21퍼센트에 달했다. 통계의 차이가 있지만 1910년 일제가 조선을 병탄할 당시 조선총독부는 전국에 300여 개의 기독교 학교, 약 3만 명의 학생이 있었던 것으로 파악했다. 한국에서 기독교 학교는 공교육 개념을 심어 주었고, 여성도 교육 받을 권리가 있음을 일깨워 주었다.

선교부는 학교의 설립과 더불어 시약소施藥所와 진료소, 그리고 병원을 설립했다. 1913년까지 전국에 3개의 진료소를 포함하여 33개의 선교 병원이 설립되었는데, 장로교 병원이 17개로 52퍼센트에 해당했다. 북장로교 선교부는 강계, 선천, 평양, 제령, 서울, 청주, 안동, 대구, 부산에, 남장로교는 군산, 전주, 목포, 광주, 순천에 병원을 설립하고 의료 활동을 했다. 캐나다 장로교는 성진과 함흥에 병원을, 원산과 회령에 시약

호주 장로교회에서 1913년에 설립한 경남 최초의 신식 병원 진주 배돈병원 전경

소를 두고 있었다. 호주 장로교회는 진주에서 병원을, 통영에서 시약소를 운영했다. 그 외에도 장로교는 부산, 대구, 광주에 나병 환자들을 위한 의료 시설을 운영하기도 했다.

선교부의 교육 및 의료 활동은 한국 기독교의 큰 공헌으로 간주된다. 즉 기독교 선교를 통해 근대 교육과 서양 문물이 소개되었고, 특히 의료 활동은 한국 의학의 발전에 지대한 영향을 끼쳤다. 또 교육과 의료 활동은 한국 사회의 구습을 개혁하는 계기가 되었는데, 예를 들어 신분 계급의 타파, 여권 신장과 여성 교육, 술·담배·아편의 금지, 미신 타파, 혼례·장례의 개혁 등 여러 분야에 영향을 끼쳤다.

5 교회 부흥과 민족주의

1884년 첫 거주 선교사였던 알렌의 입국 이후 첫 10년 동안은 '고투의 기간years of struggles'이었으나 1900년대 이후에는 교회가 조직화되었고, 신학과 예전 등의 정비도 이루어졌다. 특히 주목할 사실은 1894~1895년의 청일전쟁 이후 한국 교회가 처음으로 수적 성장을 이루었다는 것이다. 서양 기술을 수용한 일본이 청일전쟁에서 승리하자 한국에서 자강自强 민족의식이 싹텄고, 기독교를 통해 서구와 접촉할 수 있다는 기대가 생겼기 때문이다. 국가적 위기라는 정치적 환경에서 기독교를 수용하여 이를 타계하고자 했던 한국인의 집단의식을 호주의 역사가 케네스 웰스Kenneth M. Wells는 '자강 민족주의self-reconstruction nationalism'라고 불렀다.

1903년에는 원산을 시작으로 영적 각성과 부흥이 일어났다. 감리교의 하디Dr. Robert Hardie 선교사의 회개로부터 시작된 부흥의 불길은 1904년과 1906년에도 반복되었다. 그러다가 1907년 1월에는 평양 장대현교회에서 대부흥으로 발전하여 한국 교회와 사회에 지대한 영향을 끼쳤다. 이 대부흥은 약 6개월간 전국적으로 일어났는데, 그해에 장로교는 1만 6천 명의 새 신자를 얻었고, 감리교는 1만 명의 새 신자를 얻었다. 다른 기록에 의하면 평양을 중심으로 약 3만 명의 개종자가 생겨났다고 한다. 그런가 하면 1907년에는 학습, 세례 교인이 9만 명이었으나, 1908년에는 이 부흥의 결과로 15만 명으로 늘어났다는 보고도 있다. 이 당시 부흥을 주도하였던 인물은 하디, 저다인J. L. Jerdine 외에도 그레이엄 리, 번하이젤Charles F. Bernheisel, 블레어William Blair, 헌트William Hunt 등과 한국인 길선주, 김찬성 등이었다. 이때의 부흥은 교파적으로 볼 때 감리교에서 시작해 장로교로 발전하였다. 이 부흥 기간 중에 한국 교회의 고유한 신앙 행위인 새벽 기도(새벽에 모여 기도하는 모임), 통성기도(공동으로 소리 내어 하는 기도), 날연보day offering(날을 정하여 드리는 봉사), 사경회查經

會(성경을 공부하는 모임) 운동이 시작되었다. 이 부흥의 불길은 1909년 '백만인구령운동百萬人救靈運動', 곧 백 만 명의 신자를 확보하자는 전도 운동으로 발전하였다.

당시 한국의 기독교는 인접한 중국이나 일본과는 비교할 수 없을 정도로 급성장했다. 외래 종교에 배타적이었던 전례와는 달리 기독교의 수용은 급진적이었다. 이것은 기독교 전래 당시 조선의 정치적 상황이나 사회적 배경과 깊이 관련된다. 흔히 한국 교회가 성장한 이유를 선교정책설, 정치사회적 환경론, 한국인의 종교적 심성론心性論 등으로 설명해 왔지만, 당시 일제의 지배하에 있던 한국의 정치 환경에서 유래한 민족주의가 큰 영향을 끼쳤다는 해석이 설득력 있다.

다른 아시아나 아프리카의 나라와는 달리 한국은 기독교 국가가 아닌 일본의 식민 통치를 받았다. 이 사실은 교회 성장의 원인을 규명하는 데 중요한 의미를 지닌다. 기독교 국가의 지배를 받았던 나라에서의 민족운동은 대체로 반反기독교적이었다. 대표적인 경우가 3백여 년간 네덜란드의 지배를 받았던 인도네시아였다. 인도네시아에서 민족운동은 두 가지 성격, 곧 반외국자본 운동과 반기독교 운동의 성격을 띠고 있었고, 이것이 기독교 복음화의 걸림돌이 되었으나, 한국의 경우는 그 반대였다. 반기독교적인 일본의 지배를 받은 한국은 인접한 강대국들(일본, 소련, 중국 등)의 침략 야욕 앞에서 기독교를 통로로 자강의지를 키우지 않으면 안 되었다. 말하자면 한국인은, 기독교를 통해 근대성을 인식하기 시작한 것이다. 이런 상황에서 기독교는 환영을 받았고, 한국에서의 민족주의는 친기독교적인 성격을 띠게 되었다. 그래서 한국에서는 기독교와 민족주의가 상호 배타적으로 흐르지 않고 '기독교적 민족주의

Christian nationalism를 형성하게 된 것이다. 이런 특수한 현상을 김세윤은 "기독교와 민족주의의 결혼"이라고 불렀다.[9]

---

9 Seyoon Kim, "Christianity and Culture in Korea: Nationalism, Dialogue, Indigenization and Contextualization", *ACTS Theological Journal*, Vol. 2(1986. 3), 32.

3장

일제강점기의 교회

1 일제의 조선 침략

일제는 1910년 8월 29일 조선을 강점하여 그들의 식민지로 만들었다. 그로부터 한국은 제2차 세계대전의 종식과 함께 1945년 8월 15일 해방되기까지 35년간 일제의 지배를 받았다. 일제의 한국 침략은 소위 운요호 사건(1875, 고종 12년)으로 일본에 문호를 개방했던 1876년 이래 계속되었다. 1876년 2월 27일 일본 대표 이노우에黑田淸隆와 조선 대표 신헌 사이에 체결된 전문 12조의 조일수호조약(강화도조약, 병자수호조약)은 "조선은 자주국으로 일본과 평등권을 갖는다"(1조)고 명시함으로써 청淸의 세력을 배제하고, 조선 진출의 길을 열었다. 이로부터 일제의 조선 침략 계획은 구체화되어 갔다. 즉 1882년 일본 세력의 조선 진출에 대한 반일 감정의 표출이었던 임오군란을 계기로 일본은 제물포조약을 체결하고 일본군의 조선 주둔권을 획득하였다. 1894년에는 청일전쟁을 통해 조선 침략에 방해가 되는 청을 제거하고, 러일전쟁(1904~1905)을 통해 러시아 세력을 물리치고 러일강화조약(포츠머스조약)을 체결함으로써 조선에 대한 독점적 지배권을 강화했다. 1905년 11월 17일에는 을사조약을 강제로 체결해 조선 외교권을 강탈했고, 1906년 2월에는 통감부를 설치해 조선의 행정권, 사법권, 경찰권을 차례로 탈취하였다. 1907년에는 조선의 군대를 해산시켜 국방력을 마비시키고, 이준 열사의 헤이그 밀사 사건의 책임을 묻는 형식으로 고종을 폐위시켰다. 이와 같은 일련의 과정을 거쳐 1910년 8월에는 '합방合邦'이란 이름으로 한국을 강점하였다. 1392년 이성계에 의해 시작된 조선왕조는 27대 순종을 끝으로 518년간의 역사를 마감하게 된다.

일제강점기는 일제의 한반도 지배 정책에 따라, 흔히 헌병 경찰 통치기(무단 통치기, 1910~1919), 문화 통치기(1919~1931), 민족 말살기(1931~1945)로 구분하는데, 이런 과정에서 한국에 체류하는 일본인 수도 크게 증가했다. 1876년 당시 54명에 불과했으나, 1884년 말에는 4,356명으로 증가했고, 1889년 5,589명, 1890년 7,245명, 1891년 9,021명, 1895년 12,303명, 1900년 15,829명, 1905년 42,460명, 1910년 171,543명으로 증가했다. 1910년 1월 당시 체한 일본인 수는 10만 9천 명에 달했다.[10]

1910년 일본이 한국을 병탄한 후 통감부는 총독부로 승격되었고, 제3대 통감 데라우치 마사타케寺內正毅는 10월 1일 초대 총독으로 취임했

---

10 다카사키 소지, 『식민지 조선의 일본인들』(역사비평사, 2006), 16, 38, 57, 99.

다. 곧 그는 집회취체령을 공포하여 모든 사회단체를 해산시키고, 치안유지를 빙자해 경찰과 헌병대를 일원화한 조선주차헌병조례朝鮮駐箚憲兵條例를 발표하여(1911년 9월 12일) 일본 헌병을 증원하고 경찰 업무를 수행하도록 조치했다. 제1대 조선주차헌병 사령관으로 아카시 모토지로明石元二郎가 임명되었다. 총칼에 의한 무단 정치가 시작된 것이다. 1910년 12월 3일, 총독부는 제령 제10호로 '범죄즉결법'을 공포하였다. 피의자의 진술과 경찰서장의 인증만으로 즉결 처형할 수 있는 법이었다. 이로써 뒷날 105인 사건과 그 후 모든 탄압 징치에서 드러난 깃처럼 고문으로 얻는 자백만으로도 유죄를 인정할 수 있는 근거를 마련한 것이다.

그뿐만 아니라 언론기관을 폐지하고, 1910년 11월부터 전국의 각도 군 경찰서를 동원하여 1911년 12월까지 우리나라의 역사와 지리를 다루거나 기타 민족정신을 고취하는 서적들을 압수하고 20여만 권의 사서史書를 불살랐다. 그리고는 식민사관에 입각하여 1915년 7월부터 『조선반도사朝鮮半島史』 편찬 사업을 시작하여 아시아사의 한 부분인 조선의 역사를 반도사로 국한시키고, 일제의 조선 침략을 정당화했다. 1911년에는 '조선교육령'을 발표하여 식민지 지배에 필요한 일본어 교육을 강화하고 조선인에게는 정당한 교육의 기회를 제한하였다. 민족운동은 철저히 탄압되었다. 1938년 11월 29일부터 조선에서 조선어 사용이 금지되었고, 1939년 11월에는 제령 19호로 조선민사령朝鮮民事令을 개정하여 조선인의 성명제姓名制를 폐지하고 일본식 이름으로 바꾸도록 창씨개명을 강요했다. 이른바 황민화 정책이었다. 이와 같은 상황에서 기독교에 대한 탄압이 이루어졌다.

2 조선총독부의 기독교 정책

일제 통치 기간 중 기독교는 가장 강력한 종교였다. 기독교는 일제가 조선을 통치하기 시작한 1910년 이래 한국 사회와 국가, 그리고 민족 운동과 독립운동에 상당한 영향력을 행사했다. 그래서 조선총독부는 처음부터 한국 기독교와 우호적인 관계를 맺어 조선 통치에 이용하든지 아니면 한국 기독교를 탄압하여 그 영향력을 약화시키든지 양자택일을 할 수밖에 없었다. 초대 통감이었던 이토 히로부미伊藤博文는 외국인 선교사를 우대하고 회유하여 대외 선전에 이용하고, 교회나 YMCA에 많은 금액을 기부하여 의식 있는 사람들이나 청년들이 많이 모여 있는 기독교회의 반일 운동을 약화시키려고 노력하였다.[11] 3대 통감을 거친 후 조선총독부 초대 총독이 된 불교 신자 데라우치는 기독교를 혐오하고 적대시하면서 냉혹한 무단정치를 강행하기 시작했다.

당시 한국의 기독교회는 무시 못 할 전국적인 조직이었다. 조선총독부는 1910년 당시 조선의 기독교회를 20만 명의 신도와 300개 이상의 학교, 3만 명이 넘는 학생, 1,900여 개의 집회소, 270여 명의 외국인 선교사, 2,300여 명의 조선인 교직자를 거느린 무시할 수 없는 집단으로 이해하고 있었다.[12] 그 밖에도 교회는 많은 병원과 자선 기관을 운영하

---

11 韓晳曦, 『日本の朝鮮支配と宗教政策史』(東京: 未來社, 1980), 89; 강재언 외, 『식민지시대 한국의 사회와 저항』(백산서당, 1983), 299.

12 『조선총독부 통계연보, 명치 43년』(조선총독부, 1912), 668~669; 강재언 외(1983), 300에서 재인용.

고 있었다. 기독교회는 신앙이라는 견고한 유대로 결합되어 있었고, 외국인 선교를 통해 세계 여론과 연결되어 있었다. 특히 서구적 가치와 윤리를 통해 한국 사회의 변혁을 주도하고 있었다. 미신의 타파, 구습의 폐지, 여권 신장, 가정관의 변화, 관혼상제의 변화를 가져왔고, 한글 보급, 서양 음악이나 스포츠의 전파, 계몽운동, 민주 의식 함양 등 사회 개혁을 이끌었다. 또 기독교회는 민족 독립운동에도 직간접적으로 관련되어 있었다. 이 당시 교회에는 국권, 민권의 회복을 열망하는 사람들이 많이 모였으므로 "조선 국기인 태극기기 가장 많이 게양되는 곳은 교회와 기독교인의 집"이라고 보고될 정도로 교회의 민족주의적 색채가 농후했다. 1909~1910년의 백만인구령운동은 한국 독립을 위한 기독교세 확산 운동으로 이해될 정도였다.

이런 상황에서 조선총독부는 한국 통치 시작부터 기독교에 대해 한편으로는 회유, 한편으로는 탄압 정책을 고수하였으나 궁극적으로는 기독교세를 약화시켜 친일적 기독교, 곧 황도주의皇道主義 기독교로 변질시키는 것이 목적이었다. 이런 목적으로 일본은 일본의 어용 기독교라고 할 수 있는 조합교회組合敎會의 조선 선교를 기획하고 지원했다. 1909년 4월 일본조합교회는 에비나 단조海老名彈正와 와다세渡瀨常吉를 한국에 파송하여 일본 정부의 지원하에 선교 활동을 전개하였고, 1910년에는 일본조합교회 26차 연차 대회에서 한국 선교를 결의했다. 1911년에는 서울의 한양교회, 평양의 기성교회 등 독자적인 교회를 설립하면서 기존의 교회를 영입하고자 했다. 이들에 따르면 성도들은 "하나님의 자녀인 동시에 천황의 신민"이었고, 조선인을 "충성스럽고 선량한 일본 국민으로 교화하는 것도 전도"였다. 그 결과 1912년에는 전국의 16개 교회가 조합교회에 가입하였고, 1913년부터 1917년까지 5년 동안 조합교회의 목사는 22명에서 98명으로, 교회 수는 45개에서 143개로, 신자는 3,600명에서 12,670명으로 증가했다.[13] 1919년에는 150개 교회, 80여 명의 교직자, 1만 4,400여 명의 교인을 거느리게 되었으나[14] 3.1운동 이후인 1921년에는 7개 교회, 3명의 교직자, 636명의 교인으로 급격하게 줄어들었다.[15] 여기에 한국인은 단 한 사람도 없었다. 이후 조합교회 활동은 사실상 중단되었고, 1921년 조합교회는 조선에서 철수했다. 이처럼 한국 기독교는 일제하에 탄압을 받았고, 1931년 이후에는 일본의 전쟁 정책과 더불어 말 그대로 형극의 길을 가야 했다.

3 교회와 기독교 학교에 대한 탄압

일제의 기독교 탄압은 1910년 이후 일관되게 추진되었는데, 몇 가지 사례를 소개하고자 한다. 일제는 타 지역에 비해 민도民度가 높았을 뿐만 아니라 기독교 지도자들의 영향력이 컸던 평안북도의 선천, 정주와 평양, 그리고 황해도의 안악 지방을 소위 3대 관찰 지구로 지정하고 이 지역 기독교를 탄압했다. 대표적인 사건이 1909년의 '해서교육총회海西教育總會' 사건이었다. 안악 사건으로도 불리는 이 사건의 배후에는 독립운동에 관여하는 기독교인들을 탄압하려는 의도가 깔려 있었다. 일제의

---

13 이와사키 타카시,「한국강제병합과 일본교회」,『부경교회사연구』35(2012. 1.), 79.

14 韓晳曦·飯沼二郎,『日本帝國主義下の朝鮮傳道』(東京: 日本基督教團出版局, 1985), 112.

15 김영재,『한국교회사』(합신대학원 출판부, 2009), 21.

재판장으로 끌려가는 105인 사건 관련자들

기독교 탄압의 시작이었다.

105인 사건 또한 빼놓을 수 없다. 이 사건은 서북 지방을 중심으로 하는 한국 기독교의 민족운동 혹은 독립운동 노력을 차단하기 위한 음모였다. 일제는 기독교회를 탄압할 목적으로 신민회 간부와 강규찬, 안태국, 양전백, 옥관빈, 이승훈, 정익로 등의 기독교 지도자, 교육자를 포함한 600~700여 명의 민족 지도자를 검거하여 고문을 자행하였고, 감리교의 전덕기 목사와 김근형, 정희순 등은 고문으로 세상을 떠났다. 1912년 5월 122명이 기소되었는데, 이중 105명이 유죄판결을 받았으나, 이 사건은 조작된 것이라는 사실이 후일 확인되었다. 이 사건과 관련하여 반일 인사로 지목된 이승만은 미국으로 출국하였고, 김규식은 몽골로, 안창호는 미국으로 망명하여 결과적으로 항일, 민족운동이 해외로 확산되었다. 이승만의 『한국교회의 핍박』은 바로 105인 사건에 대한 기록이다.

또 일제는 각종 법률을 제정하여 한국과 한국 교회를 통제하고, 신앙의 자유를 제한하였는데, 1910년부터 총독의 명령, 곧 제령制令이 법률적 효력을 가짐으로써 그것이 그 후 중추적인 법 제도를 형성하였다. 일제는 통감부 시대 법의 대부분을 계승하였고, 한국 민중의 항일 저항운동을 규제하기 위한 '보안법'(1907), '경찰범처벌령'(1908), '범죄즉결령'(1909), '조선형사령'(1912) 등을 선포하여 조선인 탄압법으로 악용했다. 또 '포교규칙'은 기독교회에 대한 통제법이었다. 1915년 8월 16일 공포된 '포교규칙'은 한국 교회의 종교 활동까지 통제하려는 의도에서 제정되었다. 이 법안은 일본에서는 종교계의 반발로 제정되지 못했으나 식민지 한국에서는 제령 83호로 공포되었다. 이 법은 3.1운동 이후 선교사들의 요구로 1920년 4월 7일 '개정포교규칙'이란 이름으로 개정되었으나 실질적으로는 이전과 크게 다르지 않았다. 이 법에 따라 교회별 신도 수, 신도 수의 증감을 매년 신고하도록 했고, 각종 교회 집회와 설교를 감시하고 통제했다.

1908년 8월에 공포된 '조선사립학교령'은 기독교 교육을 법적으로 제한하고 고사시키려는 정책이었다. 충성스럽고 선량한 신민을 양성하고, 한국인의 '시세時勢와 민도에 맞는' 교육을 실시하는 것이 식민지 교육의 근본 원리였다. 조선총독부는 '조선교육령' 공포 직후인 1911년 10월 '사립학교규칙'을 공포하여 기독교 학교를 통제하고자 했다. 이런 조치로 1910년 5월 당시 학부대신의 인가를 얻은 사립학교는 총 2,250개에 달했는데, '조선교육령'과 '사립학교규칙'이 공포된 1911년에는 1,467개로 감소했고, 이전에 746개였던 기독교계 학교는 1911년 473개로 감소했다.[16] 이 '사립학교규칙'은 1915년 3월 24일 개정되어 '개정사립학교규칙'으로 발표되었다. 식민지 교육을 더욱 강화하는 방향으로 개정되었는데, 각 사립학교의 교과과정을 철저히 규제하는 것을 골자로 했다. 성경이나 한국 역사를 가르칠 수 없게 하려는 조치였다. 이른바 교육과 종교의 분리 정책이었다. 1922년 2월에는 제2차 '조선교육령'을 발표하여 대학 설립을 허용하는 것처럼 가장하고 일본어 교육을 강화하였다. 미나미 지로南次郎가 총독으로 부임한 후 1938년 3월에는 제3차 '조선교육령'을 개정·발표하였다. 조선어 사용이 금지되고, 조선어 교과목은 정과正果에서 수의과隨意科로, 곧 선택 과목으로 구분되었고, 기독교 학교에서 성경을 기르치는 일이 금지되었다. 이처럼 일제는 학교교육을 통해서도 한국 교회의 무력화를 시도했다.

4 3.1운동과 기독교의 참여

1919년의 3.1운동은 직접적으로 교회가 중심이 되어 일어난 운동은 아니지만 이 운동에 교회가 끼친 영향은 지대하였다. 3.1운동에 참여한 인구는 당시 전체 인구의 10퍼센트인 2백만 명 정도로 간주되는데, 전국 220개 군 가운데 212개 군에서 만세시위운동이 일어났다. 당시 한국 인구는 약 2천만 명으로 추산되는데, 이중 기독교인은 25~30만 명이었다.[17] 곧 기독교 신자는 전체 인구의 1~1.5퍼센트에 지나지 않았으나 이

---

16 F. A. McKenzie, *Korea's Fight for Freedom*(NY: Fleming H. Revell, 1920), 214.

17 1919년 당시 일본이 파악한 한국의 교회 수는 3,166개, 포교자 수는 2,386명, 선교사 수는 279명, 교인 수는 279,435명이었다. 『朝鮮の統治と基督教』(1922. 1.); 韓晳曦, 飯沼二郞, 『日本帝國主義下の朝鮮傳道』(東京: 日本基督教團出版局, 1985), 113.

들은 3.1운동의 준비 단계에서 선언문의 배포와 군중 동원에 이르기까지 중요한 역할을 감당하였다. 국사편찬위원회가 발행한 『일제침략하 한국 36년사』에서는 3.1운동 참가자의 종교별 통계를 제시하고 있는데, 개신교 22퍼센트, 천도교 15퍼센트, 기타 종교 2퍼센트, 무종교 61퍼센트였다. 이 점은 기독교 신자들이 3.1운동을 주도했음을 보여 준다. 민족 대표 33인 중에서도 천도교도는 15명, 불교도는 2명이었으나, 기독교인이 16명이었는데, 당시 기독교 인구의 비율을 고려하면 이 점 또한 교회가 민족의 지도적 위치에 있었음을 반영하고 있다. 3.1운동에서 기독교계의 역할과 영향이 컸기 때문에 교회에 대한 일제의 탄압 또한 심했다. 조선 총독부가 1919년 5월에 발표한 피해 총계에 의하면 이때 파괴된 교회당이 41개였다. 1919년 4월 말까지 투옥된 기독교인은 2,120명으로, 유교, 불교, 천도교도의 총수 1,556명보다 훨씬 많은 숫자였다. 또 1919년 9월 장로교 총회에 보고된 자료에 의하면, 체포된 신자가 3,804명, 체포된 목사나 장로는 134명, 기독교 관계 지도자는 202명이었다. 미국기독교연합회 동양문제연구회가 펴낸 「한국의 상황The Korean Situation」에 의하면 1919년 3월 1일부터 7월 20일까지 한국에서 631명이 피살되었고 28,934명이 체포되었다.

3.1운동 당시 일제의 만행을 보여 주는 대표적인 사례는 경기도 화성군에 위치한 세임리감리교회 학

제암리교회 학살 사건의 참상을 세상에 알린 스코필드

살 사건이었다. 1919년 4월 15일 일경은 교회당에 교인들을 감금한 채 방화하고 총검으로 28명을 학살했다. 이 사건의 참상은 캐나다 출신 세 브란스의전 교수 스코필드F. W. Scofield에 의해 알려지게 되었다.

비록 3.1운동이 독립 쟁취로 이어지지는 못했으나 이를 계기로 자주독립사상이 고취되고 독립 투쟁이 해외로 확산되었으며, 그 결과로 상해에 대한민국임시정부가 수립되었다. 3.1운동에서 볼 수 있듯이 한국 기독교는 민족 공동체의 현실에도 무관심하지 않았다. 따라서 3.1운동 이후 기독교회에 대한 탄압이 보다 구체화되었다.

5 신사참배 강요와 저항

일제하에서 기독교회에 대한 가장 큰 탄압은 신사참배 강요였다. 일제는 1925년 신사 제도의 총본산인 조선신궁을 서울 남산에 건립한 이래로 도처에 신사神社(규모가 큰 신도 의식을 행하는 대도시의 종교 시설), 神祠(규모가 작은 신도 의식을 행하는 소도시의 종교 시설)를 건립했다. 또 전국의 모든 면에 신사를 설립하는 것을 목표로 일면일신사주의一面一神社主義를 강행하였다(다음 표 참고). 1935년부터는 기독교 학교에 참배를 강요하였고, 1936년부터는 교회와 교회 기관에도 참배를 강요하여 한국의 기독교인들이 수난의 길에 접어들어야 했다. 신사참배 강요는 전쟁 정책을 위한 '국민정신 총동원 운동'의 일환이었다. 내선일체, 황민화 정책은 더욱 강조되었다. 신사참배 강요에 저항하여 미국 남장로교 선교부는 즉각적인 학교 폐쇄를 결정했다. 그래서 광주의 숭일중학, 수피아여중, 목포의 영흥중학, 정명여중, 순천의 매산학교, 전주의 신흥학교, 기전여학

연도별 신사 건립 현황

수 \ 연도	1923	1924	1925	1926	1927	1928	1929	1930	1931	1932	1933	1934
신사神社 수	40	41	42	43	43	47	49	49	51	51	51	52
신사神祠 수	77	103	108	107	129	152	177	182	186	199	215	240

수 \ 연도	1935	1936	1937	1938	1939	1940	1941	1942	1943	1944	1945
신사神社 수	52	54	57	58	61	61	62	63	--	--	79
신사神祠 수	272	293	307	325	497	641	776	828	859	939	1062

• 출처: 『조선총독부요람』(1925)과 해당 연도 『통계 연보』

교, 군산의 영명학교 등은 폐교되었다. 호주 장로교 선교부도 약간의 이견이 없지 않았으나 절대다수가 신사참배를 반대하였다.

대체적으로 학교 운영이나 교육에 종사하는 선교사들은 신사참배 강요에 대해 보다 수용적이었다. 그러나 맥라렌Charles McLaren, 한국명: 마라연, 테이트M. G. Tate, 한국명: 태매시 등은 강경한 신사참배 반대론자였다. 1936년 2월에는 원로 선교사인 매켄지J. N. Mackenzie, 한국명: 매견시의 '어떤 명예로운 방법'을 강구하라는 충고를 받아들여 신사에 가서 '묵도'는 하되 '참배'는 하지 않는다고 결정했으나, 1938년 6월 이후 강경하게 돌아서서 신사참배를 거부하고 학교 폐쇄를 선택했다.

미국 북장로교 선교부는 이 문제에 대해 분명한 입장을 정리하지 못하고 오랫동안 고심했다. 학교교육에 종사하는 이들이 신사참배를 수용하더라도 교육을 포기할 수 없다고 주장했기 때문이다. 대표적인 인물이 연희전문학교 교장 언더우드H. H. Underwood, 한국명: 원한경였다. 북장로교는 논란 끝에 남장로교의 영향을 받아 결국에는 학교 폐쇄를 결정하게 된다. 서울의 경신학교, 정신학교, 대구의 계성학교, 신명학교, 평양의 숭실학교, 숭의학교, 재령의 명신학교, 선천의 신성중학교, 보성학교, 강계의 영실학교 등이 폐교를 결정했다.

반면에 캐나다 연합교회 선교부는 신사참배를 일제가 말하는 국민의례로 보고 수용했다. 그래서 학교교육을 계속할 수 있었다. 평양의 장로교 신학 교육 기관이던 조선예수교장로회신학교는 1938년 1학기를 끝으로 자진 폐교를 선택했다.

기독교계 학교에서 시작된 신사참배 강요는 교회와 교회 기관으로 확대되었는데, 신사참배 강요가 평안남도 지사 야스다케 타다오安武直夫의 부임으로 발화되었다면, 조선총독 미나미 지로의 부임으로 방화되었다고 할 수 있다. 관동군 사령관 출신인 미나미는 15년 전쟁 기간 동안 최전선에서 지휘하고 1936년 8월 제7대 조선총독으로 취임했다. 철저한 군국주의자였던 그는 1937년 7월 중일전쟁 이후, 9월 6일을 애국일로 정하고 일본 국기 게양, 동방요배東方遙拜(동쪽을 향해 허리 굽혀 절한다는 의미로 일본 천황에게 절하는 의식), 신사참배를 요구하였고, 10월에는 황국신민서사를 제정하였다. 12월에는 천황의 사진을 학교와 기관에 배부하고 경배를 요구했다. 1938년 2월에는 전쟁 수행을 위한 특별지원제(징병제)를 실시하고 3월에는 조선교육령을 개정하여 조선어 사용을 금지시켰다.

이와 같은 일련의 강압 통치 과정에서 교회에 대한 탄압이 가중되었다. 신사참배는 모든 기독교인이 수용하든지 거부해야 하는 양자택일의 문제가 되었다. 천주교와 감리교, 구세군, 성공회 등은 일제의 압력에 굴복했다. 장로교는 처음에는 신사참배를 강하게 반대했으나 강요가 심해지자 점점 반대 의지가 약화되어 갔다. 일제의 용의주도한 전략에 따

1938년 9월 10일 평양신사에 참배하는 조선예수교장로회 대표들

라 장로교도 비록 강압 때문이라 할지라도 신사참배를 결의하게 되었다. 즉 1938년 9월 10일 평양 서문밖교회에서 개최된 장로교 제27차 총회에서 신사참배안이 가결되었다. 신사참배는 '종교'의 문제가 아니라 '국민의례'라는 명목이었다. 사회자인 총회장 홍택기 목사가 신사참배안에 대하여 '가可'는 물었으나 '부좀'는 묻지 않은 채 가결을 선포했기 때문에 부당한 가결이었다. 선교사 블레어와 그의 사위 헌트Bruce F. Hunt 등이 항의했으나 가결을 번복하지는 못했다. 삼엄한 상황에서 신사참배에 대한 성명서가 발표되었다.

> 아등我等[우리]은 신사는 종교가 아니오, 기독교 교리에 위반하지 않는 본의를 이해하고 신사참배가 애국적 국가 의식임을 자각하며, 이에 신사참배를 솔선 여행하고 추히 국민정신 총동원에 참가하여 비상시국하에서 총후銃後[후방에 있는] 황국신민으로 적성赤誠 [마음에서 우러나오는 참된 정성]을 다하기로 기期함.
> — 소화 13년 9월 10인, 조선예수교장로회 총회장 홍택기

신사참배 강요에 불복해 투옥된 손양원 목사

신사참배가 가결되자 평양 기독교친목회 심익현 목사가 즉시 실행할 것을 요청했고 김길창 부총회장의 인솔로 23명의 총회 임원이 평양신사에 참배하였다. 이것은 한국 교회의 굴욕이었다. 당시(1938년 6월) 한국의 장로교회는 3천3백여 개에 달했다.

1938년 장로교 총회가 신사참배를 가결했으나 전국에서 신사참배 반대 운동이 일어났다. 반대자들은 구금되었고, 1940년 9월 20일 새벽 네 시를 기해 전국의 신사참배 거부자들은 '일제 검거'란 이름으로 체포되었다.[18] 기독교인들 중 신사참배 반대로 2천여 명 이상이 투옥되었고,[19] 주기철, 이현속, 최상림 등 40여 명은 옥중에서 순교했다. 마지막까지 수감되어 있던 26명은 해방과 함께 출옥했다. 평양감옥에서 출옥한 이들은 고흥봉, 김화준, 방계성, 서정환, 손명복, 오윤선, 이기선, 이인제, 조수옥, 주남선, 최덕지, 한상동, 김린희, 김형락, 박신근, 안이숙, 양대록, 이광록, 장두휘, 채정민 등이었다. 김영숙, 염애나는 부산형무소에서, 김두석, 김야모, 이술연은 대구형무소에서, 손양원은 광주형무소에서 각각 석방되었다.

---

18 「매일신보」 1188(1940. 9. 22.) 3면.

19 「신한민보」 1711(1940. 12. 19.) 사실에서는 투옥된 사람을 4천 명으로 간주하고 있다.

4장

광복과 교회의 분열

1 친일 청산의 좌절

1945년 8월, 제2차 세계대전의 종식과 함께 우리는 광복을 맞았고 신앙의 자유를 누리게 되었다. 나라를 되찾은 한국 교회에 주어진 중요한 과제는 일제 잔재를 청산하고 교회를 쇄신하는 일이었다. 이것은 역사의 당위이자 한국 교회에 주어진 숙제였다. 국가적으로도 친일파를 제거하고 식민 잔재를 청산하는 일은 역사의 당위였다. 그러나 우리 민족과 교회, 그 어느 쪽도 친일 세력을 제거하거나 잠재우지 못했고 이런 상황은 그 이후 한국 사회와 교회에 부정적인 영향을 끼쳤다. 즉 신앙 정기를 회복하지 못한 교회는 쇄신을 이루지 못했고, 이것은 교회 분열의 원인原因이자 한국 교회 혼란의 원인遠因이 되었다.

해방 후 친일 인사들은 미군정에 의해 관리로 등용되었고, 1948년

정부 수립 후에도 친일 전력 인사들은 제거되지 못했다. 서중석의 분석에 따르면, 1960년 1월 말 당시 열한 명의 국무위원 중 독립운동가 출신은 한 사람도 없었고 모두가 일제 때 군수, 판사 등의 공직자였거나 군에 있었던 사람들이다.[20] 그 결과 부일 협력자들이 해방 이후 정치, 경제, 문화를 주도하는 이른바 파워 엘리트층이 되었다. 이런 점에서 김학준은 "친일 세력이 분단 체제의 고정화에 기여했고, 또 분단 체제는 친일 세력의 기득권을 보호, 신장시켜 주는 역할을 수행했다"고 진단했다.[21]

교회의 상황도 이와 비슷했다. 교회 쇄신에 대한 평신도들의 열화 같은 요구가 있었으나 친일 전력 인사들은 신속한 변신을 통해 교권을 장악하고 자신의 기득권을 유지하려고 했다. 따라서 교회 쇄신의 요구는 좌절되었다. 여기서 말하는 교회 쇄신이란 일차적으로 영적인 회개와 자숙을 의미한다. 광복 후 친일 혹은 부일 기독교 지도자들을 제거하지 못한 것은 한국 교회의 혼란과 분열의 근본적 원인이었고, 또 정치권력과도 정당한 관계를 맺지 못한 원인이 된다.

1945년 이후 세 지역에서 교회 재건이 시도되었다. 평양에서의 교회 쇄신 운동의 중심 인물은 출옥 성도 이기선, 채정민 목사였다. 1945년 9월 4일 산정현교회에서 평양노회가 임시 노회를 개최했을 때 이들의 주도하에 3일간 금식하고 기도하며 신사참배의 죄를 회개하는 집회가 마련되었다. 그해 9월 20일에 이들은 "교회의 지도자[목사, 장로]들은 모

---

20 송건호, 『한국민족주의론』 2권(창비, 1983), 238.

21 김학준, 『한국민족주의의 통일논리』(집문당, 1983), 98.

두 신사에 참배하였으므로 권징權懲[착한 일을 권장하고 악한 일을 징계함]의 길을 취하여 통회 정화痛悔淨化[잘못을 뉘우치고 깨끗하게 함]한 후 교역에 나아갈 것" 등의 교회 쇄신을 위한 기본 원칙을 발표했다. 그러나 이 쇄신 안은 친일 전력 인사들의 강한 반대에 직면했다. 1945년 11월 14일부터 일주일간 평북노회가 주최한 '평북 6노회 교역자 퇴수회'가 평안북도 선천의 월곡동교회에서 열렸을 때 이기선 목사와 만주 봉천의 박형룡 박사가 강사로 초빙되었다. 이 모임에서 박형룡은 다섯 가지 교회 쇄신 원칙을 발표했으나 신사참배 가결 당시 총회장이었던 홍택기 목사 등은 쇄신 원칙이 독선적이라며 강력하게 반발했다. "옥중에서 고생한 사람이나 교회를 지키기 위해 옥 밖에서 고생한 사람이나 그 고생은 마찬가지였고, 교회를 버리고 해외로 도피 생활을 했거나 혹은 은퇴 생활을 한 사람의 수고보다는 교회를 등에 지고 일제의 강요에 어쩔 수 없이 굴복한 사람의 수고가 더 높이 평가되어야 한다"는 논리였다. 그리고 신사참배 회개의 문제는 하나님과의 직접적인 관계에서 해결될 성질의 것이라고 주장했다. 박형룡은 교회 지도자들의 태도가 구태의연하고 회개의 빛이 없음을 보고 실망한 나머지 다시 만주 봉천으로 돌아갔다.

이런 상황에서 이기선 목사 등은 1945년 9월 20일 발표했던 한국 교회 재건 원칙을 실행하는 교회들, 곧 평양 산정현교회를 비롯하여 선천, 신의주, 강계 등 평안북도와 황해도 등지의 30여 교회를 규합하여 별도로 독노회를 조직했다. 이 독노회를 '혁신복구파革新復舊派'라고 불렀다. 이상과 같은 북한에서의 교회 재건과 교회 쇄신을 위한 시도는 김일성 정권의 수립으로 좌절되었고, 북한에서의 기독교는 오늘까지 지하 교회 형태로 남아 있다.

서울에서도 교회 재건 운동이 일어났으나 그것은 영적 쇄신이 아니라 일제하에 와해된 교회 조직을 재건하는 것에 지나지 않았다. 심지어 장로교의 김관식, 김영주, 송창근 목사 등은 일제가 강압으로 한국의 모든 종파를 통합하여 조직했던 '일본기독교 조선교단'의 존속을 시도했다. 그러나 감리교의 변홍규, 박연서, 이규갑 목사 등의 반대로 무산되었다. 장로교의 배은희, 함태영 목사 등은 1946년 6월 11~14일 서울 승동교회에서 대한예수교장로회 남부총회를 조직하였다. 분단으로 인한 남한 지역 교회들만의 총회였기에 '남부총회'라고 불렀다. 이 '남부총회'는 1947년 4월 '총회'로 개편되었다. 이처럼 일제에 의해 해산되었던 교회 조직은 재건되었으나 총회를 주도했던 이들은 친일 성향의 인물들이었다.

교회 쇄신 운동이 적극적으로 일어난 지역은 부산, 경남 지방, 곧 경남노회 지역이었다. 이 지방에서의 교회 쇄신 운동도 친일 인사들의 저항에 직면하였다. 1945년 9월 18일에는, 1942년 5월 25일 해산되었던 경남노회를 재건하는 '경남재건노회'가 조직되었다. 이때 일제하에 범한 죄과에 대한 자숙안이 상정되었는데, 이때부터 친일 전력의 교회 주도권을 장악하려는 이들, 곧 교권주의자들과 교회 쇄신론자들이 대립하였다. 그러나 교권주의자들이 노회의 주도권을 장악함으로써 자숙안은 실행되지 못했다. 이때부터 진정한 의미의 쇄신을 주장하는 이들과 교권주의자 간의 대립이 심화되었다. 이런 대립의 와중에 교회의 지지를 받지 못한 친일 인사 김길창 목사와 그를 지지하는 권남선, 김영환, 배성근, 손순열, 윤술용, 지수왕 목사 등 7인은 1949년 3월 8일, 부산항서교회에서 기존의 경남노회를 이탈하여 별도의 '경남노회'를 조직하였다. 이것은 경남 지방에서 일어난 대수롭지 않은 사건으로 보일지 모르나

이것이 한국 장로교회의 분열의 시작이었다. 분명한 사실은 한국 장로 교회의 첫 분열은 교권주의자들의 기득권 유지를 위한 자구책의 결과였 다는 점이다. 김길창 목사가 중심이 되어 총회의 허락 없이 사적으로 별 도의 경남노회를 조직하자(이를 사조私組노회라고 부른다) 본래의 경남노회 를 '경남법통노회慶南法統老會'라고 부르게 된다.

2 1950년대 교회의 분열과 연합을 위한 시도

1950년대 한국 사회는 정치적으로나 사회적으로 혼란기였다. 해방 후 5년이 경과했으나 그 이전 시대의 민족 문제와 한반도를 둘러싸고 있 는 열강들의 대립은 1950년대 한국의 정치, 사회적 상황에 영향을 주고 있었다. 해방 후 남북한 간의 첨예한 대립과 이 시대의 냉전 체제는 민족 상잔의 원인이 되었고, 이 전화戰禍는 민족의 고난과 아픔의 실체였다.

이런 와중에 신사참배 문제, 신학적 문제, 교권적 대립 혹은 교회 지 도자들 간의 갈등은 장로교회의 분열을 초래했다. 신사참배 행위에 대 한 회개와 자숙을 주창한 주남선, 한상동 목사는 1946년 9월 부산에서 과거 평양신학교의 정신을 계승하는 '고려신학교'를 설립했다. 이들은 고려신학교를 교회 쇄신 운동의 신학적 거점으로 삼았다. 그러나 부일 협력자들의 방해로 성공을 거두지 못했고, 교회 쇄신론자들이 1951년 5월 장로교총회로부터 축출됨으로써 한국 장로교회의 첫 분열이 일어 났다. 총회로부터 축출된 이약신, 주남선, 한상동 등은 1952년 9월 11일 진주 성남교회에서 별도의 치리회를 구성했는데, 이것이 대한예수교 장 로회 고신총회의 출발이었다. 고신교회(단)는 ① 자유주의 신학에 대한 반대와 개혁주의 신학의 확립, ② 신사참배 반대와 저항 정신의 계승, ③ 교회 쇄신을 통한 생활의 순결을 그 이념으로 제시했다.

1953년에는 한국 장로교회의 두 번째 분열이 일어났다. 신학적 문제로 총회로부터 제명된 김재준 목사는 경기노회 중심의 지지자들을 규합하여 1953년 6월 10일 기존의 장로교 총회를 떠나 별도의 총회를 개최해 '기독교장로회(기장)'를 세운 것이다. 보수적인 한상동과 진보적인 김재준이 독립했으므로 평화가 올 것으로 기대했으나 한국 장로교회는 1959년 다시 분열했다. 표면적으로는 장로회신학교 박형룡 교장의 신학교 건축 기금 3천만 환 사기 피해 사건에 대한 책임 문제, 세계교회협의회WCC, World Council of Churches에의 참여 문제, 그리고 경기노회 총대 선출 문제가 그 원인이었다. 그러나 교회 내의 두 지도자 박형룡, 한경직 목사를 수장으로 하는 인적 대립이 중요한 원인이었다. 결국 총회는 '승동 측'과 '연동 측'으로 분열되었다. 이것이 제3차 분열이었다. 장로교회는 1912년 총회를 구성한 이래 분열되지 않는 하나의 교회로 남아 있었으나 1952년 이후 세 차례의 분열을 통해 4개 교단으로 분화된 것이다.

분열된 이후 통합을 위한 시도도 없지 않았다. 1959년 장로교회가 승동과 연동 측으로 분열되자, 1952년에 분리된 고신 측은 승동 측과 교

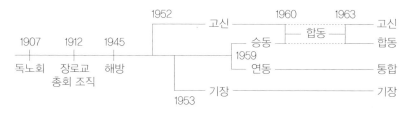

한국 장로교회의 분열과 연합

단 합동을 위한 대화를 시작했다. 1960년 9월 양 교단은 각기 통합을 위한 위원회를 구성하였고 약 3개월간의 대화 끝에 1960년 12월 13일 합동총회를 개최하였다. 고신과 승동 측은 '합동'이라는 이름으로 통합된 것이다. 합동을 기념하여 출판된 찬송집이 『새 찬송가』였다. 그러나 합동 교단 형성 이후 불과 3년이 못 되어 고신이 환원을 선언하고 합동 측으로부터 재분리되었다.

1959년 분리된 합동 측과 연동 측도 1962년과 1968년 재통합을 시도했으나 이 또한 무위로 끝났다. 연동 측은 후에 통합 측으로 불리게 되었다. 결과적으로 한국 장로교회는 4개 교단으로 분리되어 고신은 고려신학교(고신대학교)를, 합동은 총회신학교(총신대학교)를, 통합은 장로회신학교(장로회신학대학교)를, 기장은 조선신학교(한신대학교)를 중심으로 각각 신학 교육을 시행하며 목회자를 양성하고 있다. 분열의 중심에는 비슷한 시기에 태어난 네 명의 지도자, 곧 고신의 한상동1901~1976, 기장의 김재준1901~1987, 합동의 박형룡1897~1978, 통합의 한경직1902~2000 목사가 좌정하고 있었다는 점을 부인할 수 없다.

3 한국 교회와 사회, 6.25전쟁

1950년대 한국 교회는 교회와 국가 간의 관계에 대한 균형 잡힌 이해가 부족하였다. 특히 이승만 정권에 무조건적인 지지와 찬사를 보내면서 교회의 예언자적 기능을 상실했고, 국가권력과 교회의 바른 관계를 정립하지 못했다. 북한에서의 공산 정권의 수립, 남북 간의 이념적 대결은 결국 6.25전쟁으로 치달았다. 이런 맥락에서 남한에서는 반공 이데올로기가 심화되었고, 기독교는 반공 이데올로기 형성의 중심에 서 있었다. 한편으로는 해방 후 반공 사상의 형성에 기독교가 기여했다는 평가도 있지만, 다른 한편으로는 이것이 기독교 신앙의 이데올로기화라는 비판도 상당하다. 남한에서의 공산주의에 대한 불신과 거부는 상대적으로 자본주의에 대한 과신으로 이어져 자본주의의 문제와 약점을 정당하게 비판하지 못하는 결과를 초래했다는 지적도 제기되었다. 앞에서 기술하였지만 이런 와중에 교회 지도자 간의 대립이 교회의 분열을 초래한 점은 가슴 아픈 역사로 남아 있다. 1950년대의 한국전쟁과 사회적 혼란, 경제적인 어려움, 그리고 기성 교회의 대립과 분열 속에서 이단이 출현하여 교회에 많은 해를 끼쳤다.

분단은 민족의 비극이었다. 그 비극의 아픔은 6.25전쟁으로 극에 달했고 그 상흔은 치유되지 못한 채 오늘까지 계속되고 있다. 독일의 사회학자 울리히 벡은 현대의 재난은 두 가지 특징이 있는데, 첫째는 재난의 책임 소재가 불분명하다는 것이고, 둘째는 그 재난의 범위가 무한정한 것이라고 했다. 6.25전쟁이야말로 바로 이런 성격의 재난이었다. 남침을 감행한 김일성 정권에게 가장 큰 책임이 있지만 냉전 체제, 이데올로기의 대립으로 인한 남북한의 대결은 국제 정치 질서의 희생의 결과였다. 3년 1개월에 걸친 6.25전쟁으로 북한에서는 당시 인구의 28.4퍼센트인 272만 명이 죽거나 난민이 되었고, 남한에서는 133만 명이 사망했다. 또 브루스 커밍스에 의하면 100만 명 이상의 중국인이 목숨을 잃었다. 미군의 사망자와 행방불명자는 6만 3천 명에 달했다. 이 전쟁 중 월남한 인구는 40~60만 명이다. 이들을 포함해 500만 명의 전재민과 1천만 명의 이산가족이 발생하였다. 즉 전쟁으로 400만 명이 목숨을 잃었고 행방불명자가 30만 명, 전쟁미망인이 20만 명, 전쟁고아는 10만 명에 달했다. 피난민은 240만 명이었고, 북한에 의해 납치된 인사는 8만 4,500명에 달했다. 전쟁은 처참했다.

전쟁 기간 중 교회가 입은 피해도 엄청났다. 장로교회의 경우 467개 교회가 파괴되었고 완전 소실된 교회는 152개에 달했다. 감리교의 경우 155개 교회가 파괴되었고 84개 교회가 완전히 소실되었다. 성결교회는 79개 교회가 파손되었고 27개 교회는 완전히 소실된 것으로 보고되고 있으나[22] 실제로 그 피해는 더 컸다. 이 동란 중 장로교 지도자 177명, 감리교 44명, 성결교 11명 등 교회 지도자들이 납치되어 그들의 생사에 대해서는 지금까지도 알려져 있지 않다.

전란 중에서 북한에서는 교회 지도자들을 투옥하거나 처형시켰고 교회를 탄압하였다. 김익두 목사가 처형되었고 조희염, 정일선 목사 등 20여 명도 원산에서 학살당했다. 또 신석구 목사를 비롯하여 10여 명의 목사가 피살되었다. 살아남아 있던 기독교 신자들은 1.4 후퇴 때 남하하였기 때문에, 결국 한국전쟁을 거치면서 북한에서 기독교는 완전히 자취를 감추게 되었고 오늘날까지 침묵의 교회로 남아 있다. 현재 평양에 봉수교회와 칠곡교회가 세워져 있고, 때로 공개적인 집회를 하고 있지만 진정한 교회로 보기에는 여러 가지 의문점이 많다.

교회가 물리적으로 파괴되는 가운데 교회 내부에서 일어난 갈등과 대립, 그리고 분열은 혼란을 가중시켰고, 신자들은 새로운 소망을 갈망하였다. 이런 사회적 혼란과 무질서는 이단의 출현을 재촉했다. 문선명

---

22 민경배, 『대한예수교 성 노회 백년사』 (대한예수교장로회총회, 1984), 544.

의 통일교, 박태선의 전도관 등 이단이 일어났고, 나운몽 집단과 같은 불건전한 주관적 신비 운동, 탈역사적 은둔주의 신앙이 발호하여 한국 교회의 혼란이 가중되었다.

한국전쟁 기간 중 한 가지 특기할 사항은 피난지 부산에서 대규모 기도 운동과 회개 운동이 일어났다는 점이다. 수도 서울이 함락되자 대구와 경상남도의 일부 지역을 제외한 전 국토가 공산당의 수중에 들어갔고 임시 수도 부산에는 각처로부터의 피난민이 몰려들었다. 부산은 전국 각지에서 밀어닥친 피난민들의 유일한 도피처였고 신자들에게는 소위 '의義의 피난처'였다. 절박한 현실에서 초량교회, 부산중앙교회, 부산진교회, 광복교회 등에 피난 온 신자들이 모여 구국 금식 기도회를 열고 민족의 장래를 위해 기도하는 운동이 전개되었다. 특별한 조직은 없었으나 이 기도 운동은 꾸준히 이어졌고, 9월 15일 시작된 인천상륙작전이 성공하고, 28일 서울을 탈환했을 때 성도들의 기도의 응답이라고 여겼다.

한국전쟁은 군목軍牧(군대에 소속된 종군목사) 제도가 시작되는 동기를 제공하였다. 앞에서 언급한 것처럼 국가가 존망의 위기에 처해 있을 때 교회 지도자들의 기도 운동이 일어났는데, 이 기도 운동과 함께 군에서의 목회 혹은 정훈 활동의 필요성을 인식한 교회 지도자들이 군목 제도를 발의했다. 이 군목 제도의 시행은 "한국 역사상 유례가 없는 선교의 전환점이 되었다"고 평가되고 있다. 당시 권연호 목사가 이승만 대통령에게 건의하여 1952년 육군의 문관 자격으로 군목이 근무하기 시작했지만 1954년에는 육군에서 군목을 장교로 임관하고 독립된 병과兵科로 인정함으로써 이 제도가 확립되었다. 이보다 앞서 전쟁 직후 지송암, 김영환 두 목사가 육군 제3병원에서 전도할 때 이 병원의 원장이었던 정희섭 대령이 이들 두 목사에게 '종군목사'라는 직함을 준 일이 있는데 이들이 흔히 첫 군목으로 일컬어지고 있다.

한국전쟁은 결과적으로 미국을 중심으로 한 외국 기독교 단체의 구호 활동을 진작시켰고, 한국 교회와 기독교인들로 하여금 구제, 자선 등 사회사업에 관심을 기울이도록 했다. 기독교세계봉사회, 국제선교협의회, 기독교국제연합위원회 등의 기관이 한국에 대한 원조를 개시하였다. 이들 단체 외에도 특히 전쟁고아를 위한 여러 기독교 단체가 한국에서 구호 활동을 시작하였는데, 기독교아동복지회, 메노나이트중앙위원회, 선명회, 컴패션, 홀트아동복지회 등이 대표적인 기관이었다. 재세례파의 일파인 메노나이트교회는 한국에서 전쟁이 발발하자 전쟁미망인이나 고아, 극빈자 등 도움을 필요로 하는 이들을 위해 1951년 대구와 경산에 구호 기관과 기숙학교를 설립하고 1971년까지 구호 활동, 기술교육, 직업훈련, 그리고 농촌 지도 활동을 전개하였다.

또 한국 교회와 기독교 인사들에 의해 많은 고아원이 설립되었는데 이 고아원들은 극히 일부를 제외하고는 외국 구호 기관의 전적인 지원으로 운영되었다. 1953년 7월 휴전 당시 고아들을 위한 시설은 440여 개였고 수용된 아동은 53,964명에 달했다.[23] 이 기관들의 구호, 자선사업으로 많은 아동과 부녀자의 생계와 주거 문제가 해결되었고, 그들에게 새로운 삶의 소망이 생겼다. 기독교의 박애 정신을 실천한 사례로 높이 평가할 만하다.

---

23 김영재, 『한국교회사』(이레서원, 2004), 269.

5장

1960년대와 1970년대의 교회

1 정치권력과 교회

광복 후와 1950년대 한국 교회는 정치권력과 교회의 바른 관계에 대한 이해가 부족했다. 그 뚜렷한 실상이 이승만 정권에 대한 교회의 무조건적 지지였다. 정치권력에 대한 교회의 태도 혹은 정치권력과 교회의 정당한 관계가 무엇인가 하는 점은 1950년대와 1960년대, 그리고 그 이후 오늘에 이르기까지 한국 교회의 중요한 이슈가 되고 있다. 1950년대 정치권력에 대한 반성적 성찰은 1960년대 정치 현실에 대한 새로운 인식을 낳게 된다. 그 계기가 1960년의 4.19혁명이었다. 4.19혁명은 우리 사회의 민주의식 혹은 정치의식의 발전일 뿐만 아니라 교회의 사회 참여에 실로 커다란 변화를 가져왔다. 기독교계는 이승만 재임 중에는 정권에 맹목적인 지지를 보냈으나 4.19 이후 정치 현실을 보다 객관적으로 인식하기 시작하였다. 1961년 5.16군사정변이 일어났을 때도 기독교계는 처음에는 권력 지향적인 모습을 보여 주기도 했다. 혁명이 일어난 지 10일 후 '한국교회협의회NCC'는 박정희 장군과 군사쿠데타를 지지하는 성명을 발표하였다. 즉 쿠데타는 부정과 부패뿐만 아니라 공산주의 침략으로부터 국가를 살리기 위한 불가피한 조치였으며 한국민은 군사정부에 협조해야 한다는 내용이었다. 쿠데타가 일어난 지 35일 후인 6월 21일, 한경직, 김활란은 기독교를 대표하여 미국을 방문하고 군사정부를 지지해 줄 것을 요청하기까지 했다. 그러나 이런 경험을 통해 교회는 어느 정도 거리를 두고 사회 현실을 조망하기 시작한다.

이때까지는 보수나 진보의 구분선이 분명치 않았다. 그러나 박정희 정권의 출현과 함께 정치권력에 대한 교회의 입장은 신학적 성향에 따라 선명하게 구분되기 시작했다. 즉 보수적 성향의 교회나 그 지도자는 개인 구원을 강조하고, 정교 분리에 따라서 정치적인 문제나 사회구조의 문제에 무관심했다. 반대로 진보적 교회는 사회구조의 개혁 및 변혁을 우선시하고 정치, 사회문제에 관심을 갖고 행동하기 시작했다. 결국 1960년대를 거치면서 보수 측과 진보 측은 정치권력과의 관계에 대한 상호 간의 견해차를 보이기 시작하였다. 이와 같은 신학의 양극화 현상은 그 이후의 역사에서 더욱 분명해졌다. 특히 1970년대를 거치면서 보수와 진보의 경계선이 보다 분명히 나타나기 시작했다.

2 교회 성장 제일주의

1960년 이후 한국 교회의 가장 중요한 관심사는 교회 성장이었다.

'성장growth'이라는 단어는 이 시대의 제왕帝王이었고, 교회 성장은 이 시대의 최대의 관심사였다. 이것은 박정희 정부의 경제정책과 무관하지 않다. 1961년 군사쿠데타로 권력을 잡은 박정희 정권은 경제성장을 국가 지표로 삼았다. 이것은 군사쿠데타의 당위성을 위한 명분으로 제시되었고, 국민들에게는 기근과 굶주림으로부터 벗어나려는 생존 의지로 인식되었다. 그래서 성장지상주의는 국민적 소망과 정권의 의지가 담긴, 그리고 현실적 힘을 가진 살아 있는 가치 체계였다. 소위 '잘살아보세' 철학은 1960년대 이후 다른 가치 체계와의 충돌 없이 제일의적第一義的 과제로 추구되었다. 그 결과 한국 경제가 크게 발전한 것이 사실이다. 1966년과 1970년 사이 개발도상국으로 분류된 59개 국가 중에서 한국은 경제성장률 1위, 수출 신장률 1위, 제조업 고용 증가율 2위를 차지하였다.

이러한 상황에서 한국 교회는 스스로도 의식하지 못하는 가운데 성장지상주의 이데올로기에 매몰되어 갔다. 성장은 교회의 최고의 가치이자 최고선最高善이었다. 1970년대 교회의 양적 성장 추구가 이 시대 교회의 뚜렷한 특징이 되었다. 결과적으로 한국 교회는 박정희 정권기에 1907년 대부흥 이래 가장 큰 성장을 이루었다. 해방 당시의 기독교 신자는 35만 명으로 추산되고 이로부터 10년 후인 1955년에는 60만 명에 지나지 않았으나, 1965년에는 120만 명으로 성장하였고, 1975년에는 350만 명으로 급증하였다. 1970년대를 마감하는 1979년 기독교 신자는 700만 명으로 집계되었다. 그래서 1960년대 이후는 매 10년마다 200퍼센트 성장을 기록했고, 1970년대 후반에는 매일 6개의 교회가 설립된 것으로 보고되었다. 수적으로 말하면 1970년대에는 매년 60만 명씩 신자가 증가한 것으로 알려져 있다. 이러한 통계만 보더라도 1970년대의 한국 교회의 가장 중요한 관심은 교회 성장이었음을 알 수 있다.

물론 한국 교회의 성장 운동에 영향을 준 것은 정부의 경제성장제 일주의만이 아니다. 미국 풀러신학교의 교회성장학파Church Growth School나 여의도순복음교회의 조용기 목사의 목회 방식도 많은 영향을 끼쳤다. '성장'이 최고의 가치였기 때문에 신학적 일관성이나 신학적 순전성은 별 의미를 갖지 못했다. 이런 세류에 따라 이른바 '비교리적 시대 undogmatic age'가 열려 교파나 신학에 상관없이 성장주의를 지향했다.

물론 성장 그 자체가 문제시될 이유는 없다. 문제는 성장제일주의로 인해 성장 이외의 다른 가치들은 무시되거나 부수적인 것으로 취급된다는 점이다. 한국 교회가 수적 성장을 절대시한 결과 성장 아닌 가치들, 예컨대 정당한 치리治理, 의와 거룩, 성결, 이웃 사랑과 베풂 등 기독교 본래의 가치들은 무시되거나 경시되었다. 물질적 풍요를 갈망하는 인간의 욕망이 신앙이라 이름으로 정당화되었고, 축복 지향적 신앙 형태가 이 시기를 풍미하여 기독교가 기복 신앙으로 심하게 경도되었다는 비판을 면치 못했다. 결과적으로 이 시대 교회는 안주 의식에 갇혀 순례자적 이상을 상실했다.

3 사회참여와 민주화 운동

1970년대 이후 인권 운동과 민주화 운동은 교회의 또 다른 과제로 인식되었다. 이 시기에 보수적 교회가 교회 성장에 관심을 기울인 반면, 신보적 교회는 인권 운동과 민주화 운동을 신교적 과제로 인식했다. 즉

1960년대 박정희 정권의 출현과 함께 한국 교회에는 두 가지 형태의 교회 운동이 동시에 일어났는데, 하나는 사회 현실에는 무관심한 반면 교회 성장을 가장 중요한 과제로 추구하는 운동이었고, 다른 하나는 사회 구조의 개혁 및 변혁을 앞세우는 사회참여 운동이었다. 대체적으로 말해서 전자의 중심에는 사회구조와의 싸움보다는 개인의 구원 문제를 앞세우는 보수주의 교회가 있었다. 그래서 1960년대 이후 한국 교회의 보수 측과 진보 측 간의 분명한 차이가 나타났다.

한국 교회의 민수화 운동은 1960년대 박정희 정권의 정치 행태에 대한 반성적 성찰에서 시작되었고, 정권의 정치적 일탈 행위는 교회의 민주화 운동에 도덕적 정당성을 부여했다. 군사쿠데타로 권력을 잡은 박정희 정권은 앞에서 살펴보았듯이 경제성장을 국가 지표로 삼고 성장 지상주의를 추구하였고, 따라서 이 시기에 도시화, 산업화 현상이 가중되었다. 이농 현상과 도시 빈민 집단의 출현은 불가피했다. 그런데 이 시기에 경제성장 이외의 가치들은 이차적 혹은 부수적 가치로 이해되었으므로 인권 탄압, 산업 현장에서의 노동력 착취 등과 같은 반민주적 행태가 권력의 보호 아래 자행되었다. 바로 이런 현실이 교회의 사회참여를 불가피하게 만들었고, 인권 운동 혹은 민주화 운동은 또 다른 형태의 교회의 과제로 인식되기 시작한 것이다.

5.16군사정변으로 권력을 잡은 박정희 장군은 민정 이양을 약속하고 1963년 2월 27일 민정에 참여하지 않겠다고 선언했으나, 약 20일이 지난 3월 16일 군정 4년 연장안을 국민투표에 회부하겠다고 발표했다. 그러나 내외의 반대에 부딪치자 4월 8일 이 제안을 철회하고, 그해 8월에 군에서 퇴역했다. 그러고는 민주공화당을 창당하고 대통령에 출마하였

다. 근소한 차이로 민정당의 윤보선 후보를 제치고 당선된 그는 1963년 12월 17일 제5대 대통령에 취임했다.

교회와 정부의 첫 대립은 1965년의 한일 국교 정상화 문제로 불거졌다. 정부는 경제성장을 가장 중요한 과제로 삼았으므로 일본의 자본을 끌어들이기 위해 한일 국교 정상화를 시도하였다. 아직 일본을 용서하기에는 때 이른 시도였기 때문에 한일 국교 정상화 문제는 한국 사회와 교회의 거센 반발을 불러일으켰다. 이 굴욕적 외교에 대해서 한국 교회가 통일된 입장을 견지하였고, 이에 대한 반대 운동은 한국 교회의 사회참여에 중요한 변화를 불러왔다. 예외적 경우가 없지 않았으나 보수적인 교회도 이 반대에 동참하였고, 가장 영향력 있는 보수 교단이라고 할 수 있는 합동 교단은 1960년대 중반까지만 해도 사회문제에 대해 "상당히 전향적 태도를 견지하고" 있었다.

한일회담 비준 반대로부터 시작된 한국 기독교의 사회참여는 4.19 이후 서서히 대두된 기독교의 정치 참여, 혹은 민주화 운동의 중요한 전기였다. 이 점은 기독교에 대한 정부의 대응에서도 잘 드러난다. 정부는 한일회담 비준 반대 이후 학생과 언론을 통제하기 위하여 '학원보호법'과 '언론윤리위원회법'의 개정을 시도하는 한편 사이비 종파 제지를 빙자하여 종교 단체에 대한 통제를 강화하기 위해 '사회단체등록에 관한 법률 개정안'을 위한 '종교심의회'를 구성했다.

이 당시 진보적 교회의 입장도 급진적이거나 과격하지 않았다. 진보적 교회가 정치 문제에 대해 공식적으로 대응했던 첫 경우가 1967년 대통령과 국회의원 선거를 전후한 일련의 활동인데, 그들은 선거 전에는 공명선거를 위해 노력하였고 선거 후에는 부정, 타락한 선거에 대한 반성을 촉구했다. 박형규 목사가 총무로 있던 한국기독학생회KSCM는 1967년 6월 15일, 가 회원에게 공개서한을 발송하고 "우리는 불의를 미워하지만 질서의 파괴가 더 큰 불의의 온상이 되어서는 안 될 것이다. 한국의 민주주의를 매장하는 금번의 부정선거는 물론 그 책임의 대부분을 집권당과 정부가 져야 하겠지만 전 유권 국민과 야당도 같이 반성하고 회개해야 할 것이다"라고 하고 "책임 있는 참여 방식을 강구해야 한다"고 주장하였다. 또 부정선거 규탄 데모보다는 죄를 자복하는 기도회, 부정부패의 원인이 되는 정치 구조에 대한 토론회나 연구회가 기독 학생으로 취할 최선의 방법일 것이라는 의견을 부연하였다. 한국기독교연합회는 6월 21일 긴급실행위원회를 소집하고 6월 8일의 부정선거에 대한 성명서를 발표했다. 이 성명서는 "기독자의 양심에 서서 이 위기에 대한 책임 의식을 가지고 기도와 신앙적인 결단으로 … 의로운 민주적 장래를 지키자"는 내용을 골자로 할 만큼 온건했다.

이렇게 볼 때 적어도 1960년대까지의 교회의 사회참여나 민주화 운동은 자기 성찰적 회개를 강조하는 온건한 방식이었고, 따라서 보수적 인사들의 저항을 불러일으키지 않았다. 그래서 이때까지는 보수나 진보의 구분이 분명치 않았다. 장로교 합동 교단의 기관지였던 「기독신보」의 입장도 위에서 언급한 단체나 개인의 의견과 크게 다르지 않았다. 예컨대 1969년 4월 19일자 사설에서는 하나님의 통치가 '신령한' 것에만 국한되며 '세속적' 문제와는 무관하다는 '뿌리 깊은 편견'을 비판하고 국가의 불의를 목도하고서 침묵하는 위선을 비판하기까지 하였다.

그러다가 박정희 정권의 3선 개헌 시도 때부터 사회참여와 민주화 운동에 대한 보수와 진보의 경계선이 보다 분명히 나타나기 시작했다. 따라서 1970년대 이후 정치권력에 대한 교회의 대응은 양극화되었다고 볼 수 있다. 그러다가 진보적 인사 중심의 민주화 운동이 보다 급진적인 방향으로 전개된 것은 10월 유신 이후라고 볼 수 있다. 의롭지 못한 권력이 조직적인 힘을 행사하고 있었기에 이에 대한 대응도 보다 조직적이지 않을 수 없었을 것이다. 이 시기의 물량적 성장지상주의가 대다수 국민과 정부 관료의 이데올로기였다고 한다면, 진보적 기독교계와 학생, 재야 단체의 이데올로기는 기존 질서와 사회조직의 변혁을 위한 혁명적 사회사상이었다고 할 수 있다. 이와 같은 신학적 접근이 해방신학이었고, 이를 한국적 상황에 따라 적용, 변용한 것이 민중 신학이었다. 이 신학은 이 시기 민주화 운동의 이념적 근거였다.

　　이미 3선 대통령이 된 박정희는 영구 집권을 위해 1972년 10월 17일 계엄령을 선포하여 헌정을 중단시키고 모든 정치 활동을 중지시켰다. 국회가 해산된 상태에서 비상국무회의의 의결을 거쳐 소위 유신헌법이 공포되었고, 형식적인 국민투표에 의해서 이 법은 1972년 11월 21일 확정되었다. 대통령의 중임 제한이 철폐된 이 헌법은 대통령에게 무소불위의 절대적 권한을 부여하고 있었다. 1972년 12월 23일 통일주체국민회의에 의해 대통령에 선출되어 절대 권력을 행사했던 박정희 대통령은 1979년 10월 26일 김재규에 의해 피살되었다. 이로써 70년대의 암울한 역사가 마감되었다.

　　1970년대 기독교의 사회정의 구현 활동이나, 인권 운동, 민주화 운동은 비교적 순수했고 도덕적 혹은 인도주의적 성격을 지니고 있었다. 그러나 이 운동의 주체가 조직의 목적을 달리하는 재야나 야당, 특히 운동권이라고 지칭되는 과격 집단과 쉬이 연대함으로써 어느 한편을 지지하는 일방성과 당파성을 노출하는 경우가 없지 않았다. 따라서 견해를 달리하는 집단으로부터는 정치적으로 이해되었고, 보수주의 교회의 공감을 얻지 못했다. 소위 운동권이라는 집단이 수면 위로 부상하기 시작한 것은 박정희 정권의 10월 유신 이후라고 볼 수 있는데, 이들의 사회변혁 이념에는 프랑크푸르트학파의 사회 비판 이론, 마르크스주의적 혁명 사상, 해방신학, 민중 신학 등이 혼재되어 있었다. 이전 시기의 비교적 순수했던 기독교적 양심, 행동하는 신앙, 불의에 대한 항거는 급진적 사회변혁을 꿈꾸는 운동권과 결부되었고, 기독교적 이념은 급진적 혁명 이데올로기가 되어 운동권의 목표를 뒷받침해 주는 도구로 전락했다는 비판이 제기되었다. 다시 말하면 민주화를 추구했던 한국 교회의 진보적 인사들이 운동권 세력과 쉬이 연대한 것이다. '도구화된 이념'은 종교적 성격 때문에 절대화되기 쉽고 일방성 혹은 과격성을 띠게 된다. 그래서 한국 교회의 민주화 운동은 보수적 교회에 의해서는 정치 활동으로 간주되었고 교회 본연의 활동에서 이탈했다는 비판을 받았다. 결국 국가권력에 대한 보수와 진보 측의 태도와 대응 방식은 대립하게 되었고 이 문제는 이 시대의 중요한 주제였다.

6장

1980년대 이후의 교회

1 통일 운동과 선교 각성

1980년대는 민주화 운동의 연장선상에서 통일에 대한 교회의 관심이 확대되었다. 다시 말하면 1980년대 전반기까지 한국 교회의 대사회적 관심사가 '민주화'였다면, 1980년대 후반에 와서 민족과 결부된 '통일 문제'가 가장 큰 관심사로 떠올랐다. 따라서 통일 문제는 교회가 감당해야 하는 중요한 과제로 인식되기 시작하였다. 진보적 교회가 주도한 통일 논의는 민족주의적 관심에서 전개되었고 북한 주민의 인권에 대한 무관심 등으로 보수적 교회의 지지를 얻지 못했으나 교회가 민간 차원의 통일 운동을 주도한 점은 부인할 수 없다.

1980년대는 한국 교회의 새로운 전환점이 되었다. 1984년, 곧 한국 기독교 백 주년을 선후하여 한국 교회는 자성과 반성의 계기를 마련했고, 그동안 한국 교회가 지나치게 수적 성장에 치중해 사회 현실에 대해 정당한 관심을 가지지 못했고 교회의 사명에 충실하지 못했음을 반성하게 된다. 이때를 전후하여 일상의 삶 속에서 신앙적 성숙을 도모하는 '말씀 묵상Quiet Time 운동', 제자화 운동(예수의 제자로서의 삶을 살도록 권장하는 각종 활동), 기독교 신문·잡지·방송·출판 등을 장려하는 기독교 문화 운동, 그리고 교회의 사회봉사에 대한 관심이 일어났다. 특히 해외 선교에 대한 새로운 관심은 이 시대의 주목할 만한 진전이었다. 이런 현상은 한국 교회의 커다란 변화를 가져왔다. 한국성서유니온은『매일성경』의 발행을 통해 성경 읽기와 QT 운동을 주도하였다. 1985년 4월의『빛과 소금』의 창간은 한국기독교 문화 운동의 진전을 보여 주는 분명한 시도였다. 1970년대 중반까지 한국 교회가 파송한 선교사는 불과 15명에도 미치지 못했다. 이 점은 한국 교회가 해외 선교에 얼마나 무관심했던가를 보여 준다. 그러나 1980년대부터 교회의 선교적 사명을 인식하기 시작했고, 선교는 교회의 큰 관심사로 대두되었다. 한국 교회의 선교 운동에 큰 영향을 준 이는 1968년 동서선교연구원을 설립했던 조동진 박사였다. 그는 1980년대 이후 선교 신학을 가르쳤던 전호진 박사와 함께 한국 교회의 선교 운동에 커다란 영향을 끼쳤다. 그 결과 1990년 당시 한국의 20여 교단과 30여 선교 단체는 790명의 선교사들을 해외에 파송했다. 그러나 2007년에는 173개국에 16,600명의 선교사를 파송하였고, 2015년에는 171개국에 27,205명을 파송하여 한국은 미국 다음으로 가장 많은 선교사를 파송하는 선교 대국이 되었다.

2 교회 성장의 정체

1970년대 이후 한국 교회의 급성장은 서구 기독교회의 주목을 받았다. 이때부터 대형 교회가 출현했다. 우리나라 최초의 대형 교회는 한경직 목사가 담임으로 일했던 서울의 영락교회였다. 그 후 조용기 목사의 여의도순복음교회, 김삼환 목사의 명성교회, 옥한흠 목사의 사랑의교회, 하용조 목사의 온누리교회 등이 대형 교회로 발돋움했다. 그러나 1980년대 후반 이후 성장 둔화 현상이 나타나기 시작했다. 여기에는 어느 한 가지로 설명할 수 없는 복합적인 요인이 작용했지만 가장 중요한 요인은 생활환경의 변화였다. 한국인의 삶의 환경은 1980년대 후반에 와서 급격하게 변화했다. 해방 이후의 혼란, 6.25전쟁 이후의 가난과 무질서, 그리고 계속되던 전쟁의 위협, 이런 사회적 불안 요인들은 1980년대 이후 자연스럽게 해소되었다. 역대 정권이 정권적 차원에서 이용하던 안보 이데올로기의 위력도 1980년대 후반부터 크게 감소했고, 김영삼 정부 이후는 국제적인 냉전 체제의 종식과 함께 전쟁에 대한 위기감이 상당히 격감되었다. 1970년대부터 서서히 시작된 경제성장과 삶의 환경 개선은 1980년대를 거치면서 상당한 변화로 나타나기 시작했다. 해방이전에는 한국인의 약 80퍼센트가 농업에 종사했으나 지금 농어촌 인구는 15퍼센트 미만이다. 말하자면 급격한 도시화 현상 혹은 도시 집중현상이 초래되었고, 한국인들은 보다 안정된 삶을 누리게 되었다. 통계청 자료에 의하면 1985년 당시 1인당 GNP는 2,242달러에 지나지 않았으나, 1993년에는 7,513달러로 세계 150여 국가 중 30위 안에 들게 되었다. 1990년대에 후반에는 1만 달러를 넘어섰고, 2005년에는 17,422달러로 세계 33위였다. 현재는 2만 7천 달러에 달한다. 이와 같은 안정된 생활은 종교적 세속화 현상을 초래하였다. 이전에는 고난과 가난의 와중에서 믿음 안에서 안식을 누렸고 그 믿음은 험악한 세월을 이기는 정신적 무기였다. 그러나 사회적 삶의 변화로 신앙은 본령本領에서 주변의 부가물로 밀려나고 있다.

이런 변화를 보여 주는 지표가 자동차의 급격한 보급이었다. 통계청 자료에 의하면, 승용차의 보급은 1985년 이후 급격히 증가했다. 1985년의 경우 55만 6,700대에 지나지 않았으나, 1990년에는 207만 5,000대로 각각 늘어났다. 그런데 1993년에는 427만 대로 늘어났고 상용차까지 합치면 627만 대에 달했다. 1994년의 경우 인구 100명당 자동차 보유 수는 16.7대로 늘어났다. 자동차의 급격한 보급은 한국인의 생활양식의 변화를 가져왔다. 이제는 어떻게 살아가느냐가 문제가 아니라 어떻게 즐기느냐가 문제가 되었다. 이처럼 여가 문화의 변화는 교회 출석률을 급격히 저하시키는 요인으로 작용하고 있다.

물론 출산율의 저하, 기존 교회의 영적·도덕적·윤리적 권위의 상실, 이단이나 유사 기독교의 활동 등이 가져온 부정적 영향도 교회 성장 둔화 현상의 요인들이다. 특히 1992년 시한부 종말론자들의 허구적 주장, 광신적인 활동 또한 복음 전도에 부정적 영향을 주었다. 이 문제는 뒤에서 좀 더 자세히 살펴볼 것이다.

3 여성 안수 문제

여성 안수 문제는 1980년대 이후 한국 교회의 중요한 관심사였다.

이것은 비단 한국 교회만의 문제는 아니었다. 미국 북장로교회는 1930년에 여성 장로직을 허용하였고, 1955년 총회에서는 여성 목사 제도를 승인한 바 있다. 북장로교회에 비해 다소 보수적이었던 미국 남장로교회는 1964년에 여성 안수를 허용하였는데, 1978년에는 여성 목사 사라 모즐리Sara B. Moseley가 총회장이 되기도 했다. 위의 두 교회는 1983년 통합하여 지금은 미합중국장로교회가 되었고 여성 안수는 자연스런 일이 되었다. 그런데 이런 교회들과 달리 미국의 기독교개혁교회Christian Reformed Church는 지난 30여 년간 이 문제에 대해 토론을 벌였고, 내분을 겪기도 했다. 최근에는 매우 보수적이며 개혁주의를 지향하는 네덜란드의 해방파교회(일명 31조파교회)도 여성 안수를 결의했다. 여성 안수는 세계적인 추세가 되고 있다.

그러나 한국 교회는 이 문제로 상당한 논란을 겪었다. 여성 사관을 당연시해 왔던 구세군을 제외하고 볼 때, 한국에서 여성 안수를 가장 먼저 결정한 교회는 감리교였다. 한국 감리교회에서는 이미 1933년부터 여성 안수, 곧 여성 목사와 장로가 허용되었다. 기독교장로회는 1957년에 여성 장로 제도를, 1974년부터는 여성 목사 제도를 채택했다. 흥미로운 점은 극단적인 보수주의 혹은 근본주의적 성향의 재건파교회가 1955년부터 여성 안수를 허용했다는 점이다. 이들은 신학적 근거에서 여성 안수를 허용했다기보다는 재건파의 지도자인 최덕지 전도사를 위해 여성 성직을 허용했다고 볼 수 있다. 이 일로 재건교회는 여권파와 반여권파로 분열되는 아픔을 겪기도 했다.

그러나 한국 교회의 절대다수를 점하고 있는 통합, 합동, 고신 등 장로교 중심 교단은 1990년 이전까지 여성 안수를 반대하고 있었다. 그러

한국의 각 교단별 여성 안수 현황

교단별	예장 (통합)	예장 (재건)	기독교 장로회	기독교대한 감리회	기독교대한 하나님의성회	구세군
여목사제	1996	1955	1974	1933	1982년부터 외부 안수 인정	1908
여장로제	1996	–	1957	1949(?)	–	1908

나 1990년대 통합교회(단)는 여성 안수 문제를 전향적으로 검토하기 시작했다. 한국에서 여성 임직 문제가 처음으로 거론된 때는 1932년이었다. 성진중앙교회의 김춘배 목사가 여권女權을 주창한 것은 이로부터 2년 후였다. 그 후 이 문제는 끊임없이 제기되었고, 1980년대에도 헌의-부결-헌의-부결의 순환이 계속되었다. 그러나 1980년대 이후 여성 안수 청원은 거절할 수 없는 선택이라는 인식이 깊어졌다. 여권론의 대두와 성 차별 자체가 범죄라는 사회적 인식도 영향을 주었다.

이런 과정에서 1989년에는 그 변화가 분명해졌다. 이해에 모였던 대한예수교장로회(통합) 제74회 총회에서는 여성 안수 찬성표가 반대표보다 2표 앞서는 이변이 일어났다. 그러나 과반선에서 단 4표가 부족하여 부결되었다. 그러나 1994년 통합 측은 제79회 총회에서 지난 60여 년간 논란이 되었던 여성 안수건을 종결하는 결정을 하기에 이르렀다. 총투표자 1,321명 중, 찬성 701, 반대 612, 기권 8표로, 89표 차이로 여성 안수를 허용하는 헌의안이 채택되었다. 이 총회의 헌의에 따라 1995년 봄 노회수의 결과 여성 목사직에 대해서는 투표수 8,060표 중 찬성이 5,546표로 68.8퍼센트가 지지를 했고, 여성 장로직에 대해서는 투표수 8,057표 중 찬성이 5,997표로 74.4퍼센트가 지지를 했다. 여성 장로와 여성 목사,

곧 여성 성직이 동시에 허용되었다. 그 결과 통합교단은 1996년부터 여성 장로와 여성 목사를 두게 되었다. 이로써 한국의 가장 큰 장로교회인 통합 측은 한국의 감리교와 기독교장로회에 이어 여성 안수를 허용하는 교단이 되었다.

이것은 한국 장로교회 역사에서 중요한 분기점이 된다. 한국 교회에 상당한 영향력을 행사하는 통합 측이 여성 안수를 허락하게 되자 이 결정은 여전히 여성 안수를 반대하는 합동과 고신교단에도 영향을 주고 있다. 2005년까지 통합교단의 경우 530명의 여성 목사를 장립하였고, 기장교단은 160명의 여성 목사를 장립하였다. 현재 한국에는 약 2만 명의 여성 목사가 활동하고 있다.

4 시한부 종말론

1990년대 초, 시한부 종말론의 대두는 신학적 천박성을 보여 주는 한국 교회의 수치였다. 교회사에서 볼 때 시한부 종말론은 초대 교회 때부터 제기되었던 변질된 종말론이었다. 그런데 한 세기의 전환점이라고 볼 수 있는 1990년대에 들어오면서 한국 교회 일각에서는 예수의 재림의 때를 상정하는 소위 시한부 종말론이 제기되었다. 중심인물이 자칭 목사 이장림이었다. 그는 1992년 10월 28일, 예수의 재림과 휴거가 있을 것이라고 주장했다. 그는 이보다 5년 전인 1987년부터 '다가올 미래를 대비하는 선교회'라는 말의 축약형인 '다미 선교회'를 조직하고 극단적인 시한부 종말론을 설파하기 시작하였다. 1992년 10월 28일에는 예수의 공중 재림과 성도의 휴거携擧, rapture가 있고, 7년간의 대환란이 있은 후 1999년 10월 예수의 지상 재림과 세상의 종말이 온다고 주장했다. '휴거'는 '들어 올릴 휴擧'와 '들 거擧'가 합쳐진 단어로서 예수가 다시 세상에 오실 때(재림) 기독교인들이 공중으로 들어 올려져 그분을 만나게 된다는 것을 가리키는 말이다. 이장림의 주장에 이어 이와 비슷한 여러 아류가 나타나 시한부 종말론을 주장하였는데, 그 추종자는 약 10만 명에 이르렀다. 이들의 거짓 주장은 한국 교회와 사회에 상당한 혼란을 야기했다.

결국 시한부 종말론이란 거짓 계시, 곧 위경 운동僞經運動인데, 성경이 침묵하고 있는 예수님의 재림의 때를 임의로 산정하고 이를 계시화啓示化한 것이다. 거짓 계시는 주로 종말론, 곧 재림의 때에 대한 예언이 중심을 이루고 있다. 왜냐하면 재림의 시기는 교회사의 모든 시기에서 가장 호기심을 끄는 주제였기 때문이다. 그럼에도 불구하고 성경은 이때에 대해 침묵하고 있다. 그래서 이단 혹은 사이비 집단은 이때를 산정해 보려고 시도하여 임의로 재림의 때를 산정했던 것이다. 과거의 이런 시도들이 무망하게 끝났음에도 불구하고 1990년대에 한국에서 시한부 종말론이 다시 제기되어 한국 교회와 사회를 어지럽게 장식했다.

이때 대두된 종말론은 그 시대적 상황에 편승하면서 상당한 파급력을 보였고, 학교를 포기하거나 직장을 버리는 사람들까지 나타나 열광주의적 경향으로 발전하였다. 이 이단적 종말론은 건실한 교회에도 좋지 못한 영향을 주었을 뿐만 아니라 한국 사회에도 교회에 대한 부정적 이미지를 심어 주었고, 결과적으로 종말론에 대한 건실한 관심을 무력화시키는 결과를 가져왔다. 무엇보다도 이 사건 이후 거리 전도나 학교 전도, 혹은 공개 장소에서의 전도는 사이비 집단의 광신주의 정도로 치부되고 있을 정도로 인식의 변화를 가져왔다. 그런데, 열광주의적 종말론이 범람했다는 점은 현실 세계의 종말을 기대하는 잠재적 심리가 사회적으로 확산되어 있었음을 의미한다. 따라서 이런 현상은 사회적 모순과 부조리, 사회 갈등, 기성 종교에 대한 절망감이 심각했음을 보여 주기도 한다. 한마디로 병든 사회와 교회의 합작품이라고 볼 수 있다.

5 세계교회협의회의 부산 총회

1948년 8월 23일 암스테르담에서 창립된 세계교회협의회(이하 WCC)는 교회 간의 연합을 추구하는 국제적인 조직이지만 한국에서는 분열과 갈등, 그리고 분열의 요인이었다. WCC가 한국에 소개된 이후 1955년부터 논쟁에 휩싸이게 된다. 진보적 교회인 기독교장로교회나 감리교는 WCC를 긍정적으로 평가하여 이에 가담하고, WCC의 연계 조직인 한국기독교교회협의회NCCK의 주도적인 역할을 담당하였다. 그러나 보수적인 대한예수교장로회 고신 측은 WCC와 그 활동에 강하게 반대하였다. 고신 측이나 기장 측을 제외한 대한예수교장로교총회는 WCC에 대한 통일된 입장을 견지하지 못했다. 보수 성향의 인사들은 WCC가 정통 신학에서 이탈한 자유주의 신학을 지향하며 용공적 성격이 짙고 단일 교회를 지향한다고 인식하고 있었으나, 다소 진보적 인사들은 세계 교회와의 유대라는 관점에서 연합과 일치를 지향해야 한다고 보아 WCC에 가입해야 한다고 주장했다. 이런 견해차는 결국 한국 교회의 분열을 초래했는데, 그것이 1959년 승동 측과 연동 측의 분열이었다. 분열된 이후의 승동 측과 연동 측이 재연합 시도에서도 WCC 문제는 거듭된 논쟁의 핵이었고 결국 연합을 위한 대화는 무산되고 만다. 이렇게 볼 때 WCC는 한국 교회 분열의 한 가지 원인이었다고 할 수 있다. 그런데 또 한 차례의 논쟁을 몰고 온 사건이 2013년 부산에서 개최된 WCC 제10차 총회였다.

WCC는 매 7년 단위로 총회를 개최해 왔는데, 1948년 암스테르담에서 제1회 총회를 개최한 이래 에번스턴(1954), 뉴델리(1961), 웁살라(1968), 나이로비(1975), 벤쿠버(1983), 캔버라(1991), 짐바브웨(1998), 포르투알레그리(2006)에서 총회가 개최되었고, 2013년에는 부산에서 제10회 총회를 개최하게 되었다. 이 부산 총회를 전후하여 한국에서는 찬반 논쟁이 거세게 일어났는데, 복음주의 교회나 단체는 WCC가 신학적 자유주의, 용공주의, 종교다원주의, 혼합주의, 혹은 동성애를 수용하는 반기독교적인 집단이라고 비난했다. 그러나 진보적 교회나 단체는 WCC가 교회 간의 연합, 전쟁과 폭력 억제, 인종차별 철폐, 민주주의와 인권의 신장, 생태 환경에 대한 관심 고취, 재난 구호 등 여러 영역에서 기여한 점이 있다고 주장하고 부산에서의 총회 개최를 환영했다.

WCC의 부산 총회에 대한 반대 운동은 2009년 8월 31일 부산에서의 총회가 공식적으로 발표된 이후부터 시작되었다. 최초로 반대 성명서를 발표한 교회는 대한예수교장로회 고려총회였다. 그 후 합동, 고신, 합신 등 보수적 혹은 복음주의 교회와 한국기독교총연합회(한기총) 등 단체, 그리고 개인이 반대 성명서를 발표하기 시작했다. 독립개신교회 강변교회 최낙재 목사는 2009년 9월 7일 자로 반대 성명서를 발표했다. 또 광신대학교, 총신대학교 신학대학원, 개신대학원대학교 등 신학 교육 기관도 반대 성명서를 발표하기 시작했다. 그래서 40여 개 단체, 기관 혹은 학교가 WCC 반대 성명서를 발표했다. 이들 성명서는 WCC는 사회 구원, 용공주의 외에도 종교다원주의를 지향하여 전도나 구령 사업을 저해한다는 점을 지적했다.

이런 반대에도 불구하고 WCC 제10차 부산 총회는 2013년 10월 30일부터 11월 8일까지 부산 벡스코에서 개최되었다. 345개의 WCC 회원 교회의 90퍼센트 이상이 총대를 파송하여, 공식적으로 파송된 825명의 총대를 비롯하여 해외 참가자 2,629명, 국내 참가자 9,750명, 도합 약 12,400여 명이 참가한, 역대 총회 중 가장 규모가 큰 총회였다. 또 세계복음주의연맹WEA과 로잔운동Lausanne Movement도 소수의 대표를 파송했고, 로마교황청은 다수의 참관단을 파송하기도 했다.

부산 총회를 전후한 한국 교회의 찬반 논쟁은 WCC를 새롭게 이해하는 계기가 되었다. WCC 지지자들은 2013년의 부산 총회가 한국 교회의 위상을 제고하는 기회가 되었고, 과거에는 한국 교회가 피선교국의 교회로서 세계 교회 주변에서 활동해 왔으나 이제 세계 교회의 중심부에서 지도력을 행사하게 되었다고 평가하고 있다. 이런 평가에도 불구하고 부산 총회는 보수적인 혹은 복음주의 교회가 제기했던 종교다원주의, 개종 금지, 동성애 문제 등에 대한 속 시원한 대답을 듣지 못한 총회였다고 평가되고 있다. 즉 WCC 문헌에 나타난 '하나님의 창조', '선교와 전도', '증언', '생명', '복음', '성령의 역사'와 같은 복음적인 레토릭(수사)에도 불구하고 WCC의 신학과 그 추구하는 바에 대한 불신은 극복되지 못한 것으로 평가된다.

6 맺는말

1980년대 이후의 한국 교회는 밖으로부터의 도전과 내부적 혼란을 극복해야 하는 이중적 난제를 안고 있었다. 단군전 건립 운동에 맞선 건립 반대 운동, 이단과 사이비 유사 기독교의 출현, 신학교의 난립과 교회 분열, 교회의 사회적 신뢰의 상실 등은 교회가 해결해야 할 숙제라고 할 수 있다. 이런 와중에도 적극적인 선교 운동, 지역 사회를 위한 봉사활동, 구제와 자선, 북한 동포에 대한 인도적 관심과 물적 지원, 통일 운동에의 참여, 교회 연합 운동 등이 이 시대의 중요한 활동이었다. 이런 긍정적인 활동에도 불구하고 교회의 대형화와 개교회주의(개별 교회 중심의 이기주의), 교회 지도자들의 비리, 대형 교회의 목회 세습, 교회 지도자들의 비윤리적 행태 등은 사회적 비난의 대상이 되기도 했다.

따라서 한국 교회가 안고 있는 중요한 과제는, 교회의 본질과 사명에 충실하되 사회적 신뢰를 회복하고, 교회가 이 사회 앞에서 도덕적 혹은 윤리적 계도자의 역할을 회복하는 일이다. 또 한국 교회가 계도자의 위치에서 한국 사회 변화의 주체가 되어야 한다는 점이다. 이렇게 하기 위해서 먼저 교회가 기독교 신앙 본래의 정체성을 회복해야 한다. 어떤 시대든지 기독교의 세속화는 본래적 가치로부터의 후퇴나 이탈이었다. 기독교인은 이 땅에 살면서도 이 땅에 속하지 않은 자들이다. 따라서 성경적인 기독교인의 삶의 방식은 이 땅에서는 나그네로 사는 것이다. '나그네성(性)'의 상실은 교회의 속화를 초래하였다. 중세 교회의 문제란 나그네적 공동체여야 할 교회가 안주 집단으로 변질된 결과였다. 교회가 이 역사 현실 속에 안주하려고 할 때 세속 권력과 야합하고, 불의와 타협하고, 신앙적 가치를 무시하게 된다. 한때 마르크스주의자였던 폴란드 출신의 사회철학자 레셰크 코와코프스키Leszek Kolakowski는 오늘의 서구 사회의 세속화는 기독교가 너무 쉽게 그 고유한 가치를 포기해 버린 결과라고 지적한 바 있다. 나그네 의식은 하나님께서 이스라엘 백성의 삶 속에 새겨 준 삶의 방식이었다. 이것이 히브리인들의 역사였다. 어느 한 곳에 정착하지 않고 계속적인 이민과 이동을 통해 이 땅에서는 나그네라는 사실을 확인시켜 줌으로써 보다 나은 본향을 사모하도록 하셨던 것이다. 이 세상이 우리의 영원한 삶의 터전이라고 믿고 살아갈 때, 즉 '안주 의식'은 개혁을 불가능하게 한다. 「히브리서」(11: 14)에서는 열조들, 구약의 위대한 믿음의 사람을 소개한 후 "그들은 … 자기네가 본향을 찾고 있다는 것을 분명히 밝혔습니다"라고 하였다.

지금 한국 교회에 가장 필요한 것은 교회 공동체에 마땅히 있어야 하는 영적 권위를 회복하는 일이고, 오늘의 현실에 대해 겸허하게 자성自省하는 일이다. 역사 연구의 궁극적인 목적은 어제를 위한 것, 곧 과거의 탐색 그 자체기 아니라 과거에 대한 성찰을 통해 내일을 전망하는 것이다. 한국 교회는 지난 역사에 대한 탐색을 통해 내일의 교회를 모색해야 한다. 즉 지난날의 한국 교회가 교회로서의 본질과 사명에 충실해 왔던가를 성찰해야 하고, 구원의 방주로서의 교회 본래의 사명과 본질에 충실하도록 자기 쇄신의 노력이 계속되어야 할 것이다.

◉ 3부에서는 종교개혁 5백 주년을 맞는 한국 개신교의 현재 상황을 살펴본다. 길게는 최근 30년, 짧게는 10년 사이의 한국 개신교는 어떤 모습으로 한국 사회에 존재하고 있을까? 안타깝게도 사회적으로는 매우 보수적이고 배타적인 이미지가 강하다. 개신교 내부에서 이탈하는 소위 '가나안 성도'들이 적지 않다는 것도 여러 통계자료가 시사하고 있다. 그럼에도 불구하고 개신교가 한국 사회 안에서 건강하게 자리 잡고 역할을 하는 것은 한 종교로서 개신교의 안위뿐만 아니라 우리 사회 전반의 안위와도 연관된다.

먼저 우리는 한국 개신교의 현실을 객관적이면서도 비판적으로 바라볼 것이다. 이어서 한국 개신교의 구조적 문제를 '성직주의', '성장주의', '승리주의'로 나누어 살펴본다. 이는 종교개혁 시대의 문제 인식과 오늘의 개신교 상황이 어떻게 연결될 수 있는지를 실감하는 장이 될 것이다. 마지막 장은 종교개혁의 교훈이 한국 개신교의 개혁에 어떤 방식으로 통찰을 제공하고, 역사적 선경험으로 작동할 수 있는지 살펴본다. 단순히 과거를 반복하는 것이 능사가 아니고, 과거를 참조하고 오늘을 분석해 내일을 전망하는 한 시도로 '개신교 생태계'를 추구하자는 제안을 내어놓는다.

3부

지금
여기의
한국 교회

1장

한국 개신교는 어디에 있는가?

2017년 올해 97세를 맞은 철학자 김형석이 자신의 복음서 묵상을 담은 『예수』(2015)란 책으로 몇 년 사이에 갑자기 재조명되고 있다. 에세이 『백년을 살아보니』(2016)가 크게 주목받으면서 "고목나무에 꽃이 피었냐"고 스스로 말하기도 했지만, 이를 계기로 오래전에 썼던 그의 에세이와 신앙 서적들이 재출간되고 있다. 과거의 베스트셀러 작가가 시간을 거슬러 재발견되는 현상 자체는 흥미롭긴 하지만 그리 낯선 일은 아닐 것이다. 그러나 이런 사건이 '기독교 신앙'을 담담히 인문학적 필치로써 내려간 책에서 비롯되었다는 점은 되새겨 볼 지점이 있다.

최근 10여 년간 일반 출판계에서 널리 팔린 책들은 주로 '기독교 비판서'에 해당하는 경우가 많았다. 10만 부가 넘게 팔렸다고 알려진 리처드 도킨스의 『만들어진 신』(2007)을 비롯해서 종교학자, 심리학자, 진화생물학자, 철학자들이 앞서거니 뒤서거니 '전투적 무신론'을 주창하는

1장 한국 개신교는 어디에 있는가?   311

책들을 내어놓았고, 이 주제는 꽤 안정적인 독자층이 형성되어 있는 것으로 보였다. 그런 트렌드에 비추어 볼 때, 담담히 기독교 신앙을 되새기는 노학자의 책이 재발견되었다는 것은 의미심장한 사회적 관심의 변화를 보여 주는 것이 아닌가 싶다.

1 개신교의 약진

한국 사회에서 개신교는 지속적인 성장세를 보여 주고 있다. 통계청은 1983년에 처음 종교 인구 조사를 시작했고, 1995년, 2005년, 2015년에 매 10년마다 인구주택총조사의 일환으로 종교 인구를 발표해 오고 있다. 종교 인구 조사는 통상 전수조사로 이루어졌지만, 2015년부터 총인구의 25퍼센트 정도를 대상으로 하는 표본조사로 전환되었고, 개별 방문 조사로 설문지를 작성하던 방식에서 컴퓨터 응답을 절반 정도로 받고, 그 나머지를 방문조사로 처리하는 등 조사 방법상의 변화가 있었다. 그런 이유로 인해 과거의 데이터와 일률적으로 비교하기는 곤란한 점이 있으나 가장 최근의 결과를 놓고 보면 몇 가지 주요한 양상이 눈에 띈다.

첫째는 종교 인구의 전반적 감소다. '종교를 갖고 있다'고 응답한 사람의 비율이 50.4퍼센트(1995), 52.9퍼센트(2005), 43.9퍼센트(2015)로 변해 갔는데, 2015년의 수치는 인구센서스를 처음 실시한 1983년도 수준에 해당한다. 지난 30년간 한국 사회는 종교 인구가 과반수를 넘는 수준으로 증가해 왔으나 이제는 다시 비종교 인구가 더 많은 사회로 바뀌고 있다는 이야기다. 특히 이 과정에서 가장 큰 폭의 감소를 보인 종교는 불교로, 전체 종교 인구 감소 흐름은 고스란히 불교 인구의 감소에 기인

한국의 종교 인구 분포(2015)

한국 3대 종교의 종교 인구 증감 상황

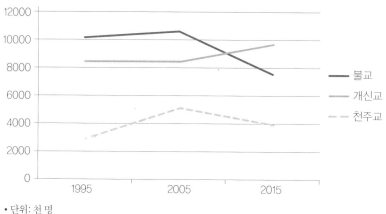

• 단위: 천 명

하는 것으로 볼 수 있다. 그간 개신교나 천주교에 비해 느슨한 소속감을 특징으로 했던 불교계에서는 이번 조사가 좀 더 강한 소속감을 전제로 진행됨으로써 이런 결과가 나왔을 것으로 보는 분위기가 있다.

둘째, 전체 종교 인구는 감소하는 경향을 보이고 있는 가운데 개신교는 여전히 증가일로에 있는 것으로 나왔다. 2005년에 비해 123만 명

한국의 종교 인구 증감 상황(1995~2015)

구분	인구			구성비		
	1995	2005	2015	1995	2005	2015
계	43,834	46,352	49,052	100.0	100.0	100.0
종교 있음	22,100	24,526	21,554	50.4	52.9	43.9
불교	10,154	10,588	7,619	23.2	22.8	15.5
개신교	8,505	8,446	9,676	19.4	18.2	19.7
천주교	2,885	5,015	3,890	6.6	10.8	7.9
원불교	86	129	84	0.2	0.3	0.2
유교	210	104	76	0.5	0.2	0.2
천도교	28	45	66	0.1	0.1	0.1
대종교	7	4	3	0.0	0.0	0.0
기타	225	196	139	0.5	0.4	0.3
종교 없음	21,735	21,826	27,499	49.6	47.1	56.1

• 단위: 천 명

이 더 증가한 것으로 나타나서, 전통적으로 최대 종교였던 불교의 위치와 자리바꿈을 했다. 개신교 내부적으로는 주요 교단이 감소세를 보이고 있는 가운데, 전체 개신교 인구가 늘어났다는 결과에 반신반의하는 상황이지만 타 종교에 비해서는 여전히 소속감이 강하고 증가세를 보이고 있다는 결과를 볼 수 있다.[1]

개신교는 전체적인 숫자에서 클 뿐 아니라 사회적 계층 등에서도 흥미로운 분포를 보이고 있다. 한국 사회에서 개신교는 농촌보다 도시에서 존재감이 큰 도시 종교이고, 지방보다 수도권에서 압도적으로 높은 비율로 나타난다.[2] 그리고, 수도권 내에서도 중산층 거주지, 즉 강남 3구나 일산, 분당 등의 지역에서 개신교인 비율이 높게 나온다. 국회의원의 종교별 비율을 보면 최근 개신교가 줄어들고 천주교와 불교계가 약진하는 현상이 나타났는데, 이는 과거에 비하면 새로운 변화다. 19대 국회(2012)에서는 개신교 120명, 천주교 73명, 불교 42명, 20대 국회(2016)에서는 개신교 93명, 천주교 77명, 불교 52명으로 추산된다.[3]

2 개신교 내부의 고민

지속 가능한가?

앞서 살펴본 종교 인구 지표에 나타난 개신교의 위상은 여전히 단단해 보인다. 그러나 개신교의 내부 지형은 단순하지 않다. 문화체육관광부의 2011년 자료에 의하면 개신교 항목 아래 약 250개의 교단이 나열되어 있다.[4] 약 7만 7천 개 교회와 14만여 명의 목회자가 있는 것으로 집계되었다. 2013년 기준 전국의 치킨 집 수가 3만 6천 개였는데, 그것

---

1   양희송, "'샤이-개신교'와 '강한 정체성'의 딜레마", 「청어람매거진」(2017. 01. 06. http://ichungeoram.com/11759).

2   양희송, 『다시 프로테스탄트』(복있는사람, 2012) 제1장을 참고하라.

3   "20대 의원 종교별 분포, 법제정에 영향 줄까?", 「뉴스다임」(2016. 04. 29. http://www.newsdigm.com/sub_read.html?uid=10442).

4   문화체육관광부, 『한국의 종교현황』(2011)

2004~2014년 주요 교단의 교인 수

	예장합동	예장통합	감리회	예장고신	기장	예장합신
2004	2,508,451	2,489,717	1,491,754	436,443	336,095	128,711
2005	2,716,815	2,539,431	1,507,994	464,865	337,188	137,449
2006	2,818,092	2,648,852	1,534,504	501,036	337,327	144,974
2007	2,912,476	2,686,812	1,557,509	474,047	337,570	147,415
2008	2,896,967	2,699,419	1,563,993	464,799	327,903	150,241
2009	2,936,977	2,802,576	1,587,385	464,515	317,886	151,507
2010	2,953,116	2,852,311	1,586,063	466,379	311,212	156,508
2011	2,988,553	2,852,125	1,585,503	482,488	305,953	153,361
2012	2,994,873	2,810,531	1,557,692	481,032	297,752	154,709
2013	2,857,065	2,808,912	1,486,215	472,717	289,854	152,316
2014	2,721,427	2,810,574	1,468,442	461,476	284,160	149,969

• 출처: 각 교단 교세 통계표(「뉴스앤조이」 기사에서 재인용[5]), 단위: 명

이 전 세계 맥도날드 매장 숫자보다 더 많은 수준이었다고 한다. 교회의 숫자가 약 8만 개에 이른다는 것은 굉장히 많은 수의 교회가 생존과 유지가 곤란한 상황에 놓여 있다는 사실을 시사한다. 과연 한국의 개신교회는 지속 가능한 것일까?

---

5 "교인 17만 명 감소, 13만이 예장합동", 「뉴스앤조이」(2015. 12. 31. http://www.newsnjoy. or.kr/news/articleView.html?idxno=201196).

최근 몇 년간 교계 내부의 교세 통계는 훨씬 암울한 미래를 보여 준다. 교인 숫자는 계속 감소 내지는 정체 상태를 보이고 있는 데 반해 목회자 수는 향후 몇 년간 계속 증가할 예정이고, 교회의 숫자도 늘어날 것으로 예측된다(관련 내용은 2장 참고). 소위 목회자의 수요와 공급이 잘 맞아 들어가지 않는 현상이 벌어지고 있는 것이다. 한국 개신교는 장로교 통합 측, 장로교 합동 측 등 장로교 쪽이 규모가 크고, 감리교, 침례교, 오순절(순복음), 성결교 교단 등이 뒤를 잇는다. 일부 중대형 독립 교회들이 있으나 한국 개신교는 대체로 주요 교단에 소속된 교회들이 주류를 이루고 있다. 그러나 정부의 통계에도 잘 드러나지 않는 수많은 군소 교단이 존재하다 보니, 한국 개신교 전체를 조망할 방법도 난감하고, 교계 전체를 대표할 수 있는 어떤 연합 조직도 마땅히 존재하지 않는 것이 현실이다.

대표성의 위기

한국 개신교는 그 전체를 아우르는 적절한 대표성을 확보하는 데 곤란을 겪고 있다. 한국의 모든 개신교 교회를 아우르는 교계의 정치적 대표 기구는 없다. 한국기독교교회협의회NCCK는 1924년 이래로 오랫동안 한국 개신교의 진보적 흐름을 대표하는 연합 기구로 활동해 왔다. 장로교 통합 측, 감리교, 기독교장로회, 대한성공회, 구세군, 루터회, 정교회 등이 회원 교단으로 참여하고 있고, 최근에는 순복음 교단 등이 참여해서 총 열 개 교단을 회원으로 두고 있다. 대체로 신학적으로 진보적 입장에 서 왔고, 해외의 에큐메니컬 운동(교회 일치 운동으로 번역되며, 대표적으로 세계교회협의회WCC 같은 국제기구가 있다)과 한국 사회를 연결하는 통로 역할을 하면서 한국 사회를 향해 예언자적 발언을 하며 유신 시대부터 민주화 운동에서 주도적 역할을 했다. 그러나 교회협의회는 민주화 이후 문민정부가 들어선 이후로 세대교체와 재정적 안정성의 약화 등으로 어려움을 겪었고, 과거에 비해 정치 사회 현안에 대해 선명한 진보적 입장 표명을 하기 쉽지 않은 구조가 되었다는 평가가 나온다.

반면에 1989년에 설립되었고, 2000년대 들어 '시청 앞 기도회' 등으로 매우 보수적 행보를 보여 온 한국기독교총연합회(한기총CCK)는 가입 교단이 총 75개에 달하는 등 존재감이 커 보인다. 하지만 2011년에 대표 회장직을 놓고 내분에 휩싸여 소송전을 벌이기도 하였고 그 이전부터 제기되었던 불법 금권 선거 논란 등으로 사회적 물의를 일으킨 바 있다. 이런 상황을 두고 교회 개혁 단체들은 '한기총 해체 캠페인'을 벌이기도 했다. 결국 한기총 회원 단체 중 가장 규모가 컸던 장로교 합동 측을 비롯한 몇 교단이 2012년에 이탈해서 한국교회연합CCIK란 이름으로 다른 연합 기구를 조직함으로써 한기총 조직이 크게 약화되었다. 이 외에도 주요 교단의 전현직 대표들이 참여해서 2001년에 만든 '교단장협의회'도 2015년부터 '한국교회 교단장회의'란 이름으로 조직을 재정비했다. 이렇게 한국 교계를 대표한다고 자임하는 기구들이 서너 개나 되지만, 아래로부터 적절히 대표성을 위임받지 못한 채 교계 상층부의 인사들끼리 끊임없이 이합집산하는 무책임한 모습을 보이고 있다. 이런 조직들은 소수 교계 지도자들의 이해관계에 휘둘리거나, 정치권력과 밀착하려는 경향을 노골적으로 보이거나, 일부 대형 교회들에 재정적으로 의존하면서 교회 세습 등 이들이 저지르는 잘못을 옹호하는 언행을 보이는 경우도 많다. 그러다 보니 이런 연합 기구들이 개신교인 다수의 의

사와는 괴리된 채 교계 내부자들의 이해관계를 관철하려는 경향이 커지면서 이에 대한 대중적 반발 역시 만만치 않게 나타나고 있다.

개신교계의 연합 기구가 적절한 대표성을 갖지 못하는 상황이 되자 자연스럽게 일부 초대형 교회들이 규모에 근거한 대표성을 행사하기 시작했다. 세계 최대 규모로 알려진 여의도순복음교회를 필두로 우리나라에는 주요 교단의 가장 큰 교회들이 모두 있다. 장로교에서는 명성교회, 소망교회, 영락교회, 새문안교회 등이 손에 꼽히고, 침례교에서는 수원중앙침례교회, 지구촌교회, 감리교에서는 광림교회, 금란교회 등을 들 수 있다. 좀 더 젊은 복음주의권 교회로는 온누리교회, 사랑의교회, 지구촌교회, 분당우리교회 등을 들 수 있다. 그 외에도 이단 시비가 있었던 몇몇 교회가 초대형 규모가 되자 교계를 상대로 행보를 넓히는 경우가 있었다. 그러나 규모가 크다고 언제나 평판이나 존경이 따르는 것은 아니기에 이런 초대형 교회들을 바라보는 교계 안팎의 시선은 복합적이다. 큰 교회들이 곧 한국 개신교를 대표할 수 있는가 하는 원론적 물음에 대한 시원한 답은 없다.

종교적 권위와 존경은 사실 정치적 대표성이나 규모에서 나오는 것은 아니다. 이웃 종교인 가톨릭의 경우, 프란체스코 교황의 세계적 인기는 그가 가톨릭교회를 대표하는 존재라는 대표성에서 나오기도 하지만 전임자에 비해 확연히 비교되는 그의 소탈한 모습에서 기인한다. 한국 개신교계에 개신교를 대표하여서 교계 내부와 사회로부터 존경받는 인물이나 교회나 단체가 있는가? 교계 연합 기구는 여러 개이고, 대형 교회도 두 손에 다 꼽기 힘들게 많지만, 이들이 안팎에서 기꺼이 존경과 사랑을 받으며 언급되기보다는 부정적 방식으로 불려 나오는 경우가 훨씬 많다. 우리 사회에 개신교인으로 뚜렷한 족적을 남기며 기억되는 인물이 매우 드물어졌다는 사실은 여러 면에서 성찰을 요구하는 대목이다. 이것은 단순히 개신교가 홍보를 잘하지 못해서 오해를 받는다는 식의 판단과는 다른 것이다.

3 개신교는 보수 우파인가?

한국 사회는 개신교를 사회 정치적으로 보수라고 보는 경우가 많다. 여러 사안에서 기득권을 옹호하는 입장을 보인다든지, 정치적으로도 보수 세력을 지지한다든지, 윤리적으로도 가장 보수적 입장을 내거는 경우가 많기 때문이다. 이런 인식은 얼마나 실제에 부합하는 것일까? 우선 노무현 정부의 사립학교법 파동 때 전 교계가 들고일어나 반대했던 이력이 인상적으로 남아 있다. 일부 목회자들은 머리를 삭발하는 시위까지 벌였다. 당시 사학법 개정에 대한 사회적 여론이 찬성 쪽에 기울었던 것과 대조되는 모습이었다. 그 이전 2000년대 초반부터 유명한 대형 교회나 교계 단체가 '애국 기독교'란 슬로건 아래 종북 세력을 몰아내야 한다는 집회에 공공연히 후원을 하기도 했다. 몇 차례 총선에 등장한 기독교 정당은 매우 황당한 정책으로 사람들을 당혹스럽게 만들었다. 2007년 선거에서 장로 대통령을 뽑자는 흐름이 개신교계에서 거셌던 것도 상기할 일이다. 가장 최근에는 전국의 교회를 배경으로 서명 운동을 벌이는 등 동성애 반대 운동에 적극 나서고 있다. 세월호 사건에 대한 진상 규명이나 피해자 돌봄에는 매우 소극적이었거나 종종 막말로 구설수에 올랐던 것과는 대조가 된다. 게다가 탄핵 정국에서는 몇몇 대형 교회가 태극기 집회의 배후로 나서서 비판을 받기도 했다. 여러 면에서 개신교는 사회 정치적으로 보수 우파의 모습으로 종종 그려진다.

그러나 두 가지 측면을 더 살펴볼 필요가 있다. 개신교 전래 이후로 비교적 최근까지 사회, 문화, 교육 등에서 진보적 흐름에 동력을 공급해 왔던 가장 강력한 사회 조직이 개신교이기도 했다는 사실이다. 1960~1970년대 크리스천아카데미 운동은 그 이후 진보적 민주화 운동의 주요 인사를 길러 낸 요람이었다. 1980년대에도 군부 정권 시절 개신교회가 그나마 언로의 역할을 하고, 젊은이들이 모여들어 청년 문화를 향유할 수 있는 최소한의 공간을 제공했다. 이런 흐름은 지금 그대로 이어지고 있다고 보기는 어렵지만, 최근에는 신앙적으로는 보수적 입장을 갖고 있던 이들이 사회정의의 영역에 뚜렷한 관심을 갖고 참여하는 경우가 증가하고 있어서 과거처럼 사회 활동이 진보적 개신교권에만 국한된다고 볼 수 없고, 그 저변은 점차 대중적으로 확장되고 있는 것으로 파악된다. 세월호와 탄핵 정국으로 이어지는 촛불 집회에는 진보적 교회뿐 아니라 보수 교회의 대중들이 폭넓게 참여하였다. 향후 개신교의 보수, 진보의 대립선은 교회별로 형성되기보다 세대별로 만들어질 가능성이 많다. 당장은 교계의 연합 기구나 대형 교회들이 개신교의 대표성을 행사하는 구조이지만, 이들이 보이는 행보에 대한 대중적 저항감이 존재하고 있다. 앞으로 이런 대중적 여론이 효과적으로 발현될 수 있는 공간이 확보가 된다면 교계의 보수적 행보와는 다른 양상이 펼쳐질 가능성도 있다.

또 다른 대목은 보수 우파 행보를 보이는 이들이 과연 어느 정도 개신교 전반의 대의를 반영하고 있느냐는 물음이다. 앞서도 살펴보았듯,

개신교계 전체의 대표성을 담아내는 연합 기구는 존재하지 않는다. 부분적이고, 파편적이기도 하고, 어떤 경우는 그야말로 상층부 일부 인사들만의 조직인 경우도 있어서 대표성 '참칭'에 가까운 사례도 생긴다. 대표적으로 기독교 정당의 경우를 들 수 있다. 기독교 정당은 해방 이후 종종 등장해 왔으나, 최근에는 한국기독당(2004) 정도부터 본격적으로 총선 참여를 해 왔다. 거의 매번 총선에 정당의 이름과 대표를 교체해 가며 등장하고 있는데, 핵심 전략이 개신교인들의 표를 받아서 비례대표에 진출하겠다는 것이다. 이들은 1퍼센트 안팎의 표를 얻었고, 2016년에 기독자유당이 2.63퍼센트까지 득표한 적이 있어 자칫 원내 진입 목전까지 간 적이 있다. 이들은 '교회 건축을 위한 대출을 잘해 줄 기독교 은행을 설립하겠다'든지, 동성애와 이슬람 세력을 척결하겠다는 등 혐오를 바탕으로 한 공약을 내걸고 개신교계의 표를 구했다. 그러나 결과로 놓고 보면 이들이 받은 표는 2016년 기독자유당의 경우 62만 표였는데, 70만 성도를 자랑한다는 여의도순복음교회 등이 지원했던 것을 감안하면 개신교계의 독점적 지지를 얻지 못했다는 것은 분명하다. 자신들의 구호대로 1천2백만 개신교인들의 지지를 기대했다면 그중 5퍼센트선을 얻은 수준이다. 95퍼센트의 개신교인들은 이들의 정치적 대표성을 인정하지 않은 셈이다.

　대통령 탄핵으로 인해 2017년 5월 9일에 치러진 제19대 대통령선거의 방송 3사 출구 조사에서는 응답자의 종교를 묻는 항목이 포함되어 있어서 종교별 정치적 이념 성향과 후보 지지 상황을 비교해 볼 수 있었다. 정치 이념 성향으로는 불교가 보수적 성향이 강했고, 개신교가 진보적 성향이 좀 더 많았다면, 천주교는 중도가 더 많은 양상을 보였다. 개표

2017년 대선 종교별 지지 후보

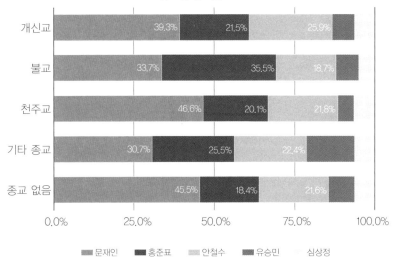

개신교	39.3% / 21.5% / 25.9%
불교	33.7% / 35.5% / 18.7%
천주교	46.6% / 20.1% / 21.8%
기타 종교	30.7% / 25.5% / 22.4%
종교 없음	45.5% / 18.4% / 21.6%

0.0%　　25.0%　　50.0%　　75.0%　　100.0%

■문재인　■홍준표　안철수　■유승민　심상정

가 완료된 이후 최종 결과가 문재인 후보 41.1퍼센트, 홍준표 후보 24퍼
센트, 안철수 후보 21.4퍼센트로 집계되었는데, 이를 출구 조사와 비교
해 보면 천주교에서는 같은 천주교인으로 알려진 문재인 후보 지지율이
높았고, 불교는 보수적 투표 성향을 보였는데, 개신교는 한국 사회 전체
의 정치적 선택과 유사한 입장을 보인 것으로 이해할 수 있다.[6]

한국 개신교가 비교적 사회 정치적 우파의 입장을 종종 대변하기도
하고, 이를 위해 적극 나서는 일부 세력이 존재하고 있지만 개신교인 전
체의 정치 사회적 입장은 한국 사회 전반의 흐름과 판단에 근접해 있다.

6　출구 조사의 종교별 성향은 사실상 종교별 차이보다는 수도권에 개신교 인구가 많고,
불교가 영남 지역에서 강세인 지역적 차이가 더 크게 반영된 것이 아니냐는 평가도 있
다("천주교가 가장 진보적?", 「가톨릭뉴스 지금여기」 2017. 05. 11. http://www.catholicnews.co.kr/
news/articleView.html?idxno=17903)

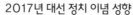

2017년 대선 정치 이념 성향

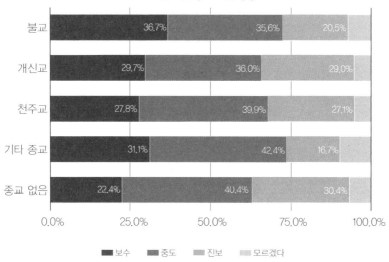

	보수	중도	진보	모르겠다
불교	36.7%	35.6%	20.5%	
개신교	29.7%	36.0%	29.0%	
천주교	27.8%	39.9%	27.1%	
기타 종교	31.1%	42.4%	16.7%	
종교 없음	22.4%	40.4%	30.4%	

개신교권의 대표성 문제는 사회적으로 개신교가 어떻게 자리매김하느냐에 있어서 핵심적 과제다. 개신교 내부적으로 이렇게 대표성을 함부로 끌어다가 자신들의 정치 사회적 의제에 활용하려는 이들을 적절히 제어할 수 있어야 사회적 신뢰성의 문제를 개선할 수 있을 것이다. 각 교회 중심으로 약진해 온 오늘날의 상황으로는 당분간 쉽지 않은 문제일 것이다.

4 개신교의 사회적 자리

세상은 교회를 불신한다

일반 개신교인이나 목회자들에 대한 사회적 인식은 어떠할까? 한국 사회에서 개신교를 바라보는 사회적 시선이나 평판은 썩 좋은 상황이 아니다. 기독교윤리실천운동에서 조사한 '사회적 신뢰도 조사'(2017)

에 의하면 개신교 성도와 목회자에 대한 신뢰 지수는 2.55점(5점 척도)에 머물고 있다.[7] 특히 기독교인들이 자신들을 신뢰하는 수준이 60퍼센트 였던 데 반해, 일반인들은 기독교인들에게 10퍼센트선의 신뢰밖에 주지 않고 있어서 심각한 사회적 불신 상태임이 드러났다. '불투명한 재정 사용', '타 종교에 대한 (배타적) 태도'가 일반인들로부터 주요한 불신의 이유로 꼽혔다. "한국 교회가 사회문제 해결이나 통합에 기여하고 있는 가?"에는 65.1퍼센트가 부정적 답변을 했는데, 2013년의 39.5퍼센트에 비해 크게 증가한 것이다. 또한 설문조사 시점이 탄핵 정국을 거치는 와중인 2017년 1월이었는데 "최근 우리나라가 어려운 시국에서 한국 교회가 역할을 잘 해내고 있는가?"라는 질문에 대해서는 76.5퍼센트가 부정적 응답을 했다. 이런 시선에는 이유가 있다. 전대미문의 대통령 탄핵 상황에서도 탄핵을 반대하는 집회에 몇몇 대형 교회가 조직적 인원 동원을 하는 사례가 있었고, 그 이전에도 극우적 시민단체와 기독교 정당을 결성하여 정치적 개입을 일삼는다는 인상이 있었다. 한국 개신교가 민주주의 발전에 적극 기여한다는 인상보다는 스스로의 이익을 시기기에 바쁘고, 대체로 그 이해관계는 보수 우파의 것과 동일시된다는 인상이 강했다.

한국 교회의 민낯을 그대로 보여 주었던 영화 〈쿼바디스〉(2014)에서는 과시적인 교회 건축으로 인해 부도가 난 교회들과 반대편에는 생계

---

7 '2017 한국 교회 사회적 신뢰도 여론조사' 참조. 기독교윤리실천운동은 2008, 2009, 2010, 2013, 2017년에 같은 조사를 했다. 결과 보고서는 기윤실 사이트에서 볼 수 있다(https://cemk.org/2008/bbs/board.php?bo_table=2007_data_cemk&wr_id=423).

유지가 되지 않는 작은 교회의 현실이 대비되는가 하면, 교계 내의 자정 능력 상실을 보여 주는 성 추문 사건, 각종 재정 비리로 재판을 받는 유명 목회자들의 모습, 황당한 기복 신앙과 헌금 강요, 세습과 금권 선거로 얼룩진 교계의 난맥상 등이 적나라하게 폭로됨으로써 상당한 충격을 주었다.[8] 교계 내부적으로 몸살을 앓는 가운데에도 개신교계는 사회와는 갈등과 긴장을 멈추지 않았다. 종종 벌어지는 종교 편향 시비나 공격적 전도로 인한 타 종교와의 갈등도 해묵은 숙제이고, 2018년부터 시행키로 되어 있는 목회자 납세 문제를 두고 수년간 지속된 반발은 사회 일반에서 크게 공감을 얻지 못했다. 매년 열리는 각 교단 총회는 현재 한국 교회가 당면한 여러 가지 사안이 총집결되는 자리다. 최근 몇 년간 총회 기간에 주목을 받았던 사건들로는 '동성애 반대' 문제가 공통적인 가운데, 일부 교단에서는 '여성 목사/장로 안수' 문제가 아직 통과되지 않고 있고, 여성 안수는 시행하고 있지만 총회의 대의원은 여전히 절대다수가 중년 남성인 현실, 여성 목사가 제대로 지도력을 발휘할 수 없는 현실이라 보이지 않는 한계로 작동하는 '유리 천장'은 그대로라는 어려움을 호소하는 교단도 있었다. 보수, 진보 가릴 것 없이 여성에 대한 교계의 인식은 사회에 비해 낙후되었다는 인상을 주기에 충분하다. 반면 종종 나오는 '성 추문' 관련 목회자에 대한 처벌은 여러 가지 이유로 회피되고 있어서 개신교가 여성 인권에 선도적이었던 시절은 옛이야기가 되고 말았다.

개신교계가 사회적으로 비판적 평가를 받게 된 상황에 대해서는

---

8   "2014년, 목사들을 부끄럽게 한 기독교 영화 세 편", 「뉴스앤조이」(2015. 01. 05. http://www.newsnjoy.or.kr/news/articleView.html?idxno=198184).

좀 더 긴 호흡의 분석이 필요하겠으나, 필자는 2007년을 상징적 전환점으로 볼 수 있다고 생각한다. 개신교계는 이해에 평양대부흥 백 주년을 기념하는 행사를 열고 성대히 기념했는데, 이와는 별개로 한국 개신교의 사회적 존재 양식을 특징적으로 보여 주는 여러 사건이 집중적으로 일어났다. 필자는 이를 두고 '포스트-2007 시대'라고 명명한 바 있다.[9] 2007년에 있었던 여러 사건과 사고, 즉 '평양대부흥 백 주년 기념 행사'에서 잘 나타났듯 개신교권에서 과거와 같은 대형 집회의 동력이 더 이상 작동하지 않는 현상, 가짜 외국 학위가 들통나 사회적으로 물의를 빚었던 '신정아 사건' 이후 문화계와 심지어 불교계에서도 유력 인사들이 연달아 자신의 학위가 가짜란 사실을 고백하는 일이 벌어졌으나 가짜 외국 학위를 받은 이들이 상당수인 것으로 알려진 개신교권에서는 아무도 고백하지 않았던 의아한 침묵 현상, 두 명의 죽음을 겪었던 '아프가니스탄 피랍 사태'로 당시 세계 2위로 치솟고 있던 한국 교회의 선교 운동이 전면적인 비판에 직면하게 된 일, 그해 연말에 있었던 대선에서 '장로 대통령'에 대한 선망에 사로잡혀 대거 지지 운동에 나섰던 교세와 목회자들의 정치적 움직임 등은 그간 한국 개신교의 사회적 존재 양식이 어떠한지를 적나라하게 표출한 것으로 보였다. 그것은 지난 40여 년간 한국 개신교의 성장과 유지에 적용되었던 바로 그 패러다임이 이제는 더 이상 작동하지 않는 시대로 진입하고 있다는 의미이기도 했다. 사람들의 당혹감은 거기에서 비롯된다. 수십 년간 당연시했던 말과 행동

---

9   양희송, 『다시 프로테스탄트』 제2장을 참고하라.

이 왜 갑자기 부당하거나 이상한 것으로 취급되느냐는 물음이다. '포스트-2007 시대'란 그런 면에서 한국 개신교가 앞만 보고 내달리던 시대를 지나 이제 자기의 성장 과정과 그 내용을 되살피며 자기 성찰의 기회를 가져야 하는 시대가 본격적으로 열렸다는 의미이기도 했다.

패러다임이 바뀌고 있다

그러나 어떤 구조도 스스로를 반성하고, 알아서 고치는 법은 없다. 그로부터 10년이 지난 2017년 지금 상황은 더 나아졌을까? 긍정적인 답을 하기는 어려워 보인다. '패러다임 전환'이란 용어를 빌려 설명하자면, 우리는 패러다임 전환기의 전형적인 증상을 겪고 있다. 패러다임이란 '세상을 인식하고 설명하는 공유된 사고 틀'을 말한다. 우리는 이 패러다임으로 당면한 문제를 인식하고, 대안을 구한다. 그러나 어떤 패러다임으로 제대로 설명하지 못하는 현상을 만나면, 이를 예외로 빼 두게 된다. 그런 예외가 점점 쌓이다가 어떤 임계치를 넘게 되면, 그 패러다임으로 설명할 수 있는 것보다 설명할 수 없는 것이 더 많아진다. 이때 만약 예외를 설명할 수 있는 새로운 패러다임이 등장하게 되면, 순식간에 지배적 패러다임이 그 지위를 잃고 새로운 패러다임에 권위를 내어 주게 된다는 것이 '패러다임 전환'의 논리다. 지식이 점진적으로 축적되기 때문에 변화도 점진적으로 일어날 것이라 생각하기 쉬운 과학의 영역에서조차 패러다임의 전환은 임계점을 넘어설 때까지 미뤄지다가 그 순간이 지나면 순식간에 혁명처럼 이루어진다고 해서 토머스 쿤은 이를 '과학혁명의 구조'라고 불렀다.

패러다임 전환기에는 기존 패러다임을 추종하는 이들이 이 변화를 인식하지 못하는 인식 지체 현상을 겪는다. 그 결과로 기존 패러다임의 추종자들은 수가 많더라도 그에 걸맞은 사회적 위상과 권위를 행사하지 못하는 상태에 처하게 된다. 기존 체제는 이런 현실을 잘 받아들이지도 못하고 효과적으로 이를 극복하지도 못하는 딜레마를 겪는다. 그 결과 가장 전형적인 처방이 그동안 해 오던 것을 더 열심히 하자며 자신들이 초심을 잃고 나태해졌다는 반성을 하는 것이다. 하던 일을 더 크게, 더 많이, 더 자주, 더 세게 실천하자는 다짐이 나온다. 대체로 이렇게 투입한 노력에 상응하는 결과가 잘 나오지는 않는다. 문제 인식에서 벌어진 간극이 문제 해결을 위해 실천에 돌입할 때쯤에는 한참 더 벌어져 있는 것이 보통이기 때문이다. 이런 경우, 종종 벌어지는 현상이 '과잉 주체화over-subjectification'이다. 자신의 정체성을 한두 가지의 소신과 행태로 치환하고 이를 강렬하게 추구하는 현상이다. 미국에서 인종주의를 내건 극우 세력들이 '미국을 다시 위대하게 만들기 위해서' 흑인이나 유대인, 아시아나 남미 지역의 사람들을 몰아내고 백인들의 나라를 다시 세워야 한다는 시대착오적 캠페인을 하는 이유도 이렇게 설명할 수 있다. 자기 정체성이나 안전이 위협받고 있다고 느끼면서, 사회적 타자를 원인 제공자로, 적으로 지목하는 것이다. 그리고 타자를 퇴출하는 일에 적극 나섬으로써 위협받았던 자기의 존재감을 확인하는 것이다. 이는 그들의 세계관이 이런 다양한 종류의 위기를 전체로서 파악할 전망을 갖지 못하고, 협소한 소신과 한두 종류의 행동 양식에 전적으로 몰입하기 때문에 발생한다. 개신교계가 지난 10여 년간 안팎의 위기를 겪으면서 그 원인을 어떤 대상에게서 찾는 모습을 보여 온 것과 매우 유사한 접근법이다. 한국 사회를 위협하는 저들 규정하고 종교적 신념에 근거해서 그들을 혐오의 대상으로 삼는 행태에 개신교의 모습이 종종 비치곤 하는 이유다. 개신교 내부에서 유독 기도 제목이란 이름으로 '가짜 뉴스'나 '음모론'에 해당할 내용들이 긴밀하게 유통되는 것도 개신교인이라면 이런 문제에 마땅히 이런 태도를 보여야 한다는 '과잉 주체화'의 유혹이 강하게 관철되고 있기 때문이라 볼 수 있다. 앞서 보았듯, 이런 일에 적극 나서는 집단이 개신교의 대표성을 제대로 갖고 있는 것은 아니다. 그러나 침묵하는 다수보다는 소수의 소란스런 행동이 더 크게 반영되는 교계 대표성의 취약점은 종종 이렇게 오용된다. 개신교는 스스로 사회적 신뢰성이나 평판을 관리하는 문제에서 매우 취약한 상황에 놓여 있게 되었다. 한국 개신교는 이 문제를 풀어 갈 방안을 마련해야 한다.

5 개신교의 역사적 자리

한국사에 나타난 하나님의 뜻?

현재 개신교의 사회적 행동 양태는 2000년대 이후로 고착화되는 경향을 보이고 있다. 하지만 그 기원과 뿌리는 훨씬 오래된 것이다. 그동안 개신교의 사회적 인식을 의식적으로 정돈하거나 검토해 보는 일 없이 지나왔으나, 이제는 종종 사회적 긴장과 갈등을 유발하는 사례가 생기면서 역사적 검토를 해야 할 필요도 강하게 대두된다. 예를 들면 2014년 총리 후보로 지명되었던 문창극 장로는 KBS TV 보도에 따르면 "일본의 식민지 지배와 남북 분단은 하나님의 뜻"이라며, "조선 민족이 일본의 식민지 지배를 받게 된 것은 이씨 조선 시대부터 게을렀기 때문"이며, 이를 고치기 위해 식민 지배를 받게 하신 것이라고 말해서 많은 이를 당혹스럽게 만들었다. "조선 민족의 상징은 게으른 것이다. 게으르고 자립심이 부족한데 남한테 신세 지는 것이 조선 민족의 DNA에 남아 있었다"고 했다. 우리 민족성으로 보건대 온전히 독립했다면 공산화되었을 가능성이 크므로, 하나님이 남북 분단을 시킨 것이란 이야기도 남겼다. 이런 언급은 부분적으로만 취할 것이 아니라 전체로서 평가해야 마땅하다. 그러나 그 설화로 문창극 장로는 총리 후보직에서 물러나야 했다. 개신교인으로서 이런 역사 인식은 바람직한 것인가, 부자연스런 것인가? 한국 역사에서 과연 개신교의 자리는 어디였는가를 다시 돌아볼 필요가 제기된다.

'한국 역사를 향한 하나님의 뜻은 무엇인가'란 물음을 거슬러 올라가다 보면 개신교 역사의 다양한 인물과 흐름이 다 불려 나온다. 문창극 장로의 입장은 개신교 초기의 대표적 인물인 윤치호가 갖고 있던 생각과 표현을 거의 그대로 인용한 것이 아닌가 싶을 정도로 유사성이 높다. 개신교 보수층 안에 이런 역사 인식은 꾸준히 유지된 것이 아닌가 싶다. 정권이 바뀌면서 좌절되었지만 국정 역사 교과서 집필에 보수 개신교인들이 꽤 참여했다는 것은 공공연한 사실이다. 이에 반대하는 이들도 개신교계에는 많다. 이 사안은 꼭 보수-진보로 나뉘어서 대립할 문제도 아니었으나, 유독 이 문제를 개신교의 역사적 존재감을 확인하는 사안으로 여기는 이들이 적지 않았다. 『윤치호와 김교신』(2009)의 저자 양현혜는 윤치호가 '강자의 지배'를 용인하는 사회진화론적 사고를 갖고 있었음을 지적한다. 이런 사고는 정도의 차이는 있으나 당대의 지식인들 사이에는 꽤 폭넓게 공유되고 있었다는 것도 사실이다. 개신교가 한국 전래 이후로 '개화-친미-반공'의 흐름 위에 서 있었다는 것은 그 자체로 부끙할 수 없는 사신이다. 심지어 사회적으로는 보수나 진보로 나뉘든,

좌파와 우파로 나뉘든 서로 대립적 관계를 유지하고 있는 개신교 인물이나 집단들의 경우에도 큰 흐름에서는 '개화-친미-반공'의 맥락에서 벗어나는 경우는 많지 않다. 최근 『대한민국의 설계자들』(2017)을 펴낸 김건우는 해방 후 건국Nation building에 나선 주력이 1920년 전후로 태어나 대학 교육을 받고 일제의 학병을 경험한 소위 '학병 세대'란 주장을 펼친 바 있다. 그는 여기서 특별히 한국 사회 전반에 영향을 끼친 개신교의 주요한 세 흐름을 구분해서 언급하는데, 미국 북장로교의 선교지였던 서북 지역에 근거를 둔 서북파(안창호, 한경직 등), 캐나다 장로교의 선교지였던 북간도 지역을 중심으로 한 간도파(김재준, 강원룡, 문익환 등), 일본의 무교회 운동의 영향을 받은 무교회주의자들(김교신, 함석헌, 류달영 등)을 대표적으로 꼽았다. 물론 남한 지역에는 수도권과 호남을 기반으로 둔 기호파(이승만 등)가 있었지만, 이들은 결국 수적으로 다수를 차지하던 월남 개신교인 서북파와 결합하면서 남한 개신교의 주류가 된다는 점에서 서북파와 주요한 특징을 공유한다고 보았다. 서북 출신들이 모두 '서북청년단'이 된 것은 아니었다. 그 가운데에는 나중에 진보 인사로 활동한 이들도 적지 않다. 김준엽 고려대 총장, 장준하 『사상계』 발행인 등 상당수는 대표적 진보 인사로 꼽혔지만, 이들 역시 서북 출신으로서 고유한 경험과 입장을 공유하고 있는 부분이 많았다. 한국 개신교의 스펙트럼은 재검토될 필요가 있다. 그 폭은 의외로 넓기도 하고, 생각보다 좁은 면도 있다.

해방 이후의 역사적 과제

해방 이후 엘리트층에 많은 개신교인이 포진하고 있었고, 이들은 미국과 직접 소통할 수 있는 정치적, 문화적 기회를 많이 갖고 있었다. 그리고 당시에는 김재준, 한경직 등이 '기독교 국가'에 대한 글을 남기고, 직간접적으로 정치 사회적 영향력을 행사했던 사실을 보면 보수나 진보나 할 것 없이 나라 세우기가 중요하고, 기독교 신앙으로 기여해야 한다는 인식이 강했던 시절이었다. 1948년 정부 수립과 그 이후의 한국 현대사에서 남과 북은 판이하게 다른 경로를 걸어 왔다. 북한에서는 공산주의 정권이 수립되어 이후 한국전쟁을 거치면서 분단이 고착되었다. 남한에서는 이승만 정권의 성립과 운영에 개신교권이 매우 노골적이고 깊게 협력했다. 당시 부정 선거 사례에 나오는 교회의 정치 개입 사례들은 충분히 부끄러운 수준이다. 한국전쟁 시기에는 월남한 서북 출신들이 공산주의에 대한 직접적 경험에서 비롯한 반감으로 이념 투쟁에 개입하기도 했고, 이승만 정권의 반공 정책과 긴밀하게 유착되기도 했다. 아직도 진상 조사가 완료되지 않은 전쟁 시기의 여러 민간인 학살 사건 중에는 전쟁과 이념의 폭력을 수행하는 데 있어서 신앙이 별다른 제동을 걸지 못했음을 보여 주는 안타까운 사례들이 적지 않다. 남한의 교회는 찌금까지 통일의 문제를 중요한 신앙적 문제로 인식한 경우가 많다. 이는 남북 간 소통이 막혀 있을 때에도 인도적 지원 등을 매개로 교회가 꾸준히 기여하는 데 역할을 했다. 종종 턱없는 전쟁론이 돌출하는 경우가 있기는 하나, 한국 개신교는 한반도의 통일과 평화를 위해 물심양면으로 수고해 온 긴 역사를 갖고 있다. 한국 개신교는 분단 상황과 그로 인해 발생한 여러 폭력의 역사를 어떻게 치유하고 회복시킬 것인가를 과제로 안고 있다.

박정희 정권 18년간 개신교의 역할 역시 복합적으로 평가되어야 할 것이다. 한편으로는 꾸준히 인권과 민주주의를 위한 저항의 근거지로 개신교가 남긴 역사가 있다. 당시 민주화 운동의 주요한 인물과 조직들은 개신교권에 연결되어 있지 않은 경우가 드물 정도였다. 크리스찬 아카데미, 한국기독교교회협의회 등이 국내외를 연결하는 역할을 했다. 동시에 정권은 정당성을 인정받기 위해 개신교계를 집요하게 통제하고 동원하려 했다. 전대미문의 대통령 탄핵을 불러온 국정 농단의 시작은 최태민이란 사이비 종교 교주가 편법으로 목사 안수를 받고, 1975년 당시 대통령의 딸이었던 박근혜를 내세워 개신교계를 기반으로 '대한구국선교단'을 창설하고, 대규모 '구국기도회' 등을 열면서 영향력을 발휘했던 데서 비롯된다. 이 당시 보수적 개신교계는 대대적인 교회 성장 운동에 나섰고, 정치 사회적 관심에서는 가능한 멀리 떨어져 있고자 했다. 이 시기를 해석하는 데 있어 어떤 이들은 보수와 진보가 서로 적대적 긴장 관계를 보였던 것으로 파악하기도 하고, 어떤 이들은 길게 보면 복음 전도와 사회참여라는 영역을 제각각 암묵적으로 분할하여 수행했던 것으로 보기도 한다. 그러나 분명한 것은 이 시기가 교회의 사회적 책임과 예언자적 발언에 크게 빚진 시절이란 사실이다.

개신교가 역사적으로 자리매김을 해 나가는 데에는 아름다운 기여만 있는 것이 아니고, 불편하고 부끄러운 부분도 존재한다. 역사는 편의적으로 취사선택할 수 없는 것이니 지금이라도 반성과 성찰의 기회를 자주 만들 필요가 있다. 역사는 끊임없는 재평가의 대상이다. 개신교는 한국 사회 전체가 역사를 되돌아보는 과정에서 자신의 역사를 훨씬 넓은 맥락에서 균형 있게 기술할 필요가 있다. 그리고 아직 해소하지 못한 갈등과 과오는 회개하고, 반성하고, 바로잡기 위해 노력해야 할 것이다.

그리스도인이 세상 속에서 감당해야 할 과제로 성경에서 제시하는 하나님의 평화Shalom와 그리스도의 화해reconciliation를 이 사회와 역사 앞에 어떻게 증거할 것인지 고민해야 한다. 2017년의 한국 사회와 한국 개신교는 이런 과제를 더 뒤로 미루지 말고, 실천에 나서야 한다.

<u>6</u> 기독교 신앙 자체에 대한 질문

2000년대 이후 한국 개신교가 겪어 온 변화의 이모저모를 살펴보면서 한국 개신교의 미래를 가늠해 보는 노력은 단순히 교회를 개혁해 보자거나, 교회의 사회적 평판을 높여 보자거나, 언론의 부정적 이미지를 변화시켜 보자는 식의 대증요법의 문제에 머물지 않는다. 거기에는 우리가 아는 것, 믿는 것, 행동하는 것 모두를 신앙적으로 재검토해야 하는 것이 아닌가 하는 좀 더 본질적인 물음들이 깔려 있다. 그간 우리가 당연시해 왔던 신앙 행태가 무언가 제대로 작동하지 않는 현실을 맞닥뜨리면서 이를 어떻게 해결해야 할지 질문하는 이들이 적지 않다. 개신교인의 신앙을 중요하게 규정하고 형성해 왔던 신앙의 행태 그 자체를 되돌아볼 필요가 있다고 느끼는 것이다. 이것은 전 세계적으로 포스트모던 시대에 접어들면서 벌어지는 신앙의 개인화, 다변화의 한 양상일 수도 있지만, 한국 개신교가 고유하게 안고 있는 조건들에서 비롯되는 부분도 있다.

전통적으로 설교로 대표되었던 말씀 중심의 개신교 전통이 안팎의 도전을 이겨내고 유지될 수 있을까? 흔히 '서당식 기독교'란 표현도 쓰일 만큼 개신교 신앙 형태는 주일성수, 특별히 예배 참석에 매우 큰 비중이 주어졌다. 그러다 보니, 과거에 비해 많이 약화되었다고는 하나 주일 예배, 주일 오후/저녁 예배, 수요 예배, 금요 기도회, 새벽 기도회 등이 교회의 주요한 예배로 제공되고 있고, 성도들은 성실히 참여할 것을 권유받는다. 그 외에도 수련회, 사경회, 전도 집회 등의 특별 집회들이 있고, 심방이나 특별한 행사 등에서도 예배를 드린다. 목회자에게는 그 모든 자리가 설교를 해야 하는 자리다. 개신교 목회자는 매주 10회 이상 설교를 일상적으로 하고 있다. 자칫 쉴 새 없이 떠드는 존재가 되고 만다. 말의 깊이가 얕아지고, 삶의 무게가 가벼워지는 것은 피할 수 없다. 그러다 보니 한국 개신교 목회자들 세계의 가장 첨예한 윤리 문제가 '설교 표절'이 되어 있다. 목회자 사임 이유로 자주 표절 문제가 언급되고 있다. 과도한 설교는 목회자만 피곤하게 만드는 것이 아니고, 듣는 성도들도 목마르게 한다.

설교가 신앙 생활의 전부가 될 수 없다는 것을 느끼는 이들도 적지 않다. 최근 어느 종교를 막론하고 영성적 관심이 크게 늘어나는 것을 볼 수 있다. 개신교 신앙은 전통적으로 불교나 가톨릭 등에 비해 영적 수련 등을 강조하지 않았다. 대신 전도와 봉사를 열심히 하는 것을 바람직하게 여기는 일종의 '행동주의적 영성'을 강조해 왔다. 개인의 성숙을 위해 시간을 쓰기보다는 나가서 전도하는 것을 미덕으로 본 탓이다. 그러나 이제는 목표 지향적 행동 말고, 관계 지향적 삶이 중요하다는 통찰을 자주 들을 수 있다. 연애와 결혼뿐 아니라 가정생활 등에서의 소통과 관계 형성의 문제를 다루는 강좌들은 엄청나게 활성화되어 있다. 그간의 일방적이고 성취 지향적인 삶과 신앙 행태에 대한 반성이 일어나고 있는 것이다. 개신교권에서는 기도를 매우 열정적으로 해 왔다. 외국 그리스도인들이 경이롭게 여기는 통성기도, 철야 기도, 새벽 기도, 금식 기도 등은 두드러진 한국적 영성을 보여 준다. 그러나 이런 기도는 대체로 질병의 치유나 시험 합격 등을 구체적으로 정해 놓고 일정한 기간 동안 집중적으로 간구하는 매우 목표 지향적인 경향을 갖고 있었다. 그러나 이제는 이렇게 '무엇을 주시옵소서' 하며 간구하는 것 이상으로 '어떤 성도가 되기 원합니다' 하는 성찰적 모습으로 바뀌는 모습을 간간이 볼 수 있다. 성경 묵상과 결합해서 심층적 기도를 강조하는 영성 훈련도 여러 방식으로 제공되고 있다. 일상의 삶과 내면적 성숙을 강조하는 경향은 과거의 전형적 신앙인의 모습을 많이 변모시킬 것으로 기대된다.

기독교 안팎의 지적 분위기도 많이 달라졌다. '지성의 빈곤'이란 문제가 어떻게 타개될 수 있을까가 오랜 토론 주제였으나, 지금은 교회 안팎에서 다양한 주제의 공부 모임들이나 강좌들을 접할 수 있다. 일반 출판계에서도 예전에는 주로 개신교 비판 서적을 구매하는 독자층이 일정하게 존재했는데, 이제는 오히려 기독교를 인문학적으로 재조명하려는 경향이 많아지고 있다. 이는 개신교 안팎으로 긍정적 기여를 할 것으로 보인다. 삶의 질문에 답을 구하는 인문학 영역에 기독교가 기여할 수 있는 부분이 늘어나고 있다면 이를 감당할 지적 자원이 개신교 내부에도 더 축적될 것으로 기대된다. 이런 시대에 기독교 신앙이란 무엇인가를 유창하게 설명해 주는 목소리를 찾는 것은 자연스런 귀결일 것이다. 이 장의 서두에 언급했듯 김형석의 책이 재조명받으며 널리 읽힌다는 사실은 개신교 신앙의 사회적 자리에 대한 비판적 물음과 더불어 기독교 신앙 그 자체에 대한 물음도 만만치 않게 대두되고 있다는 것을 다시 한번 상기시켜 준다.

2장

지금은 패러다임 전환기

1 메가처치 넘어 기가처치

한국 개신교는 1 대 99의 구조다

한국 개신교는 무엇보다도 교회 성장으로 전 세계에 널리 알려져 있다. '리더십 네트워크'란 단체가 제공하는 전 세계 대형 교회 리스트를 살펴보면, 여의도순복음교회가 여전히 세계 최대의 교회로 1위에 올라 있고, 상위 50개 교회 중에 한국 교회가 12개 들어가 있다.[10] 교회 성장 연구자들은 출석 교인 2천 명 이상인 교회를 메가 처치Megachurch라

---

[10] 위렌 버드(Warren Bird)가 수집한 초대형 교회 리스트를 리더십 네트워크 사이트 (http://leadnet.org/world/)에서 볼 수 있다. 집계 방식의 불균일성 때문에 엄밀한 자료가 될 수는 없으나, 대략적 추세를 볼 수 있다. 한국 교회들 중에는 누락된 곳이 더 있을 수 있다.

고 불러 왔는데, 최근에는 출석 교인이 만 명 이상인 교회를 기가처치 Gigachurch로 부르고 있다. 앞의 리스트에 의하면 전 세계의 기가처치 104개 중에 한국 교회가 20개를 차지한다. 전 세계 초대형 교회의 20퍼센트에 해당한다. 게다가 대체로 외국의 초대형 교회들이 특정 교파에 속하지 않은 독립 교회independent church인 경우가 많은 데 비해, 한국의 초대형 교회들은 오순절, 장로교, 감리교, 침례교 등 주요 교단에 속해 있는 경우가 대부분이라서 해당 교단 내에서도 국제적 위상이 높다.

　이렇게 한국 개신교를 바라볼 때 가장 먼저 눈에 들어오는 것이 바로 이런 전대미문의 초대형 교회들이다. 그럼에도 불구하고, 한국 개신교회 전체에서 메가처치의 비중은 1.7퍼센트에 불과한 것으로 알려진다.[11] 교회의 규모에 관한 한 한국 개신교는 20 대 80도 아니고, 1 대 99의 구도로 심각하게 양극화되어 있다. 절대다수의 교회는 지속 가능하지 않은 소규모인 반면, 극소수의 교회는 전 세계적 규모를 갖고 있다. 이런 규모의 양극화는 당연히 서로 다른 조건 위에 있는 지역 교회들이 안고 있는 문제와 대안을 분석하는 데에도 뚜렷한 제약이 된다. 모든 경우를 다 속 시원하게 설명하는 이론도 없고, 어떤 문제도 해결하는 만병통치약 처방도 없다. 너무 지당한 원론을 반복하거나 특정한 사례를 마치 전체의 상황인 것처럼 환원하는 논리는 한국 개신교 전체를 조망하고, 개선책을 찾아가는 데 크게 도움이 되지 않는다. 한국 개신교에 대한 여러 분석은 늘 연구자 개인이나 집단의 경험치 안으로 제한되거나, 일

11　교회성장연구소, 『한국교회 성장력 보고서』(교회성장연구소, 2006), 37.

부의 경우를 전체에 확대해서 적용하는 범주 오류의 위험에 빠지지 않도록 주의할 필요가 있다.

열심히 해서 문제가 되는 구조

기독교윤리실천운동에서 시행하고 있는 '한국 교회 신뢰도 조사'는 수년째 한국 개신교가 일관되게 사회로부터 신뢰성의 위기를 겪고 있는 상황이란 점을 지적한다. 이런 사회적 비판 여론이 형성되면 흔히 접하는 반응이 "'일부'의 문제로 '전체'를 오도하지 말라"는 항변이다. 그 '일부'가 사실은 소수가 아니고 충분히 큰 규모라거나 충분히 잦은 빈도로 벌어지고 있다는 반론이 뒤따라 나오기도 한다. 사실 개신교가 아무리 문제가 있더라도 '모든 개신교'가 다 타락했다거나, 모든 구성원이 직접적으로 비난을 받아야 한다는 말은 과도할 수 있다. 언제나 진지하게 자기 역할을 감당하는 이들은 존재할 것이고, 개신교인들이 도의적 책임감을 느끼는 것과는 별개로 특정한 사건에 대한 직접적 책임을 집단적으로 질 수 없는 경우도 충분히 있기 때문이다. 한국 개신교 안팎의 문제를 바라보는 데에는 좀 다른 접근이 필요할지 모른다. 문제가 생기는 구조가 생각과는 다른 양상으로 벌어졌을 수 있기 때문이다.

개신교계에 나쁜 행위자가 많아져서 전체가 나빠지는 것이 아니고, 나쁜 구조 위에 놓여 있기 때문에 선의를 갖고 성실하게 수행하고 있는 일들이 그런 구조를 공고하게 하고 있을 가능성이 있다. 자신이 직접 문제를 일으키지는 않았지만, 이미 그런 문제들이 일어나기 쉬운 구조의 한 부분이 되어 성실하게 그런 구조를 굴리고 있었을 수도 있다. 한국 개신교의 문제는 한국 개신교의 가장 강력한 특징, 대부분이 장점이라고 여기던 요소들이 지금은 질곡이 되어 버렸다는 역설에서 찾을 수 있다. 개신교 성도들이 꺼리는 행동과 사고방식이 아니라 환영하고 기꺼이 추종했던 행동 양식과 사고방식이 문제의 근원에 자리 잡고 있다면 스스로를 객관적으로 성찰하기가 매우 힘들다. 우리는 무언가를 열심히 하지 않아서 상황이 나빠진 것이 아니라, 우리가 계속 열심히 해 왔던 바로 그 일 때문에 나빠졌을 가능성이 있다는 점을 성찰해야 한다. 필자는 한국 개신교가 1970년대 이래 교회의 고도성장기에 형성된 패러다임을 '성직주의', '성장주의', '승리주의'라고 요약할 수 있다고 본다.[12] 지난 40~50년간 이 패러다임은 한국 개신교를 두드러지게 대표하는 특징이었다. 목회자의 권위에 대한 인정과 순종, 세계적인 교회 개척과 성장의 성공 신화들, 세상 속에서 하나님의 영광을 드러내겠노라 고군분투했던 여러 신앙의 간증들. 이것은 지난 시절 한국 개신교 어디에서든 만날 수 있는 공기와 같이 자연스런 가치 체계였다. 그러나 이제는 그런 고도성장 시대를 지나 버린 탈성장의 시대이다. 한국 개신교는 기존 패러다임이 더 이상 지속 가능하지 않은 상황에 대한 고찰과 이를 넘어서는 새로운 패러다임의 모색을 함께 수행해야 하는 패러다임 전환기를 지나고 있다. 이를 위해서는 먼저 이 세 가지 패러다임을 살펴보아야 한다.

---

[12] 자세한 내용은 양희송, 『다시 프로테스탄트』 제2부를 참고하라.

2 성직주의

성직주의의 역사적 배경

'성직주의'란 사제나 수도사들을 성스러운 직을 수행하고 있기 때문에 다른 이들과 차별적 대우를 받아야 하는 존재라고 생각하는 태도를 의미한다. 중세에는 이런 이유로 교회나 수도원 및 그에 속한 이들이 면세 혜택이나 치외법권 등의 사회적 특권을 누렸다. 이들은 또한 교회 내에서는 특별한 소명을 받은 존재, 일반 성도들과는 질적으로 다른 존재로 간주되면서 명예를 누리기도 했다. 성직주의란 이런 관행을 당연시하고 정당화하는 태도를 말하는데, 종교개혁 이전 시대에 벌써 심각하게 성직주의적 태도에 대한 교회 안팎의 비판이 고조되고 있었다.

원래 성직자에 대한 존경은 폴리카르포스, 유스티누스, 키프리아누스를 비롯한 수많은 초대 교회 시절 교회 지도자들이 보였던 희생과 모범에서 비롯되었다. 교회의 직분은 높고 낮음의 위계 순서가 아니었고, 박해를 받을 때 누구부터 끌려갈 것인지 보여 주는 순서란 말이 있을 정도였다. 그런 대단한 믿음을 보이는 것은 아무나 가능한 것이 아니란 생각에서 하나님이 특별히 부른 사람들, 즉 '소명calling'을 받은 매우 특별한 소수의 사람에게나 허락된다고 여겨졌다. 그러나 이런 '소명 의식'은 기독교의 국가 종교 공인 이후에는 특권 의식으로 쉽게 변질되었다. 희생과 모범이 뒷받침되지 않는 상황에서 성직자들을 향해 존경심을 품도록 하기 위해서는 작위적인 위엄과 명예를 가시적으로 드러내고 이를 사회적으로 강제할 수밖에 없었다.

마르틴 루터는 당대에 이미 많은 이에게 팽배한 이런 성직자의 특

권 의식에 대한 반발을 신학적으로 정리해서 폭발시켰다. 그의 '만인 제
사장priesthood of all believers'은 모든 성도가 곧 사제란 말이었고, 성직
자라는 특수한 계층의 근거를 그 근본에서부터 해체했다. 또한 '직업 소
명론'을 통해 소위 '성직'만 하나님이 부르신 소명이 아니고, 모든 직업
이 다 하나님이 부르신 바라고 말했다. 거룩하고 속된 직업이 따로 있지
않고, 모든 직업이 다 하나님께 영광을 돌리는 부르심이라고 했으니 당
시로서는 매우 파격적 가르침이었다. 루터 이후로 개신교 신앙은 성속
이원론에 기반한 성직 주장을 인정하지 않는다. 개신교 전통에서 목회
자의 역할은 기능적 역할 구분이지 존재론적 구분은 아니다. 대신 성도
들 모두가 삶에서 경건을 실천하고 교회에서 적절한 역할을 맡는 구조
를 발전시켜 나가게 되는데, 이런 이유로 감독제, 대의제, 회중제 등 다
양한 교회 정치적 구조들이 역사적으로 형성되었다.

물론 교회의 건강성에 있어서 목회자의 역할이 매우 큰 비중을 차
지하는 것은 사실이다. 그러하기에 교회가 목회자를 세울 때에는 적절
한 교육과 인격, 사회적 안목을 갖추도록 목회자 양성 제도를 운영해 왔
다. 마르틴 루터도 종교개혁 직후 개혁파 교회들에서 목회자들의 무지
와 방종으로 인한 어려움을 목격하면서 목회자 교육과 치리의 중요성을
절감했고, 그런 맥락에서 교리문답서를 저술하고, 목회자 청빙 제도를
손질하여서 교회 안팎의 인정을 받는 이들을 목회자로 세우도록 노력을
기울였다.[13] 중세 이래로 서구의 대학은 세 종류의 전문직을 비슷한 방

---

13 마르틴 루터, 『대교리문답』(최주훈 옮김, 복있는사람, 2017); 최주훈, 『루터의 재발견』(복있
는사람, 2017).

식의 교육과정을 통해 길러 내었다. 법률가, 의사, 성직자는 각각 사회의 질병, 육체의 질병, 영혼의 질병을 다루는 전문직이라고 여겨졌는데, 보통 2년의 교양 과정을 거쳐, 4년의 본과 공부를 하게 되어 있었고, 이후에 견습 기간인 인턴십과 전문 분야를 정하는 레지던트 과정을 거쳤고, 이 사이에 공인된 자격을 얻는 시험을 치렀다. 이들 전문직은 자격을 얻은 이후에는 그들만의 길드guild에 속하게 되는데, 오늘날 변호사협회나 의사협회 등이 그것이다. 목회자의 경우는 교단에 소속되는 것이 그에 준하는 구조적 장치다. 서구에서는 이런 전통의 흔적이 여전히 남아 있는데, 그만큼 목회자가 교육 수준이나 사회적 지위가 높았다는 사실을 잘 보여 주는 사례다. 이런 전문 직업군의 공통적 특성은 구성원의 숫자를 적정선으로 제한하고, 구성원의 잘잘못에 대한 상벌을 시행하는 자체의 제도를 엄격히 유지한다는 점이다.

한국 개신교 성직주의의 현실

한국 개신교에서 목회자의 지위는 어떠할까? 목회자 양성의 구조는 기본적으로 전문직의 틀을 유지하고 있다. 신학대학 학부(BA)를 졸업한 경우에라도 신학대학원을 졸업하여서 목회학 석사(M.Div) 학위를 받은 이에게만 목사 안수 자격을 주는 것이 일반적이다. 인턴에 해당하는 전도사 역할로 2~3년간 견습 목회자 과정을 지나면 시험을 거쳐 목사로 안수받고, 교회를 담임하거나 부목사로 활동할 수 있다. 대략 준비 과정에 10년 좀 안 되는 시간이 걸려야 목사가 되는 것이다. 한국의 주요 신학교나 대학의 신학 과정은 세계 어디에 견주어서도 결코 수준이 낮지 않다. 근대 이후로 개신교는 미국이나 해외와 한국 사회를 연결하는 주요한 통로이기도 했기에 문화적으로나 사회적으로도 목회자의 교육 수준이나 사회적 지위가 높은 편이었다. 종종 대도시의 낙후된 지역이나 시골 마을에서는 목사가 가장 높은 수준의 교육을 받은 이였고, 문화적으로도 고급한 취향을 갖고 있는 존재였다.

그러나 목회자가 이런 방식으로만 배출되지는 않았다. 앞서 언급한 법률가, 의사 등의 전문 직업군 가운데 한국 사회에서 그 고유한 제도적 특징이 가장 심하게 깨어진 직군이 목회자다. 구성원의 숫자를 적정선으로 제한하는 장치가 없고, 구성원의 상벌을 제대로 시행하지 못하고 있다. 이런 경우 해당 직군은 사회적으로 전문 직군으로 평판을 유지하는 것이 불가능해진다. 전국신학대학협의회KAATS에는 40개 신학교가 가입하고 있다.[14] 2014년 현재 대략 4백여 개 신학교가 존재하고, 그 가운데 57개가 인가받은 신학교이니 어느 정도 안정적으로 운영되는 곳은 전체의 10퍼센트선으로 추정된다.[15] 매년 7천 명가량의 신학생이 배출되는데, 예장 합동과 통합 측 인원만 천 명이 넘지만, 학력 인정 학교 졸업생은 2천 명이 안 된다고 알려져 있으니 압노석 나수가 찍질린 교육 여건이 뒷받침되지 않는 과정에서 배출되고 있는 것이 현실이다. 개신교 교단은 250여 개로 알려져 있는데, 그 전체 소속 교회와 목회자의 숫자는 제대로 파악되지 않고 있다. 2011년 문화체육관광부 자료는 그중 118개 교단에서 수집한 자료를 집계해서 대략 7만 7천 개 교회, 14만 명

---

14 전국신학대학협의회 사이트(http://kaats.or.kr/) 참조.

15 정재영, 「한국 개신교 신학대학의 현황과 실태」, 『기독교사상』(2014년 5월호, 통권 665호), 31~39.

의 목회자가 있다는 추정치를 내어 놓았다. 최근 주요 교단의 교세 보고를 보면, 몇 년간 성도 수는 줄어들었지만 목사와 교회의 수는 꾸준히 증가하는 양상을 보여 준다.[16] 앞으로도 상당 기간 이 추세는 변하지 않을 것으로 예측되었다.[17]

한국 개신교 목회자는 여러 면에서 스스로 사회적 지위를 훼손하는 구조적 조건 위에 있다. 목회자의 배출은 수요와 공급의 원칙에 따르지 않고 있다. 대부분의 신학교가 교단 목회자 양성이란 목표를 내걸고 운영되고 있으나, 교단은 현실의 필요에 따라 적절한 수의 목회자 수요를 예측하고 수를 조절하는 정책을 제대로 작동시키지 못한다. 주요한 몇몇 신학교가 수를 줄이는 노력을 하더라도 몇 배나 더 많은 신학생들이 이런 구조 바깥에서 배출되고 있다. 이들이 목회자로 안수받는 과정도 제대로 통제되지 않는다. 한 교단에서 걸러 내더라도 제도적 규제가 미비한 군소 교단을 통해 목사로 안수받을 수 있는 경로가 많이 존재하기 때문이다. 한국 사회에 물의를 일으켰던 조직 폭력배, 고문 기술자, 연예인 등이 불분명한 신학 교육 이후에 목사 타이틀을 달고 세상에 나타나 파장을 일으키는 것을 심심치 않게 볼 수 있는 것은 이런 이유 때문이다. 아마 이런 경로를 밟은 인물로 가장 대표적인 사례는 박근혜 전 대통령

---

16 "[2015 결산] 교인 17만 명 감소, 13만이 예장합동: 한국교회 주요 6개 교단 교세 통계… 목사, 교회는 조금씩 증가", 「뉴스앤조이」(2015. 12. 31. http://www.newsnjoy.or.kr/news/articleView.html?idxno=201196).

17 "목사가 차고 넘치는 시대: 예장통합 목사 27년 전보다 4.7배 증가… 2023년까지 꾸준하게 증가 예상", 「뉴스앤조이」(2016. 09. 26. http://www.newsnjoy.or.kr/news/articleView.html?idxno=206052).

2004~2014년 주요 교단 교회 수

	예장합동	예장통합	감리회	예장고신	기장	예장합신
2004	7,412	7,158	5,575	1,622	1,558	772
2005	10,717	7,279	5,698	1,655	1,564	762
2006	10,905	7,475	5,819	1,679	1,566	778
2007	11,112	7,671	5,928	1,689	1,580	791
2008	11,156	7,868	6,014	1,694	1,593	799
2009	11,353	7,997	6,077	1,720	1,590	804
2010	11,456	8,162	6,136	1,741	1,591	852
2011	11,512	8,305	6,280	1,774	1,600	872
2012	11,538	8,417	6,396	1,811	1,639	883
2013	11,593	8,592	6,518	1,852	1,656	896
2014	12,078	8,731	6,474	1,840	1,654	899

• 출처: 각 교단 교세 통계표(「뉴스앤조이」 기사에서 재인용[18]), 단위: 개

2004~2014년 주요 교단 목회자 수

	예장합동	예장통합	감리회	예장고신	기장	예장합신
2004	12,476	11,560	8,501	2,475	2,392	1,082
2005	17,037	12,223	9,006	2,659	2,488	1,072
2006	11,874	12,854	9,026	2,770	2,569	1,138
2007	18,264	13,887	9,236	2,903	2,634	1,193
2008	18,580	14,313	9,597	2,866	2,645	1,055
2009	18,611	14,997	9,795	2,914	2,672	1,656
2010	19,268	15,521	9,880	3,021	2,652	1,757
2011	19,829	16,257	10,135	3,124	2,723	1,842
2012	21,768	16,853	10,375	3,320	2,856	1,020
2013	22,216	17,468	11,282	3,308	2,879	1,982
2014	22,646	18,121	11,017	3,355	2,952	2,002

• 출처: 각 교단 교세 통계표(「뉴스앤조이」 기사에서 재인용[19]), 단위: 명

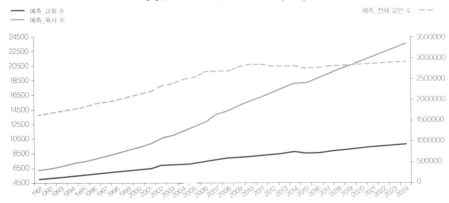

예장통합의 2024년까지 교세 예상 전망

━ 예측_교회 수
━ 예측_목사 수

예측_전체 교인 수 ━ ━ ━

• 교회 수, 목사 수, 교인 수 중 목사 증가 폭이 가장 가파르다(자료: '예장통합 총회 신학교육부', 「뉴스앤조이」 기사에서 재인용[20]).

의 배후 인물 최태민 목사일 것이다. 그는 무속인, 사이비 종교 교주 등의 이력을 전전하다 어느 순간 개신교 목사로 신분 세탁을 했다.[21] 그는 신학 교육 없이 작은 교단 총회장의 직권으로 목사가 되었고, 이후에 그 교단의 총회장을 지내기까지 했다. 그리고 그는 '대한구국선교단' 등을 만들어서 교계의 유력한 목회자들을 참여시켰고 유신 시절 개신교계를 동원하는 대표적 통로로 사용했다.[22]

---

18 각주 16 참조.

19 각주 16 참조.

20 각주 17 참조.

21 "최태민, 박근혜가 대통령 될 테니 근화봉사단 맡아달라"(「노컷뉴스」 2016. 10. 30. http://www.nocutnews.co.kr/news/4676743).

22 "최태민의 대한구국선교단, 주류교단 목회자 다수 참여"(「뉴스앤조이」 2016. 10. 26. http://www.newsnjoy.or.kr/news/articleView.html?idxno=206852).

엄밀하게 말하자면, 신학 교육과 교단의 안수 제도를 엄격하게 유지하는 것으로 목회자의 사회적 위상을 확립하는 데 기여할 수는 있지만 그것 자체가 개신교 목회자의 질적 수준을 자동적으로 확보해 주는 것은 아니다. 무학의 목회자도 얼마든지 가능하며, 학력 인정을 받는 교육 기관에 속하느냐 그렇지 않느냐가 절대적 기준일 수도 없다. 그러나 그것은 자체적으로 목회자의 자질과 책임성을 분별하는 제도나 구조가 마련되고 이를 엄격하게 운영했을 때라야 가능한 주장이다. 서구의 목회자 양성 구조를 도입해서 운용해 왔으면서 그 제도가 정상 작동하기 위해 병행되어야 할 장치들은 낱낱이 해체해 버렸다면, 이 거대한 개신교 목회자 양성 구조는 누구도 책임지지 않고 책임질 수도 없는 무책임한 제도가 되고 만다. 한국 개신교는 이런 방식의 제도 실패를 곳곳에서 보여 주고 있다. 총회와 노회가 책임 있게 움직여야 함에도 불구하고, 현재까지 자유방임적으로 흘러온 개신교 신학 교육과 목사 안수 제도의 문제는 단시간에 해결되지는 않을 것이다. 다시 한 번 종교개혁이 가르쳐 준 교훈인 '그리스도인의 소명은 목회자가 되는 것이 아니라 어떤 삶의 영역에서도 하나님의 부름을 받은 존재로 살아가는 것을 뜻한다'는 사실을 새삼 강조할 필요가 있다. 이 원칙 아래서 한편으로는 과잉 배출된 목회자의 수를 줄여 가는 노력이 시행되고, 다른 한편으로는 목회자로 훈련받았던 이들이 사회 여러 영역에 생활인으로 참여하며 새로운 삶의 방식을 수립해 가도록 돕는 방안이 마련되어야 한다.

종교개혁은 성직주의 개혁에서 시작했다

'성직주의'는 이런 구조적 조건 위에 놓인 목회자의 취약한 위상을 방어하기 위한 자연스런 대응이 되기 십상이다. 목사직을 과도하게 성스러운 직분으로 강조하고 그에 근거해서 권위를 주장하는 언행은 수평적 사고가 보편적으로 받아들여지는 한국 사회에서 매우 이질적이고 어색하다. 하지만 성직주의적 방식으로 오직 목회자만이 특정한 역할을 할 수 있다는 주장이 많다. 예배에서 목회자가 보통 해 오던 설교나 축도는 목사가 그 역할을 맡은 존재이기 때문에 수행하는 것일까, 아니면 그가 목사 안수를 받음으로써 일반 성도들은 갖지 못한 특별한 능력을 소유했기 때문인가? 기능적 차이를 말하는 것이 아니라, 그가 목사이기 때문에 특별히 영험한 기도와 설교를 할 수 있다는 식으로 존재론적 차이를 주장하는 것은 종종 발견하는 오류다. 목사직에 대한 이런 신화로 인해 신학교 학위가 마치 그 권위의 원천처럼 오해되기도 했다. 그러다 보니 이로 인한 분란도 적지 않았다. 목회자 청빙 시에 가짜 학위가 문제가 되는 사례도 있고, 해외에서도 학위 장사를 하는 학교들이 들통나서 뉴스에 등장하기도 했다. 이런 문제가 발생할 때, 노회나 총회는 엄격한 벌을 가해서 목회직의 윤리성과 전문성을 대외적으로 보호할 필요가 있다.

'지적 무지'와 '영적 나태'는 목회자로서는 치명적 약점이 될 수 있다. 한편으로는 학위로 지적 측면을 방어한다면, 성속 이원론을 강화하면서 영적 권위를 방어하고자 하는 것으로 볼 수 있다. 르네상스 시대부터 종교개혁 시기까지 네덜란드를 비롯한 북유럽을 중심으로 펼쳐진 '데보티오 모데르나Devotio Moderna'란 신앙 운동이 있다. 이는 평신도들이 중심이 되어 일어난 영성 운동이자 지성 운동이었다. 그들이 신앙 갱신 운동을 일으킨 이유가 바로 성직자들의 '지적 무지intellectual ignorance'와 '영적 나태spiritual negligence'였다. 이들은 평신도 남녀 수도원을 세워 '공동생활형제단'이란 이름으로 자생적인 수도 공동체를 시작했다. 이들의 영성 수련 방식은 나중에 이그나티우스 로욜라의 예수회를 비롯한 가톨릭 영성 수련의 효시를 이루었다. 또한 이들은 고전을 공부할 수 있는 학교를 세웠는데, 어릴 때부터 12년간 히브리어, 헬라어, 라틴어를 익힐 수 있는 과정을 운영했다. 이 학교를 통해서 당시 유럽에서는 변방에 속했던 북유럽 지역에서 고전 언어를 익히고, 중요한 고전을 읽을 줄 아는 지식 대중이 형성되었다. 신약성경 헬라어 사본 연구를 통해 헬라어 성경을 출판함으로써 종교개혁가들이 라틴어 중심의 중세 교회 신학에 대항할 수 있도록 해 준 에라스뮈스가 바로 이 학교에서 교육을 받았다. 또한 중세의 경건을 대표하는 저술 『그리스도를 본받아』를 쓴 토마스 아 켐피스가 이 수도원 전통에서 경건과 지성을 훈련받았던 것이다. 이들은 종교개혁 시대에 선행하여 '성직주의'로 인해 망가진 신앙의 전통을 직접 개선하고자 나섰다. 오늘날에도 성직주의의 폐해가 심각해지면 당연히 평신도들이 주도하는 영성 운동과 지성 운동이 등장하는 것은 필연이다.

마르틴 루터는 성직주의를 정면에서 공격했는데, 이는 당대 성도들이 이 문제를 심각하게 여기고 있었기 때문이다. 그는 자신의 초기 저서 중 3대 대표작 중 하나로 꼽히는 『독일의 기독교 귀족에게 보내는 공개서신』(1520)이란 문건에서 세 가지 장벽을 언급했다. 첫째는 성직자가 일반 성도들에 비해 우위에 있다는 주장이다. 그러나 실제는 모든 성도가 동등하며 사제는 단지 목회의 일을 맡았을 뿐 차별이 없다는 것이다. 둘째는 오직 주교와 교황만이 성경을 올바르게 해석할 수 있다는 거짓말이었다. 루터는 바른 신앙을 가지면 성도들도 충분히 성경을 제대로 해석할 수 있다고 말했다. 셋째는 오직 교황만이 공의회를 소집할 수 있다는 거짓말이라고 했다. 오히려 필요하면 교황의 문제를 다루는 공의회를 열 수도 있다고 주장했다. 그러면서 그는 공의회를 열어서 다루어야 할 여러 주제를 나열하는데, 거기에는 성직 헌상록을 비롯하여 교황과 주교들에게 집중된 각종 영지와 헌금들을 폐지해야 한다거나, 독일의 재산을 로마로 빼돌리는 추기경제 등을 없애야 한다는 주장이 담겨 있다. 돈벌이의 수단으로 전락한 여러 예식과 미사, 각종 명목으로 요구되는 헌금과 기부금, 로마로 향하는 성지순례, 각종 수도원과 순례처를 폐지하고, 교황이나 성직자들을 향한 허례허식을 타파해야 한다고 주장했다. 중세 시대에 교회의 문제를 에둘러 가지 않고 직접 공격한 루터의 직설이 오늘날에는 어디를 향할 것인지 생각해 볼 일이다. 오늘날 교단의 총회는 이런 개혁적 조치를 시행하자는 논의가 가능한 공간인가 되묻지 않을 수 없다.

개신교 목회자는 성직주의로 자기를 방어하는 존재가 아니고, 성직주의를 넘어선 자기 이해를 갖고 있어야 한다. 위계의식이 아닌 수평적 인식으로 성도들을 대하고 목회자로서의 소명에 입각한 사역을 감당하라는 것이 개신교적 원칙이다. 종교개혁 이후로 바로 이런 목회자상을 수립하기 위해 수많은 학자들과 사역자들이 노력해 왔다. 그런데 한국 개신교에서 다시금 성직주의적 경향이 주된 논쟁거리가 되고 있다는 것은 한국 개신교가 종교개혁의 열매란 사실과 심각한 부조화를 일으키는 현상이다.

3 성장주의

'교회론' 대신 '교회 성장론'만 있다

'성장주의'란 교회에 대한 평가 잣대를 오직 규모의 크고 작음에 국한하는 사고방식을 뜻한다. 감히 공언하자면 '한국 교회에는 교회론이 없다. 오직 교회 성장론뿐이다.' 어떤 교회가 좋은 교회인가 물으면 '성장하는 교회'를 좋은 교회라고 본다. 이 관점에서 작은 교회는 좋은 교회로 보기 어렵다. 목회자나 성도가 이런 관점에 사로잡히게 되면, 교회 성장에 목을 매게 된다. 결과로서 성장을 일으키지 못하는 모든 노력은 평가절하되고, 반대로 성장이란 결과를 내어놓는 행위는 그것이 무리하거나 부당하더라도 사후적으로 정당화되는 것을 자주 볼 수 있다. 그리고 이런 관점은 목회자만 갖는 것은 아니다. 성도들의 사고방식 속에도 깊이 뿌리내리고 있다. 어떤 지역의, 어떤 브랜드 아파트에 살고, 어떤 사이즈의 차를 타고, 어떤 이들과 어울리느냐로 자기 자신이 누군지를 드러내는 한국 사회의 과시적 욕망이 교회를 선택하고 운영하는 데서도 고스란히 관철되는 것이다.

몇 년 전 서울에서 청년들이 많이 모이기로 유명한 S교회의 담임 목사가 성 추문으로 사임하게 되었다. 그는 멀리 떨어지지 않은 곳에서 다시 교회를 시작했는데, 일설에 의하면 5백여 명이 따라갔다고 했다. 많은 이들이 그 목사의 비윤리성과 분별없음을 비판했고, 저런 사안이라면 곧 성도들이 다 떨어져나갈 것이라고 보았다. 그러나 웬걸 1년 만에 그 교회는 천 명 규모가 되었다는 이야기를 들었다. 왜 나쁜 교회는 망하지 않는 것일까? 윤리적 문제와 신앙적 위선의 문제 등 목회자로서 심각한 결함을 갖고 있는 것으로 보이는 상황에서도 사람들을 끌어당긴 요인은 무엇이었을까? '성장주의' 신화가 굳건히 그 교회에 자리 잡고 있기 때문이 아닐까. 교회 규모가 줄어들지 않는 한 이들은 반성하지 않을 것이다. 심지어 규모가 커지는 것을 목회자의 문제에 대한 면죄부로 인식할 것이다. 과연 그래도 괜찮은 것인가? 하나님 나라는 이렇게 확장되었다고 말할 수 있는가? 누구나 이런 사안은 하나님께 영광이 아니라, 모욕을 안기는 행태로 간주할 것이다. 그러나 성장주의에 물든 사고방식으로는 교회가 커졌는데 하나님이 싫어하실 가능성은 애초에 상상을 하지 못한다.

성장주의의 결과 1 — '교회 세습'

성장을 최우선으로 놓는 가치관으로 인해 발생하는 가장 대표적인 역기능이 '교회 세습'과 '과시적 교회 건축' 문제다. 한국 개신교에서는 최근 이 문제가 집중적으로 벌어지고 있어서 우려를 하게 된다. '교회 세습' 문제는 인종, 문화, 국가를 넘어서는 교회가 혈연에 따른 승계 대상이 될 수 없다는 간단한 상식에서부터 비판할 수 있다. 한국 사회는 지연, 학연, 혈연 등을 따라 특권의 승계가 이루어지는 것에 대해 부정적 인상이 강하다. 그러다 보니 북한, 재벌, 그리고 교회를 세습하는 대표적 집단으로 비판하는 내용을 종종 접할 수 있다. 교회세습반대운동연대(세반연)에 제보된 내용을 바탕으로 개신교 내에서 얼마나 세습이 이루어지고 있는지 추산해 보면 2017년 7월 현재 138개로 집계된다.[23] 여기에는 이름이 알려진 유명 중대형 교회들이 상당수 포함되어 있다. 세반연이 교회 세습에 대해 시행한 여론조사에 따르면 중장년층에서는 세습

반대 입장이 70퍼센트가 넘는 등 매우 부정적 여론이 형성되어 있다.[24]

개신교권에서 세습 문제는 사실상 대형 교회들의 세대교체 실패와 긴밀하게 관련된다. 몇몇 초대형 교회에서 후임자 선정 이후 전임 목회자 측과 갈등을 겪는 일이 발생했고, 급기야는 교회 분열과 세력 충돌 현상이 90년대 중반부터 꾸준히 벌어졌다. 그러다 보니 자식에게 교회를 물려주는 것이 훨씬 안전한 방법이란 인식이 싹트게 된 것으로 보인다. 교계의 유력 인사들이 줄줄이 세습을 선택했다. 특히 한기총의 대표를 지낸 이들은 앞서거니 뒤서거니 세습을 했고, 크고 작은 교단의 유력 교회들이 세습을 시행하면서 흐름을 주도했다. 이들은 소규모 교회에서 후임자를 찾지 못해 자식이 이어서 목회를 하는 사례 등을 들어 자신들의 선택을 정당화하는 명분으로 삼기도 했으나, 이런 극히 예외적인 경우를 들어 자신들이 특권의 세습이라고 비판받는 지점을 면할 여지는 없다. 몇몇 교단에서는 세습 금지법을 제정하고 있지만 이미 상당수 교회가 세습을 실시한 이후라 실효가 있을지 의문이고, 그런 와중에도 세습 금지법을 피해 편법적 세습을 하려는 시도는 계속 일어나고 있다. 세습 문제와 더불어 퇴임하는 원로 목사의 예우 문제로 논란을 빚는 사례도 자주 등장하고 있다. 과도한 퇴직금이나 전별금 요구 사례들이 심심찮게 나오고 있다 보니 교회가 아니라 기업을 경영하다 은퇴하는 것이

---

23 세반연에서는 제보된 138개 교회를 지도상에 표기해서 보여 주고 있다(http://www.seban.kr/home/sb_what_map).

24 세반연이 2013년 시행한 '교회 세습 여론 인식 통계 조사'의 결과는 해당 사이트(http://www.seban.kr/home/sb_what_number)에서 참고하라.

냐는 비판을 초래한다.

가톨릭교회는 12세기경부터 사제의 독신주의celibacy를 채택하고 있다. 이 제도는 초대 교회부터 있었던 것은 아니고, 주교나 수도자들 중 독신이나 금욕을 선택한 이들이 있었기에 일종의 권고 사항으로 존재해 왔다. 그러나 기독교의 국교화 이후 국가교회 체제를 갖추게 되자 곧 자식에게 지위를 세습해 주거나, 유력한 집안들이 중요한 직책을 독식하는 일이 벌어지게 되었다. 이런 상황 속에서 그레고리우스 7세 교황 시절 일종의 개혁 정책으로 라테란공의회(1123, 1139)에서 독신제를 천명했다.[25] 한국 사회에서 종교인들의 성범죄가 의료, 법조, 교육 등의 전문 직군 중에서도 높은 비율로 나오고 있는 현실에서 자식들에게 이어지는 부당한 세습 체제까지 나타난다면 심정적으로는 이런 목회자 '독신제' 이야기가 나올 수도 있다. 물론 독신제를 채택한 가톨릭교회가 지금 전 세계적으로 사제의 아동 성범죄로 인한 소송으로 엄청난 비판을 받고 있는 상황이니 독신제 자체가 해법은 아닐 수 있다. 한국 개신교가 제도적 예방책 혹은 강력한 책임성을 발휘하지 않는 한 이 문제는 개신교의 신뢰성을 심각하게 훼손하는 요소가 될 것이다.

성장주의의 결과 2 — '과시적 교회 건축'

한국 개신교의 '과시적 교회 건축'을 보여 주는 대표적 지표는 연간

---

25 M.H., "Why Catholic Priests Practise Celibacy?", *The Economist*(2017. 03. 27. https://www.economist.com/blogs/economist-explains/2017/03/economist-explains-16); Jerome Bertram, "The True History of Celibacy", *The Catholic Herald*(2016. 08. 18. http://www.catholicherald.co.uk/issues/august-19th-2016/the-true-history-of-celibacy/).

3백 건에 달하는 종교 단체 건물 경매 건수이다. 부동산 개발이 한창이던 시절에는 '건물이 전도한다'고 했다. 목 좋은 위치를 잡아 힘들더라도 교회 건물을 잘 지어 놓으면 성도들이 그득그득 들어차던 시대는 이미 지나갔다. 지금은 궁지에 몰린 나머지 교인 머릿수에 따라 교회를 사고파는 시대다. 무리하게 대출을 받아 교회 건축에 뛰어들었다가 파산한 사례들이 한때는 하루에 한 건 수준으로 벌어졌다. 왜 이런 방식으로 교회 건축에 몰입한 것일까? 종교 단체 운영 자금에 관한 정부 통계를 보면, 불교와 천주교가 각 4천 억 정도를 운영하던 시절에 개신교는 3조 원으로 추산되었다. 그런데 교회 건축이 한참이던 시절 개신교권의 건축 관련 대출이 9조 원으로 집계되었다. 이것은 데이터 자체가 메시지가 된다. 개신교 교회 재정의 압도적 액수는 대출금을 갚는 데 쓰이고 있었다. 건축 기간 중에는 긴축재정을 편성하는 것이 일반적이다. 대체로 선교, 교육, 구제, 봉사 등등의 예산을 동결하거나 줄일 수밖에 없을 것이다. 건축하는 기간 동안 교회는 자신들이 일상적으로 수행해야 할 일은 접어두고 열심히 헌금해서 대출금 갚는 부동산 개발 시절의 패턴으로 목회를 할 수밖에 없었다. 과연 이것은 바람직한 것인가?

종교개혁 시대의 대표적 문제로 꼽힌 면죄부 사건을 상기해 볼 필요가 있다. 신성로마제국에 면죄부를 팔러 온 요하네스 테첼은 왜 그렇게 무리한 수를 썼을까? 사실 그는 로마의 성베드로대성당 증개축을 위한 건축 자금을 모아 오라는 임무를 받았던 것이다. 유럽의 여러 지역에 이런 특사들이 파송되었다. 연옥에 있는 부모의 영혼을 위해 면죄부를 사라고 강권하고, 아직 짓지 않은 죄를 사하기 위해서 미리 면죄부를 사 두라는 식으로 수단과 방법을 가리지 않고 면죄부 판매에 나선 테첼의 행태에 분노한 마르틴 루터는 「95개 항목」이라는 항의문을 공개적으로 발표했고, 그 내용을 그 지역의 알브레히트 대주교에게도 서신으로 보냈다. 그는 서신에서 관리 감독 책임을 제대로 수행하지 않은 대주교에게도 강력한 비난을 퍼부었다. 그런데 거기에는 종교개혁을 촉발한 또 다른 요인이 숨어 있었다. 테첼이 면죄부를 팔아 거두어들인 돈에서 절반을 대주교가 갖기로 되어 있었기 때문이다. 당시 교회의 중요 직책을 얻는 데는 상당한 뇌물이 필요했고, 성직은 그런 식으로 거래되었다. 신성로마제국의 금융자본가 푸거 가문에서 거액을 빌려 대주교직 외에도 여러 요직을 겸하고 있었던 알브레히트는 테첼의 행태를 방치할 수밖에 없었고, 거기에는 자신의 이익이 걸려 있기도 했다. 종교개혁을 직접적으로 촉발한 사건은 이렇게 교회 내의 돈과 관련된 건축 헌금과 성직매매 때문에 생긴 일이었다.

교회론과 구원론의 필연적 왜곡

돈에 대한 욕심은 많은 것을 왜곡시키고 부패하게 한다. 그 욕심은 우선 헌금 자체를 왜곡한다. 헌금을 내면 교회는 그들의 이기적인 욕망을 충족시켜 주는 종교적 위안을 제공함으로써 그 의미를 변질시켰다. 이는 필연적으로 교회론의 왜곡을 불러온다. '교회란 무엇인가'란 질문을 던지지 않을 도리가 없게 된다. 교회란 로마에 있는 교황이 거주하는 곳을 뜻하는가, 성직자들이 멋진 옷을 입고 위엄 있게 예배 의식을 치르는 곳을 뜻하는가, 예수는 어디에 계시는가, 예수라면 어떻게 하실까. 질문은 꼬리에 꼬리를 문다. 마르틴 루터는 중세 교회의 신학을 '영광의 신학'이라 말하며 비판하고 자신의 신학을 '십자가의 신학'이라고 명명했다. 예수의 십자가가 핵심적 관심사가 되어야 마땅하다는 이야기를 새삼스럽게 시작한 것이다. 교회론의 왜곡은 필연적으로 구원론의 왜곡으로 이어진다. 누가 교회의 진정한 구성원이냐를 두고 헌금을 얼마나, 어떻게 하는 것이 중요하다는 식으로 가게 되면 구원의 문제도 이런 식의 타락을 피하기 어렵다. 최근 한국 개신교권의 어느 대형 교회 목사는 '십일조 하지 않으면 암 걸린다'는 식의 발언을 했다. 숱한 비난은 받았지만, 그런 발언은 돈에 대한 사랑이 목회도, 교회도, 구원도 변질시킨다는 것을 웅변으로 보여 준 사건이라고 생각한다.

종교개혁을 촉발한 직접적 요인으로 성직매매와 헌금 강요 문제가 걸려 있었다. 성장주의, 즉 신앙 생활의 결과를 수적인 결과로 판단하려는 태도는 결국 돈의 문제와 결부된다. 돈은 성경에도 맘몬Mammon이란 이름으로 종종 등장한다. 하나님과 더불어 섬길 수 없는 대상이다. 이것이 신앙에 결부되는 순간 교회론도 망가지고, 구원론도 이상해진다. 교회가 더 이상 교회이기 어렵고, 구원이 무의미한 종교적 자기기만 행위로 전락하게 된다. 교회와 신앙의 이름으로 사기꾼의 말놀음이 판을 치게 된다. 우리는 중세 시대에 이런 상황을 한 번 보았기에, 지금 한국 개신교는 어떠한가 질문을 던지고 있다.

가나안 성도의 등장

제도 교회에서 이런 상황을 접하다 보면, 신앙을 버리는 이도 나오지만, 역설적으로 '교회'로부터 신앙을 지키기 위해 '교회'를 떠나는 이들도 나올 수 있게 된다. 교회를 떠난 그리스도인을 일컬어 '가나안 성도'라고 한다.[26] 한목협은 2013년 조사에서 자신을 그리스도인이라고 밝힌 이들 가운데 현재 교회에 출석하지 않는다고 답한 이들이 약 10퍼센트 정도 되었다고 밝혔다. 이에 근거해서 약 백만 명 정도가 교회에 나가지 않는 그리스도인으로 추산된다. 최근에는 2015년 인구주택총조사에서 10년 사이에 개신교인이 백만 명이 넘게 늘어난 내용을 분석하면서, 기존 교단에서는 교세가 정체되거나 줄어드는 현상이 일관되게 나오고 있는 것을 감안해서 증가했다는 개신교인이 사실상은 가나안 성도에 해당할 것으로 보아, 그 규모를 150~200만 명 정도로 보는 견해도 있다.[27]

교회가 끊임없이 대형화를 추구하는 모습은 마치 기업의 무한 성장 욕구를 보는 것과 같다. 대형 교회는 여러 면에서 기업의 원리를 내면화하고 있고, 성도들도 그에 익숙해져 간다. 종종 대형 교회와 작은 교회 간의 충돌이 벌어지면 마치 대형 쇼핑몰과 지역의 재래시장이 상권 다툼을 하는 것이 아닌가 싶은 상황이 생긴다. 과연 교회란 성도들을 놓고 경쟁하는 서비스업에 불과한 것일까? 가나안 성도들은 이런 면에서 성장주의로부터의 이탈을 선언하는 다양한 흐름의 하나에 속한다. 지역 교회들 가운데에도 성장주의 일변도의 교회론이 바람직하지 않다고 보아 대안을 모색하는 이들이 꾸준히 등장하고 있다. 무한 성장보다는 신앙의 건강성과 공동체성을 중요하게 여기는 이들은 의도적으로 일정한

---

26 '가나안 성도'에 대해서는 양희송의 『가나안 성도, 교회 밖 신앙』(포이에마, 2014), 정재영의 『교회 안 나가는 그리스도인』(IVP, 2015)을 참고하라.

27 목회사회학연구소, "잃어버린 개신교인 200만을 찾아서"(「뉴스앤조이」 2016. 12. 26. http://www.newsnjoy.or.kr/news/articleView.html?idxno=207986).

규모를 넘어서지 않도록 숫자를 제한하거나, 일정한 숫자를 넘어서면 교회를 분할해서 분립하는 선택을 한다. 이를 통해 좀 더 지역 밀착형 목회 활동을 하고 공동체 내부의 필요에 민감하게 반응하는 교회가 되기를 추구한다. 성장주의를 당연한 원리로 삼아 지내 온 한국 교회 입장에서는 저성장 혹은 탈성장 시대를 만나는 것이 매우 당혹스러운 일이다. 그러나 역설적으로 그런 상황은 다시 교회의 진정한 의미가 숫자가 아니란 사실을 일깨우며, 그 가치를 어디에서 찾을 것인가 하는 본질적 질문을 던지는 기회가 되고 있다.

4 승리주의

공격적 전도를 하는 이유

'승리주의'란 간단히 설명해서 '그리스도인이 불신자들의 세상을 만날 때에는 전도 아니면 선교를 하기 위해 만나야 한다'는 생각에서 형성된 태도를 뜻한다. 보통 그리스도인은 구원받은 존재이며 구원받지 못한 세상을 향해 끊임없이 전도의 직무를 수행할 의무 혹은 특권을 위임받았다고 생각한다. 그리스도인의 삶의 모든 영역은 결국 전도와 선교의 대의명분 아래 재정렬되고, 이를 제한하는 저항을 만날 경우 전투적으로 발현된다. 80년대 대학가에서는 총학생회가 출범할 때 전통문화의 이름으로 고사를 지내거나, 장승을 세우는 경우들이 있었다. 이런 행위에 대한 개신교인들의 반발은 매우 공격적이었는데, 교문 입구에 세운 장승은 대체로 오래지 않아 개신교인들에 의해 잘려나가곤 했다. 대학 사회 내에 개신교인들로서는 용납할 수 없는 문화가 침범했다고 생각한

탓이다. 서울 시장 시절 '서울시 봉헌 기도'를 했던 이명박 전 대통령의 사례도 그런 맥락이다. 시장이나 군수가 그리스도인이라면 자신이 책임을 맡은 도시를 하나님께 올려드리겠다는 심정으로 기도하는 것은 자연스런 귀결이다. 거기서 조금만 더 나아가면 타 종교의 영역에 들어가서라도 공격적 전도를 시행하는 경우가 나타난다. 불교 사찰에 들어가 '땅밟기 기도'를 한다거나, 대웅전의 불상을 훼손하는 사례가 의외로 자주 벌어진다. 그것을 수행하는 이들의 내면에서는 이것이 타 종교를 배려하지 않는 무례한 행위가 아니라, 내 신앙의 진정성을 증거하는 용기 있는 신앙 행위가 된다.

수많은 개신교인들이 「에스더서」의 한 구절, 즉 이스라엘 백성들이 박해의 위기에 처하게 되었을 때 왕후가 된 에스더에게 유대인 모르드개가 왕의 진노를 풀기 위해 나서도록 결단을 요청하며 "왕후께서 이처럼 왕후의 자리에 오르신 것이 바로 이런 일 때문인지를 누가 압니까?"(「에스더서」4: 14)라는 유명한 구절을 기억한다. 그리스도인이 세상의 명예나 고위직을 얻거나, 권력을 갖게 된 것은 개인의 영달을 위해서가 아니고 같은 성도들을 위해서 그 명예나 권력을 사용하라는 뜻이 아니냐는 해석이다. 이 구절은 숱한 오해의 근원이 된다. 특히 공직에 나간 그리스도인들이 자신의 권한을 이용해서 전도의 기회를 만드는 것을 신앙적으로 정당화하는 의미로 오해한다. '당신을 그 지위에 두신 것은 교회와 복음 전도를 위해 그 영향력을 사용하라는 하나님의 뜻'이라고 해석하는 것은 공적 책임과 관련해서는 반쪽짜리 해석이다. 그리스도인이 전적으로 하나님 나라의 가치를 위해 헌신하는 삶을 살아야 한다는 것은 두말할 나위가 없다. 그러나 공직자로서의 권한을 그렇게 이용하는 것은 하나님 나라의 가치를 매우 직접적이고 편협한 방식으로 해석한 것이다. 성경에서도 저울을 속이지 말고, 세금을 자의적으로 매기지 말라는 경계를 한다. 우리는 종교개혁 이후의 시대를 살고 있다. 종교개혁은 이런 문제를 생각하는 데 매우 중요한 변화를 일으켰던 사건이다.

종교전쟁은 어떻게 끝날 수 있었나?

종교개혁 시기에 신교와 구교, 그리고 재세례파 등은 서로 나뉘어 심각한 종교전쟁을 겪었다. 이 전쟁은 쉽게 끝나지 않았고, 결국 전 유럽을 30년전쟁의 폐허 속으로 몰아넣었다. 지역에 따라 인구의 25~50퍼센트가 죽음을 당하는 일이 비일비재하게 벌어졌고, 용병을 사서 대리전쟁을 치렀던 당대의 관행은 매우 비인도적 살육이 일상적으로 저질러지는 결과를 낳았다. 사람이든 가축이든 가리지 않고 죽음을 당했고, 우물에는 독을 풀고, 마을은 불사르는 식의 궤멸전이 펼쳐졌다. 그런 전쟁터에는 응당 심각한 전염병이 창궐하게 마련이었다. 이렇게 상호 멸절적 전쟁을 수행하면서 누구나 이런 식으로 전쟁을 지속하는 것은 미친 짓이란 것을 알고 있었다. 그러나 종교의 이름으로 치러지는 이 전쟁을 멈출 수가 없었다. 그것은 다름 아닌 신의 이름으로 상대를 멸절시켜야만 하는 전쟁이었기 때문이다. 이 난처한 전쟁을 끝내기 위해 서구가 합의에 도달한 개념이 바로 '종교적 관용religious tolerance'이다. 관용이란 우리의 오해처럼 '상대의 소신을 너그럽게 받아 주는 넓은 마음씨'가 아니다. '이것도 좋고, 저것도 옳다'고 보는 상대주의적 가치관도 아니다. 관용의 처음은 '나는 당신의 신념을 절대로 인정할 수 없지만, 그것 때문에 당신을 죽이지는 않겠다'는 메시지에서 출발한다. 신념을 서로 받아들여서 마치 차이가 존재하지 않는 것처럼 하는 것은 애초부터 불가능한 이상이다. 서구인들은 다만 그 수용 불가한 신념 때문에 서로를 죽고 죽이는 일은 멈추기로 합의했을 따름이다. 공멸의 딜레마에서 그렇게 벗어난 것이다. 가톨릭이 권력을 잡으면 개신교인을 다 죽이고, 개신교가 권력을 되찾으면 가톨릭을 다 숙청하는 그런 시대를 끝내고, 이제는 권력의 향배 때문에 목숨이 오가는 상황은 벗어나자는 합의였다. 그 관용의 정신은 이내 조금씩 확장되어, "당신의 신념을 받아들이지는 않지만, 그것 때문에 사회적 불이익을 당하도록 하지는 않겠다"는 취지에서 '양심의 자유', '종교의 자유', '사상의 자유' 등의 고전적 자유권 개념을 낳았다. 그리고 이는 '표현의 자유', '출판, 결사의 자유', '언론의 자유' 등 각자가 자신의 소신을 개진하고, 드러내는 것을 상호 인정하는 수준으로 나아갔다. 이런 조항들은 근대 헌법을 갖춘 대부분의 국가에서는 다 인정하고 있는 내용이다.

종교개혁 이후 서구에서는 종교를 직접적인 정치 사회적 이해관계의 한 당사자로 작동시키지 않도록 하는 합의가 형성되었다. 피나는 전쟁을 치르고 얻은 사회적 합의점이었다. 그 결과 서구에서 종교는 공적 영역에서 사적 영역으로 자리를 옮겨 가게 된다. 개인으로서 어떤 종교적 신념을 갖고 있는지 상관없이 공적 영역에서는 종교에 따른 이해관계가 작동하지 않도록 하는 것이 근대적 사회의 암묵적 합의였던 셈이다. 이 합의는 오늘날에도 중요하게 지켜지고 있다. 국가는 '종교의 자유'를 보장하는 것을 헌법적 가치로 천명하고 있으며, '정교 분리의 원칙'에 따라 종교가 공적 영역에 직접 개입하거나 반대로 정치 권력이 종교에 간섭하는 일이 없도록 하고 있다. 종교가 공적인 영역에 등장하려면 그것은 언제나 공공선의 차원에서 정당성을 인정받을 수 있는 방식에 한정된다. 즉 마치 학연, 지연, 혈연 등의 다른 연고주의에 따라 공익이 왜곡되고 휘둘리면 안 되는 것처럼 종교 연고주의에 따라 자신들의 이익을 배타적으로 추구하는 것은 근대 이후에는 비판의 대상이 되는 것이다.

개신교는 중세에서 근대로 넘어오면서 사실상 이런 공적 영역의 다원성을 확립하는 일을 적극 환영하는 입장에 서 있었다. 이를 통해 서구 사회에서는 종교의 자유를 얻어 내었기 때문이다. 개신교는 직접적인 복음 전도의 계기가 아니더라도 사회의 공공성에 봉사하고, 이를 유지하는 일을 중요하게 여겼다. 그리고 특히나 종교개혁의 직업 소명론적 입장에서는 공직에서 일하는 것 역시 하나님의 부르심을 따라 할 일로 여기며 자신의 직업을 수행했다. 가톨릭처럼 지상의 국가와 천상의 교회를 둘로 나누어 섬기는 것도 아니고, 재세례파처럼 국가에 참여하는 것 자체가 죄와 악이 될 수 있다고 본 것도 아니었다. 개신교의 주류 전통은 국가나 사회가 명시적으로 하나님을 거스르지 않는 한, 공직자로 일하는 것을 금하지 않았다. 그것은 그 자체로 전도가 이루어지는 것은 아니었지만, 개신교가 역사 속에 확립한 태도로 마땅히 준수할 규범의 한 부분이었다.

'승리주의'가 아니라 '신앙의 공공성'

아쉽지만 한국 개신교에서는 이런 논의가 거의 부재하였다. 교회와 세상을 이분법적으로 나누어 놓고, 교회의 수적 증가를 곧 하나님 나라의 확장으로 간주하였다. 그리고 세상 질서에 속한 국가나 공공의 영역은 영적 가치인 복음 전도에 종속적이거나 수단적 지위에 머무는 것으로 오해했다. 자신에게 주어진 권력과 영향력은 전도를 위해 언제든지 사용될 수 있고, 사용하는 것이 마땅하다는 생각이 꽤 오랫동안 한국 개신교인들의 사고방식을 지배했다. 우리는 종종 편법으로 인허가를 얻어 교회나 기도원을 지었다며 하나님께 감사를 드리는 기도를 해야 했고, 마땅히 감당해야 할 세금이나 규제를 피해 가는 것 역시 하나님의 도움으로 해석하는 설교를 종종 들었다. 공공성은 복음과 상관이 없는 가치처럼 여겨 온 것이다. 최근 몇 년 사이에 개신교의 승리주의적 양상은 강하게 드러나고 있다. 과거에는 '정교 분리'에 따라 현실 정치에 대한 비판적 발언을 삼가야 한다는 태도를 갖고 있던 보수 교계에서는 2000년대 이후로 매우 활발히 보수 우파의 노선에서 노골적인 정치 개입을 하고 있다. 급기야는 2007년 대선에서 뉴라이트 운동이란 이름으로 장로 대통령의 탄생에 상당히 깊게 관여한 바 있다. 이 흐름은 이후에도 꾸준히 국정 교과서 문제, 탄핵 반대 운동 등으로 이어지는 우파 노선과 행보를 같이하고 있다. 게다가 이들이 꾸준히 벤치마킹하는 미국에서는 트럼프 대통령의 탄생으로 1980~1990년대에 낙태, 동성애 등을 사회적 쟁점으로 만들어 내며 교육과 문화 영역에서 숱한 논쟁을 낳은 '문화 전쟁culture war' 모델이 다시 등장하고 있다. 한국 사회는 아마 미국의 사례를 잘 지켜보면 공공성의 인식이 취약한 종교적 권력이 어떤 문제를 낳는지 반면교사로 배울 수 있을 것이다.

승리주의적 사고를 넘어서려면 세상을 전도와 선교의 대상으로만 바라보는 태도를 넘어서야 한다. 혹은 전도와 선교의 의미를 확장해야 한다. 승리주의적 태도에 기반한 사회참여는 사실상 패권주의나 정치 개입에 가까운 양상으로 드러나게 마련이다. 그것은 현실 정치의 어떤 질적인 변화를 추구하지 않는다. 다만 권력의 획득과 그 편에 서는 것을 구할 따름이다. 성도들의 숫자를 배경으로 간단히 정치적 권력을 얻어 보겠다는 계산으로 '기독교 정당'을 만드는 이들이 매 선거마다 끊이지 않고 등장했다. 성직주의와 성장주의가 승리주의와 기묘하게 결합한 기형적 결과물이다. 개신교의 사회참여는 그보다는 더 나은 사고의 틀 위에서 수행되어야 한다. 사회의 공공선을 증진시키기 위한 저마다의 역할과 노력을 지원하고 격려하는 것이 마땅하다.

최근에는 지역 교회가 자기 건물을 소유하는 대신 학교 강당에서 예배를 드리고, 학교에 필요한 시설을 마련하거나 장학금을 지원하는 등의 방식으로 교육기관을 지원함으로써 서로에게 도움이 되는 사례가 꽤 많이 일어나고 있다. 지역 주민들이 부동산 가격 하락을 이유로 거센 반대를 했으나 교회가 이를 감수하면서 장애인 학교를 설립하는 데 주도적 역할을 한 경우도 있었다. 전형적인 전도나 선교의 논리가 아니라, 사회적으로도 잘 확보되지 않는 약자들이 권리를 위해 교회가 물심양면으로 나서 '신앙의 공공성'을 잘 보여 준 사례라고 볼 수 있다. 전국적인 재난이나 구호 활동에 적극 나서는 교회도 있다. 지자체와 협력하여 독거 노인들을 위해 반찬을 만들어 배달하는 일에 예산을 지원하고 자원봉사에 나선 교회도 있다. 주중에 교회 공간을 개방해서 지역 사회의 다양한 행사가 열릴 수 있도록 하는 일은 크고 작은 교회들이 다양하게 행하고 있는 일이기도 하다. 이런 일들은 전통적으로 전도와 선교의 명분 아래 시행되기도 했으나, 최근에는 그와는 다른 공공성의 맥락에서 실천되는 사례들이 나오고 있는 것이다. 수혜자에게 굳이 종교적 반응을 요구하지 않고도 다양한 차원의 자원봉사와 협력 활동이 이루어지고 있다는 점에서 과거와는 다른 양상이 나타난다고 볼 수 있다.

한국 개신교는 1980년대 후반부터 해외 선교를 매우 열심히 추진해왔다. 그러나 그 선교가 일방적이거나 공격적으로 수행되면서 여러 차원의 파장을 일으킨 바 있다. 현지의 문화와 어울리고, 그들의 전통을 존중하며, 그들의 삶을 개선하는 작업이 함께 가지 않으면 기독교는 문화의 파괴자나 침략자가 되고 마는 오래된 오류를 다시 반복하는 수밖에 없다. 한국 개신교의 젊은 세대들에서는 '사회 선교'에 대한 관심이 다시금 일어나고 있다. 이것은 기존의 승리주의적 관심에 갇히지 않고 다원성을 존중하고, 한국 사회에 필요한 사회적 가치를 위해 헌신하려는 이들이 등장하는 현상을 뜻한다. 기독 시민운동이란 범주 아래 크고 작은 새로운 모임과 조직들이 생기고 있는데, 일반 시민운동과도 교류하고 협력하면서 교회 중심적 움직임에서는 시도하기 힘든 다양한 소통이 벌어지고 있다. 개신교 교회는 한국 사회의 어디에도 들어가 있는 풀뿌리 조직이기도 하다. 그런 풀뿌리에서 공공선을 증진시키고, 자원을 공급하는 일이 일어난다면 시민사회를 획기적으로 강화할 수 있는 기여가 될 것이다. "하나님 나라는 교회보다 크다"는 생각 아래 지역 교회의 목회 차원을 넘어 시민사회의 다양한 요구에 응답하는 교회와 개신교인들이 늘어나고 있고, 이는 앞으로 개신교의 사회적 존재 양식이 패러다임 전환기를 잘 지나게 되면 새로운 방식으로 한국 사회를 만날 가능성을 기대하게 된다.

3장

종교개혁의 교훈과 한국 개신교의
새로운 패러다임

한국 개신교가 2017년을 종교개혁 5백 주년으로 거창하게 기념하는 것은 한편으로는 개신교의 기원을 되새긴다는 의미는 있을지 모르나, 독일이나 서구의 다른 국가처럼 루터파가 큰 규모로 존재하는 것도 아닌 상황에서 난데없이 느껴질 수도 있다. 나름 아닌 '종교개혁'을 기념하는 방식이라면, 오늘날의 교회를 과거의 역사적 교훈에 비추어 살펴보는 계기로 삼고 새로운 변화의 방향을 모색하는 것이 가장 바람직하다고 볼 수 있겠다. 5백 년 전의 시대가 어떤 역사적, 사회적 조건 위에 있었는지, 거기서 발생한 여러 개혁 운동이 추구했던 가치는 무엇이며, 한계는 무엇이었는지, 그래서 오늘날 우리에게 주는 메시지는 무엇인지 등이 물어야 할 질문이 될 것이다.

이를 위해서는 우리가 종종 종교개혁을 상기할 때 범하는 전형적인 오해를 먼저 극복할 필요가 있는데, 종교개혁을 마치 '이신칭의

justification by faith'라는 신학적 교리 하나를 놓고 싸운 신학 논쟁 정도로 생각한다든지, 마르틴 루터나 장 칼뱅 등의 유력한 개혁자 한둘의 업적으로 환원해서 이해한다든지, 오늘날의 정치, 경제, 사회, 문화, 종교 등으로 사회 영역을 나누는 구분을 따라 종교개혁을 종교 영역의 사안만으로 축소해서 들여다본다든지 하는 경우들이 있다. 종교개혁을 역사적 시공간에 되살려 놓고 검토하려면 우선 그 전후좌우를 살피는 일이 선행되어야 한다. 과연 그 사건은 무엇으로 촉발되었고, 어떤 유산을 남겼는가 폭넓게 되새겨 보아야 하다.

1 종교개혁의 동력, 저항 정신

우선, 종교개혁을 가능하게 만들었던 대중적 저항 의식에 먼저 주목하자. 마르틴 루터보다 2백 년 전부터 중세 교회에 대항하여 개혁을 외친 이들이 있었다. 비록 잔인하게 제압당했지만, 그런 2백 년에 걸쳐 축적된 문제의식이 대중적으로도 뿌리가 깊었다. 프랑스의 왈도파는 청빈과 금욕을 내세우며, 종교 귀족들이 장악한 제도 교회와 대조되는 실천적 영성을 추구했다.[28] 이들은 공동생활을 하고, 가난한 자들을 돌보며, 신심 깊은 기도 생활을 영위했고, 사람들의 칭찬과 존경을 얻었으며, 스스로 '리옹의 가난한 자들'이라 불리기를 좋아했다. 14~16세기 네덜란드를 배경으로 등장한 '데보티오 모데르나' 운동은 평신도 신앙 운동이

---

28 손은실, 「피에르 발데스와 '리옹의 가난한 자들'에게서 배우는 교회개혁」, 『신학과 교회』 제5호(2016년 여름호), 55~80.

었다.[29] 앞 장에서 살펴보았듯 이들은 당시 사제들의 지적 무지와 영적 나태에 반발해서 평신도 수도원을 세워 영성 운동을 하고, 지성 운동을 위해 히브리어, 헬라어, 라틴어를 가르치고 고전을 읽도록 하는 학교를 세우기도 했다. 이들 덕분에 북유럽 지역에 고전어를 읽을 수 있는 지식 대중이 형성되었다. 그들이 읽었던 고전들이 바로 그리스와 로마의 인문학 저술들이었고, 히브리어와 헬라어 성경 사본들이었다. 이들의 지성과 영성 운동은 신교와 구교 모두에 개혁적 영향을 주었다.

'종교개혁의 샛별'로 잘 알려진 영국의 존 위클리프나 체코의 얀 후스 모두 루터와 그 내용에 있어서는 대동소이한 주장을 하고 이를 실천했다.[30] 당시의 라틴어 성경을 자신들의 모국어로 번역하고, 모국어로 설교하는 등의 방식으로 전혀 소통이 이루어지지 않던 라틴어 미사에서 벗어나고자 노력했다. 이들은 교황청의 단호한 조치로 이단으로 몰리고, 결국은 무덤이 파헤쳐지거나 공개 화형에 처해졌다. 그러나 이들의 목소리는 외로운 선각자에 머물지 않았다. 영국에서는 위클리프의 가르침을 따르는 롤라드 신앙 운동이 형성되었고, 체코에서 얀 후스는 국가적 영웅이 되었다. 대중들의 마음에는 이미 불을 질렀던 것이다. 그들은 명백히 교황청의 처사가 잘못된 것임을 인식하고 있었다. 교황청이 파문하고, 부당히 화형시키는 이들이 많아질수록 단순한 반감은 분노로

---

29 Albert Hyma, *The Christian Renaissance: A History of the Devotio Moderna* (New York & London: Century Co, 1925).

30 김요섭, 「위클리프의 생애와 교회 개혁 사상」, 『신학과 교회』 제5호(2016년 여름호), 81~108; 홍지훈, 「얀 후스의 종교개혁」, 『신학과 교회』 제5호(2016년 여름호), 109~131.

타올랐고, 누군가 정의롭게 나서는 이가 있다면 기꺼이 지지할 의향을 갖는 의분에 가득 찬 대중들이 형성되고 있었다.

마르틴 루터야말로 신성로마제국 대중들의 목구멍에까지 차오른 불만을 대변함으로써 예기치 않게 종교개혁의 대표 주자가 되어 버린 경우다. 교황청이 신성로마제국 지역으로 파견한 면죄부 장사꾼 요하네스 테첼의 무분별한 헌금 독려 행태에 분노한 루터는 라틴어로 95개조에 걸쳐 항의와 분노를 담은 서신을 써서 대주교를 포함한 여러 신학자와 목회자들에게 보냈다. 그의 직설적인 서신은 예상치 않게 신학자들과 목회자들, 지식인들에게 큰 반향을 일으켰고, 두 달 만에 독일어로 번역되어 인쇄됨으로써 전 유럽에서 민심의 폭발을 초래했다. 그는 개혁 초기 교황청이 자신을 파문시키는 문서를 보내 오자 이를 공공연히 불사르는 행사를 성대하게 거행하고, 자신이 쓴 개혁 문건들을 읽어 보라며 교황청으로 보내며 맞받아치는 식으로 대중들의 저항심을 북돋우었다. 추방 아니면 죽음을 놓고 다투는 신성로마제국의 회의에 소환되어 자신의 근거인 북쪽의 비텐베르크에서 남쪽 아래의 보름스까지 한 달이 넘는 거리를 가야 했을 때, 루터는 마치 개선장군처럼 가는 곳마다 시장이나 제후의 환대를 받았고, 대학의 총장들과 교수들은 그를 청해 강연을 들었다. 제국의 권력이나 교황청의 위협이 무시해도 좋을 상황이 결코 아니었음에도 불구하고, 루터의 당시 행보는 대중들의 뜨거운 호응과 관심을 받으며 민심이 어디에 있는가를 드러낸 시위 행위였다.

이것은 무엇을 말해 주는가? 이는 종교개혁을 단순히 교회 내부에서 신학적 이견을 놓고 다투었던 사건 정도로 축소해서는 안 된다는 사실을 일깨운다. 대중들이 환호한 혁명적 운동들이 다 옳은 것이라 말할 수는 없으나, 적어도 마르틴 루터의 개혁을 비롯하여 그의 앞뒤 2백여 년을 포괄하는 종교개혁운동은 이미 대중들 속에 각인된 중세 교회의 부정과 부패에 의해 촉발되었으며, 이를 제도 교회가 제어할 수 있을 것이라 오판했을 때 오히려 대중들은 강렬한 저항 의지를 결집시켰다는 점을 기억해야 한다. 평신도 운동이 활성화되어서 교육, 영성, 지성 운동 분야에서 일정한 수준의 역량과 공감대가 형성되었을 때 개혁의 움직임은 제대로 힘을 발휘할 수 있었다. 한국 개신교는 어떤 상황이고 어느 정도의 수준에 도달해 있는 것일까? 종교개혁의 가르침을 어느 곳에 서서 바라보느냐에 따라 판단이 달라질 것이다. 교계 내부에서는 그 정도의 반발이나 비판은 감수하고 갈 수준이니 가던 길을 그대로 가자고 판단하는 이들이 있을 것이고, 민심의 이탈이 심상치 않고, 비판의 내용과 수준이 이대로 방치해서는 안 될 것이라 판단하는 이들이 있을 것이다. "변하든지, 망하든지"라는 위기의식 없이는 미래가 없다는 단호함이 필요한 순간으로 보는 이와 "이 또한 지나가리라"로 대책 없이 요행을 바라는 이들이 그리는 세상은 많이 다를 것이다.

2 종교개혁의 두 가지 핵심 교훈

'오직 성경'과 '오직 믿음'

종교개혁의 핵심 교훈을 흔히 다섯 개의 '오직Sola'으로 요약한다. '오직 성경sola scriptura, 오직 믿음sola fide, 오직 은혜sola gratia, 오직 그리스도solus Christus, 오직 하나님께 영광soli Deo Gloria'이 그것이다. 이 중에서 특히 처음 두 개가 두드러진다. '오직 성경'이란 단순히 성경을 소중히 여기자거나, 성경을 많이 읽어야 한다는 차원의 주장이 아니다. 그리스도인의 신앙에서 최종적 판단의 근거는 어디에 있느냐는 물음에 대해 중세 교회가 교황권 혹은 '교회의 전통'이라고 대답했다면 개혁자들은 신앙의 최종적 근거가 '성경'이어야 한다고 보았다. 루터는 『교회의 바빌론 유수』란 책에서 중세 교회가 지켰던 일곱 가지 성사를 거부하고, 오직 세례와 성만찬 둘만 성경적으로 근거가 있는 유효한 것으로 인정했다. '교회의 전통'과 '성경의 가르침'이 모순되거나 충돌을 일으키면 개혁자들은 당대 최고의 권력인 교황권을 성경의 권위 앞에서 상대화시켰다. 개혁자들은 이를 위해서 우선 누구나 성경에 접근할 수 있어야 한다고 보았다. 그들이 라틴어 성경을 자국어로 번역해서 누구나 읽을 수 있도록 하고, 라틴어가 아닌 모국어로 설교해서 누구나 이해할 수 있게 해야 한다고 했던 이유가 거기에 있다. 그들은 또한 성경의 해석 권한을 성직자들의 독점에서 빼어 와서 모든 성도에게 권한이 있다고 주장했다. 모두가 성경 앞에서 한 사람의 해석자로 평등하게 서도록 한 것이다. 제대로 된 해석은 성경의 문맥에 가장 적합한 것이지, 높은 신분이나 신적 권위를 주장하는 방식으로 얻어질 수는 없다고 본 것이다.

'오직 믿음'이란 슬로건은 신학적으로는 '이신칭의'라고 알려진 내용을 지칭한다. 인간이 선한 행위를 축적해서 구원받는 것이 아니고, 예수그리스도를 믿는 믿음으로 구원을 받는다는 개신교 구원론의 핵심을 뜻한다. 그러나 이런 신학적 의미 외에도 '믿음'은 우리가 흔히 '양심'이라고 말할 때 상기되는 의미도 함께 갖고 있었다. 즉 믿음이란 어떤 외부의 강요나 위협으로 강제할 수도 없고, 거짓말이나 달콤한 약속으로 회유할 수도 없는 각 개인의 고유한 신념이란 의미다. 믿는다는 행위는 '그리스도인의 자유'에 속한 것이기에 침해되어서도 안 되고, 무시되어서도 안 되는 것이었다. 종교개혁은 신앙이란 것을 중세의 집단주의적 개념에서 근대에 보편적으로 받아들여지는 개인주의적 개념으로 바꾸었다. 이것은 종교적 신앙이란 출신 지역, 인종, 가문 등과 마찬가지로 이미 주어진 것이라고 생각했던 당시의 전형적 사고와는 다른 것이었다. 성경에서도 예수는 제자들에게 다른 사람들이 자신을 누구라고 하는지 물으신 후에 "너희는 나를 누구라고 하느냐?"(「마태복음」 16: 15)라고 각 개인의 답을 재촉했다. 이때 베드로가 "살아계신 하나님의 아들 그리스도십니다"(「마태복음」 16: 16)라는 신앙고백을 하면서 참된 믿음의 내용이 무엇인지를 보여 주었다고 나온다. 이 대목은 베드로가 고백한 그 믿음의 내용만큼이나 '나는 이렇게 믿는다'는 주체적 신앙고백의 중요성을 잘 보여 주고 있다. 종교개혁을 거치면서 이런 주체적 사고의 중요성은 급격히 강화되었다. 우리가 흔히 '양심의 자유', '종교의 자유', '표현의 자유' 등으로 알고 있는 근대적 자유권의 대부분은 바로 여기서 비롯된다. 침해받을 수 없고, 침해해서도 안 되는 인간의 고유한 원리가 그 내면에 깃들어 있다는 신념이었다. 개신교는 그런 면에서 근대적 민주주의 사상의 토대를 놓았고, 이를 대중적 신념으로 확산시키는 데 결정적 역할을 했다.

한국 개신교의 '오직 성경'과 '오직 믿음'

한국 개신교가 얼마나 종교개혁의 가르침에 충실한지 평가하려면 이 두 개념이 어떤 상황에 처해 있는지를 살펴보아야 한다. '오직 성경'에 대한 강조는 개신교 전래 초기에 선교사보다 번역된 성경이 먼저 한

반도에 들어와 자생적인 신앙 공동체를 형성하고 있었다는 사실에서부터 인상적으로 드러난 바 있다. 그러나 '오직 성경'은 지금 어떤 의미일까? 중세처럼 성경이 라틴어로 쓰여 있어서 읽을 수 없으니 모두가 읽을 수 있는 자국어 성경을 갖도록 해야 한다는 과제는 아니다. 오히려 설교와 신앙 서적의 홍수 속에서 권위 있는 '말씀'을 만나는 경험은 희소해지는 상황이다. 성경은 "기도할 때에, 이방 사람들처럼 빈말을 되풀이하지 말아라. 그들은 말을 많이 해야만 들어주시는 줄로 생각한다"(「마태복음」 6: 7)며 종교적 언어가 번잡해지는 것을 경계한다. 오히려 "하나님 앞에서 말을 꺼낼 때에, 함부로 입을 열지 말아라. 마음을 조급하게 가져서도 안 된다. 하나님은 하늘에 계시고, 너는 땅 위에 있으니, 말을 많이 하지 않도록 하여라"(「전도서」 5: 2)라고 가르쳤고, "나더러 주님, 주님 하는 사람이라고 해서 다 하늘나라에 들어가는 것이 아니다. 하늘에 계신 내 아버지의 뜻을 행하는 사람이라야 들어간다"(「마태복음」 7: 21)고 했다. 경박한 말과 무책임한 말에 대한 경계가 없이는 '오직 성경'의 가치가 높아질 길이 없다. '오직 성경'의 원칙은 단지 설교의 빈도나 강도를 높인다고 드높여지는 것이 아니다. 오히려 설교단에서 자의적 설교를 폐지하고 설교자들이 본문의 의미를 새기는 데 충실한 태도를 가질 때 가능하다. 설교 자체를 하나의 엔터테인먼트로 여기거나, 성경의 내용과는 상관없는 자기 계발 메시지를 전달하는 설교가 많아지는 것은 '오직 성경'의 정신을 정면에서 거스른다. 설교자만 문제가 아니고, 성도들도 스스로 진지하게 성경을 대하는 태도가 필요하다. 자신의 눈으로 성경을 읽고 해석하는 태도가 종교개혁이 지향했던 '오직 성경'의 정신에 부합하는 모습이다. 다행히 성도들이 성경 연구를 하려는 열망이 더 강해지고 있다는 흔적은 다양하게 엿보인다. 한국 개신교권에서는 과거 어느 때보다 고급한 신학 서적들의 출판이 증가하고 있고, 성서 언어나 성서학 서적을 직접 구해서 읽으면서 갈증을 달래는 성도들이 증가하고 있다.

'오직 믿음'도 위기다. 한국 개신교에서는 이 구절을 거의 전적으로 '구원받는 방법' 정도로 이해하고 있다. 전도 소책자로 널리 쓰이던 『사영리』에서는 복음의 내용을 소개한 다음 이를 마음에 영접하라고 권한다. 이때 '믿음'이 필요하다고 가르치는데, 그 믿음은 종종 행함/실천과 멀면 멀수록 바람직한 것처럼 오도되기 일쑤다. 바울신학자 김세윤은 한국 개신교의 구원론이 사실상은 이단으로 비판받고 있는 '구원파'의 것과 차별성이 별로 없는 얄팍한 수준이라고 지적했다.[31] 믿음의 내용이 빈약한 것과는 별개로 그 믿음이 제시되는 방식은 매우 강압적이거나 비윤리적인 회유에 기대는 경우도 많다. 상대를 다양한 방식으로 압박해서 신앙을 받아들이도록 하는 것을 신앙적 열심으로 치부하기도 한다. 어떤 대형 교회는 전도를 많이 한 이들에게 경품으로 다양한 가전제품을 내어놓기도 했다. 복음을 전하기 위해서는 어떤 방식이 사용되는 것도 무방하다는 인식이 한국 개신교의 현장에서는 자주 발견된다. 이것은 '믿음'이 발현되는 올바른 방식인가? '오직 믿음'의 원리가 근대적 민주 사회의 초석이 되었고, 그 원리가 대중적으로 심화 확장되는 공간이 개신교회였다면 한국 사회에서 개신교야말로 민주주의 교육의 장이어야 마땅하다. 의사 결정 과정에서 구성원들의 뜻이 잘 반영되도록 하

---

31 김세윤, 『칭의와 성화』(두란노, 2013).

는 것, 이를 가능하게 하는 토의와 합의의 과정 등은 기본적으로 침해할 수 없는 각자의 신념과 양심을 존중하는 산 교육이다. 우리는 종종 신앙의 이름으로 이를 억압하는 사례를 접한다. 이는 개신교적이라고 볼 수 없다. 종교개혁의 원리에 따르자면 개신교는 양심의 자유, 종교의 자유, 표현의 자유 등의 사회적 옹호자 역할을 수행하는 것이 마땅하며, 개신교는 확실히 신앙적으로 이런 흐름과 친화성을 갖는다. 이는 개신교계가 한국 사회에서 이슬람, 종북, 동성애 등의 이슈에서 혐오 발언이란 비판을 받을 때, '표현의 자유'라며 자신을 옹호하는 수준으로만 이런 가치를 사용하는 것과는 층위가 다른 접근일 것이다. 더 근원적 차원에서 신앙의 개인성과 사회적 인권의 보호 등이 종교개혁적 '오직 믿음'의 원리에서 다루어질 필요가 있다.

3 만인 제사장과 직업 소명론의 함의

모두가 부름 받은 존재

종교개혁의 원리는 곧 '만인 제사장'과 이에서 이어지는 '직업 소명론'으로 자연스레 확장된다. 잘 알려져 있듯 마르틴 루터는 성직자 계급에만 특권적으로 인정되었던 성경 해석권을 모든 성도에게 인정하는 파격을 주장했다. 그는 목회자의 역할 자체를 부정하는 입장은 아니었지만, 여전히 지금도 성경의 해석이나 설교 등에서 일반 성도들이 제한을 받는 상황과 비교해 볼 때 파격적인 느낌은 가시지 않는다. 그러나 이 논의에서 더욱 중요한 부분은 모든 성도의 삶이 신 앞에 드리는 예배적 의미를 갖는다는 신학적 해석이다. 이는 성직자들의 일을 신적 업무로 특권화시키는 것을 부인하는 것이며 동시에 모든 성도의 일상을 거룩함의 차원으로 승화시키는 일이다. 종교개혁이 진행된 북유럽의 여러 지역에서 렘브란트를 비롯한 여러 미술가들이 성화나 귀족들의 초상화가 아닌 평민들의 일상생활을 그림의 소재로 삼는 등 문화적으로도 일상생활의 가치를 재발견하는 작업이 많이 일어났던 것은 잘 알려져 있다.

앞의 장에서 한국 개신교를 지난 40여 년간 추동해 온 주요한 패러 다임으로 '성직주의', '성장주의', '승리주의'를 꼽았다. 이 패러다임은 교회 성장을 위한 총력전을 펼친 지난 시대 개신교 모습을 고스란히 담고 있다. '교회'와 '세상'을 대립적으로 놓고, 교회의 장으로 여겨지는 영역을 확장하는 것이 그 시대의 과제였다. 그러다 보니 이원론적으로 사안을 바라보고, 교회와 세상을 대립적으로 규정하는 것이 너무 자연스러운 상황이 되었다. 종종 양자가 제로섬 게임을 펼치는 것처럼 인식하는 경향이 생긴다. 이것은 매우 아쉬운 일이 아닐 수 없다. 거의 인구의 20퍼센트에 육박하는 개신교인들이 사회와 이해관계를 놓고 다투는 양상으로 가서는 곤란하다. 한국 개신교에 가장 긴급한 일은 직업 소명론적 자기 이해를 확립하는 문제다. 자신이 사회적으로 수행하고 있는 일의 의미를 신앙적으로 해명하는 문제다. 즉 사업가로, 공직자로, 교사로, 의사로, 법률가로, 직장인으로, 주부로 일하는 자신의 일상이 그 자체로 충분한 소명이란 사실을 인식하고 있는가를 묻는 과제이다. 목회자나 선교사가 되는 것에 비해 신앙적으로 열등한 일을 하고 있는 것이 아니란 점을 각자 납득하고 있는지, 자신의 일터에서 수행해야 하는 일이 전도나 선교만이 아니라 그 직 자체를 잘 수행하는 것을 포함한다는 것을 이해하고 있는지 묻는 작업이다. 개신교인은 생업을 위해 마지못해 의미 없는 일을 수행하면서 호시탐탐 전도의 기회를 노리는 방식으로 사회 내에 존재하는 이들이 아니다. 종교개혁의 '만인 제사장'과 '직업 소명론'은 그와는 다른 방식의 삶을 5백 년 전에 요청했던 것이다.

'교계'가 아니라 '기독교 사회'

직업 소명론적으로 일상을 대한다는 말은 개신교인들의 관심사가 좁은 의미의 '교회'로 국한되지 않는다는 것을 뜻한다. 주말에 '교회'에 가는 것이 그의 신앙을 전적으로 담보하는 것이 아니라, 주중에 자신의 삶을 어떻게 살아가느냐가 더 본질적으로 그의 신앙을 드러내는 신앙고백이란 인식이다. 이것이 바로 '하나님 앞에Coram Deo' 삶을 사는 정신이다. 주말 예배 시간에만 하나님 앞에 서는 것이 아니란 의미다. 이는 다른 말로 "하나님 나라는 교회보다 크다"라고 표현할 수도 있다. 신앙생활은 '교회' 안에서 주로 이루어지는 종교 생활로 국한되지는 않는다는 뜻이다. 세상 속에서 벌어지는 모든 일이 하나님의 관심사이고, 성도들의 관심사이고, 이를 감당하는 것이 신앙이고 일상이다.

'한국 개신교'라고 말할 때 아우르는 범주는 과연 어디까지일까? 흔히 '교계'라고 말하는데, 이 경우는 기본적으로 교회들의 집합이고, 교단이나 연합 기구들로 이를 대표하는 방식이다. 이때 교계 지도자란 명칭으로 교단 대표나 대형 교회 목회자들이 일정한 대표성을 행사하게 된다. 그리고 구조적 취약함을 틈타 대표성을 참칭하려는 이들도 나타나곤 한다. 이런 '교회'를 중심으로 사고하는 방식은 편의성이 있는 것은 사실이나, 개신교적 의미로서는 충분치 않다. 오히려 개신교인들이 참여하고 있는 삶 전체가 신앙적 관심의 대상이라면 마땅히 그 영역 전체를 아우를 수 있는 구조는 어떻게 가능한가를 고민해 보아야 한다. '기독교 사회Christian society'라고 부를 만한, 정치-경제-사회-문화 각 영역을 망라한 개신교적 조망을 상상할 수 있다. 해당 영역의 개신교인들이 자신들의 분야에서 공익적 전문성과 신앙적 총체성을 겸비하여 활동하고 있는 모습이 개신교 전체를 포착하는 더 나은 방법일 것이다. 그래서 더 이상은 모든 문제에 대해 일부 교계 인사들에게 의견을 구하는 방식 말고, 정치 문제라면 그 분야의 개신교 전문가에게, 교육 문제라면 교사, 학부모, 교육기관 운영자 등을 찾아서 의견을 묻는 것이 타당하다. 우리가 지금 갖고 있는 '교계'란 범주는 매우 협소하다. 지리적으로는 해외의 이민 교회들을 담지 못하고, 영역적으로는 대학생 선교 단체들이나 신학교, 각 분야의 전문 단체들이 빠져 있는 지역 교회 중심의 구조이며 그마저도 아래로부터의 위임 절차나 연결 고리가 깨어져 있는 부실한 대의 구조다. 이를 넘어설 대안을 모색할 필요가 있다.

4 개신교 생태계

지식 생태계

개신교의 모든 논의를 '교회'로 환원하는 관행을 벗어나려면 한국 개신교권을 구성하는 방식을 다른 각도에서 살펴보아야 한다. 이를 '개신교 생태계'라고 명명하자는 것이 필자의 주장이다.[32] '지식 생태계',

---

32 양희송, 『다시 프로테스탄트』, 제8장, 183~211.

'교회 생태계', '시민 생태계'의 세 층위로 나누어 살펴볼 수 있는데, 개신교권의 지식을 생성, 가공, 유통하는 영역이 '지식 생태계'다. 일차적으로는 신학교와 신학자들이 이 역할을 수행해 줄 대상이지만, 한국의 신학교들이 대체로 '교단 목회자 양성 기관'으로 자임하고 있다 보니 그 범주 너머에서 제기되는 질문에 대답할 책임을 잘 느끼지 못한다. 사회적으로 개신교의 역할과 입장을 묻는 여러 질문이 제기되어도 이에 대답해야 한다고 느끼는 사람과 기구가 없을 수 있다. '지식 생태계'는 개신교가 마땅히 연구하고, 토론하고, 대답해야 할 지식을 다루는 영역이 필요하며, 의식적으로 재구성될 필요가 있다는 주장이다.[33] 이는 기존의 신학교 체제가 일정한 변화를 통해 일부분 감당할 수도 있을 것이나, 이 바깥에 개인이나 단체 차원의 연구 기관, 아카데미 등의 교육기관, 출판사, 언론사, 싱크탱크 등이 대대적으로 보강되어야 가능한 일이다. 현재 한국 개신교 내에 이런 기관들이 없는 것은 아니지만, '지식 생태계'의 형성을 위한 의식적 협력이라기보다는 저마다 각개약진하는 양상이 두드러진다. 생태계적 전망을 따라 자원의 재배치를 논해 볼 시점이 아닌가 싶다.

교회 생태계

'교회 생태계'는 기존의 지역 교회들이 서로 만나고 어우러지는 새로운 관계망을 뜻한다. 지역 교회-노회-총회로 이어지는 교단 정치의

33　양희송, 「복음주의 지성운동의 현실과 과제」, 『복음과상황』 240호(2010. 10. http://www.goscon.co.kr/news/articleView.html?idxno=27538).

구조나 교계 연합 기구 등의 조직이 실질적인 대표성을 갖지 못하고 있고, 지역 교회 자체의 건강한 존립에 도움을 주지 못하는 상황이 지속되어서는 곤란하기 때문이다. 이는 큰 교회와 작은 교회의 만남일 수도 있고, 작은 교회들의 네트워크일 수도 있고, 때로는 도시 교회와 시골 교회가 협력하여 상생 모델을 만드는 경우일 수도 있다. 교계에서는 매년 '작은 교회 박람회'란 이름으로 작은 교회들이 서로 공부하고, 연결하여 도움을 주고 받으며 다양성을 증진시키는 자리도 있고, 이와 관련된 이론적 연구와 사례 연구도 여기저기서 나오고 있다.[34] 중대형 교회들이 과거처럼 백화점식으로 모든 사역을 내부에 다 갖추려는 방식보다 핵심적 기능이 아닌 부분은 외부의 전문 단체와 연결하는 것이 전문성과 다양성을 동시에 충족할 수 있다는 생각도 확산되고 있다. 이것이 아웃소싱이 될 수도 있고, 역할 분담이 될 수도 있는데, 이런 개방성과 접속성은 장기적으로 지역 교회가 몸을 가볍게 유지하면서 핵심 기능에 더 충실하도록 독려하게 될 것이다. 물론 여기에는 교회 자체에 대한 훨씬 전향적인 생각이 등장해야 다양한 방식의 어우러짐이 가능하다.

시민 생태계

'시민 생태계'를 새롭게 형성하는 것도 중요한 과제이다. 그간 개신교계는 고아원을 비롯한 사회복지시설, 병원 등의 의료 시설, 미션스쿨

---

34 "이정배 전 감신대 교수, '작은교회, 자본주의에 물든 교단에 대한 저항", 「경향신문」 (2016. 09. 25. http://news.khan.co.kr/kh_news/khan_art_view.html?artid=201609252129005&code=960206).

을 통해 교육 분야나 다양한 영역의 시민운동 등에서 오랜 기간 역할을 해왔다. 개신교가 갖는 사회적 공신력이나 영향력의 상당 부분은 이런 시민 생태계 내에서 적지 않은 기여를 해 왔다는 존재감에서 기인하는 바가 크다. 그러나 이제 이런 분야의 상당수는 국가의 정책적 지원 아래 새로운 국면으로 진입했다. 서비스의 질이나 운영의 효율성 면에서 과거와 달리 국가나 민간 영역에 비해 비교우위를 계속 지키기는 어려운 것이 현실이다. 각 분야에서 역할을 인정받기 위해서는 단순히 기득권을 지키는 차원이 아닌 지속적 혁신이 필요하고, 새로운 요구에 맞추어 신규 진입도 활발히 일어나야 한다. 시민 생태계와의 연대와 협력을 위해서는 공공의 영역에서 신앙적 실천을 어떻게 해야 하는지에 대한 선이해가 필요하다. 자칫 전도를 위한 수단으로 시민 영역에 뛰어들었다가 비난을 자초하는 경우가 적지 않기 때문이다. 공공성에 대한 헌신이 필요하다.

개신교 생태계는 지식 생태계, 교회 생태계, 시민 생태계가 상호 연계되면서 원활히 작동할 때 최고의 역량을 발휘할 것이다. 애초에 '생태계'란 개념을 도입한 이유는, 이런 모든 작업이 한두 개의 공룡과 같은 초대형 교회들의 자원에 의존하는 것이 바람직하지 않기 때문이다. 많은 이들이 공룡이 되어야 무시도 당하지 않고, 힘도 쓸 수 있다고 생각한다. 그러나 그 공룡조차도 진공 중에 살지는 않는다. 모두가 '덩치를 키워야 한다'고 생각하던 시대에서 벗어나 '저마다의 역할을 잘 감당하면 전체 생태계에 기여하고 있는 것'이란 상생의 상상력으로 전환이 필요하다. 각 개인과 크고 작은 신앙 공동체들이 경쟁하지 않아도, 전체로서 개신교의 기여와 삶이 풍성해지는 것은 모두가 생태계의 한 부분에 참여하고 있다는 인식이 있을 때 가능하다. 그리고 사회와의 관계 설정도 대립적이거나 경쟁적이기보다 더 깊이 참여하고, 더 크게 기여하는 것이 가능한 모델로 나아갈 수 있을 것이다. 개신교 내부에 존재하는 승리주의적 태도로는 타 종교와의 경쟁, 사회와의 긴장으로 점철된 현재 상황을 개선하기 어렵다. 신앙을 부정하고 타협하는 것이 아니라, 개신교적 신앙 이해와 실천을 더 충실히 수행하는 차원에서 이런 문제들이 해소되어야 한다.

5 새로운 교회를 상상하라

고체 교회

교회가 존재하는 방식은 다양하다. 상당히 많은 신앙인이 교회를 상상할 때에 설교자들이 사용하는 강대상, 여러 명이 같이 앉는 장의자, 제단 위의 십자가, 거대한 고딕양식의 뾰족탑, 고급스런 파이프 오르간 등을 떠올린다. 혹은 특정한 언어 습관이나 교인들의 행동양식 등이 연상될 수도 있다. 눈에 보이고, 귀에 들리고, 손에 잡히는 물질적 대상으로 교회가 인식되는 경우를 일컬어 '고체 교회'라고 할 수 있을 것이다. 여기에는 공간성이 중요하다. 교회는 안과 밖이 분명한 공간으로 인식된다. 건물이 중요하다. 쉽게 안정감을 줄 수 있고, 특정한 행동양식이 분명히 포착되어서 누가 속하고, 누가 속하지 않는지를 쉽게 알 수 있다.

가끔 기존 교회의 불통, 경직성, 부조리함을 못 이겨 교회를 떠나거나, 교회 내의 분쟁으로 자신들의 예배를 따로 드리고 있는 이들을 만나는 경우가 있다. 새로운 교회를 만들어 보겠다는 의욕이 크지만, 실제 나온 결과물은 예전 모델을 약간 변형한 수준에 그치는 경우가 많다. 구성원들의 몸은 이동했지만 사고방식이나 행동 양식은 크게 바뀌지 않았으므로 그런 시도를 하다가 마음을 다치기도 일쑤다. 한두 가지 제도나 의식을 바꾸어 보는 것으로는 그리 큰 변화를 일으키지 못한다. 어쩌면 이들은 한 고체 교회에서 다른 고체 교회로 옮겨 가는 방식으로 대안을 찾아왔는지 모른다.

액체 교회

기존의 교회와 다른 존재 방식이 가능할 것이라 생각하는 이들이 '액체 교회'라 이름 붙일 만한 발상의 전환을 시도한다. 교회의 핵심을 특정한 구조나 외형에서 찾는 것이 아니라, 사람들 사이의 상호작용interaction에서 구하는 경우라고 볼 수 있겠다. 교회의 본질은 특정한 장소나 기물이 아니고 함께 모이는 사람에 있으므로, 형식container보다는 그 내용물contents에 집중하자는 발상이다. 덕분에 이들은 매우 다양한 형식을 실험적으로 도입할 수 있고, 창의적 시도를 한다. 해변가에 모여서 '비치 교회'를 해 볼 수도 있고, 산에 올라서 '산상 교회'를 못 할 이유도 없다. 아마 자전거를 타는 이들은 '바이크 교회'를 해 볼 수도 있을 것이다. 서로를 묶어 주는 어떤 기제가 있다면 성도들의 모임을 시도할 명분을 제공할 수 있다. 고체 교회의 구속에 답답함을 느끼던 이들이라면 이런 액체적 시도를 반길 법하다. 물론 이런 유동성은 그만한 위험을 감수해야 한다. 형식이 주는 안정성은 포기하고, 끊임없이 흐를 각오가 필요하다.

고체 교회가 대체로 교회당의 안팎을 공간으로 분할하는 방식에 익숙하다면, 액체 교회는 시간을 분할하는 방식이 훨씬 잘 맞을 것이다. 이들은 주일날 대예배를 중심으로 사고하기보다는, 상상 가능한 다양한 시간대를 활용하려고 할 것이다. 교회 안에 자율적 결정권을 갖는 청년 교회를 따로 두거나 아예 한 건물을 쓰면서도 각자를 서로 다른 교회로 간주하는 수원 원천침례교회 같은 경우도 있다. 주일 모임보다 주중에 각각 모이는 가정 교회가 더 중요한 공동체라고 말하는 나들목교회 같은 곳도 이런 범주에 들어갈 수 있을 것이다. 주말 교회가 아닌 주중 교회에 훨씬 매력을 느낄 가능성이 있다. 교회당 공간보다는 일터와 시장과 놀이 공간, 가정과 학교가 어떻게 성도들의 상호작용을 더 효과적으로 발생시키는지에 관심을 둘 것이다. 모양은 매우 파격적인 형태가 되어도 무방하다. 교회가 카페나 소극장, 서점 등의 공간을 운영하는 경우도 있겠지만, 혹은 스타벅스나 영화관을 빌려 특정한 시간에 모여 예배를 드리는 식으로 전혀 다른 방식의 공간 활용도 가능하다.

또한 사람들의 상호 작용을 중시하려다 보니 관심사가 유사한 그룹의 만남이 강화될 수 있다. 삶의 조건에 따라 싱글을 위한 모임, 신혼 부부를 위한 모임, 어린아이가 있는 젊은 부부 모임 등 기존 교회의 체제에 잘 맞아 들어가지 않는 이들이 별도로 교회를 구성할 수도 있다. 노숙자를 위한 노방 예배나 음악 미술 분야의 창의적 아티스트들의 예배 등은 그 상황에 따라 액체 교회적 방식의 한 유형이 될 수도 있을 것이다. 세월호 참사를 기억하기 위해 광화문에 정기적으로 모였던 개신교인들을 무엇으로 개념화할 수 있을까? 그 이전의 용산 참사를 기억하는 정기 예배에서 이어져 온 이 흐름은 '촛불 교회'라고 불렸다. 그것은 단순한 특별 예배를 넘어서는 어떤 만남과 어우러짐을 거리에 풀어 놓았고, 한국 사회에 꼭 필요했던 교회의 한 존재 방식을 일깨웠다.

기체 교회

교회의 존재 방식을 고체와 액체로 비유한다면, '기체 교회'는 불가
능할까? 최근 한국 사회에 불어닥친 덴마크 열풍을 예로 들어 생각해 볼
수 있겠다. 원래 북유럽의 복지 선진국으로 잘 알려져 있던 덴마크에 대
한 대중적 관심에는 몇 년 전 오마이뉴스 오연호 대표가 쓴 『우리도 행
복할 수 있을까』(2014)가 큰 역할을 했다. 일반 시민들 외에 덴마크를 다
녀온 다수의 개신교인들이 있는데, 흥미롭게도 이들의 반응은 둘로 갈
라진다고 한다. 하나는 덴마크 사회에 교회가 텅텅 비어 있더라는 데에
충격을 받고 덴마크를 세속주의의 정점에 선 국가로 보는 입장이다. 기
독교가 멸종할 상황에 처한 서구 국가를 보며 기독교 몰락의 위기감을
읽어내는 경우다. 이들은 할 수만 있다면 우리나라에서 선교사를 보내
역선교를 해야 하는 것 아니냐는 생각도 한다. 반면에 덴마크의 사회복
지 수준과 그런 변화의 기원에 루터교 목회자 그룬트비Nikolai Grundtvig,
1783~1872 등이 있음을 알고 있는 이들은 상상 가능한 최고 수준의 사회
복지를 이룬 이 국가를 기독교적 가치가 잘 구현된 곳으로 인식할 수는
없을까 생각하기도 한다. 물론 교회당이 텅텅 빈 상황과 연관해서 보면
덴마크가 기독교가 활성화된 사회라고 말하는 것은 매우 낯선 일이긴
하다. 기체는 눈에 보이지도 않고, 손에 잡히지도 않지만 거기에 있음을
부정할 수 없는 존재 양식의 비유다. 공교롭게도 스웨덴, 노르웨이, 네덜
란드 등 북유럽의 주요한 복지국가들이 거의 다 개신교 배경이 강한 국
가들이다. 한국 개신교인의 입장에서는 쉽게 납득하기 어려울지 모르

나, 그 사회는 기독교가 전혀 다른 양상으로 존재하는 한 유형을 반영한다고 생각해 볼 만하다.

비슷한 사례로 일본의 무교회주의자들을 들 수도 있다. 잘 알려져 있듯 일본은 개신교 0.4퍼센트, 가톨릭 0.4퍼센트에 머무는 기독교 불모지이다. 그러나 교세가 극도로 약한 것과는 달리 일본 사회의 기독교에 대한 이해나 평가의 수준은 결코 빈약하지 않을뿐더러 사회적 존중도 높은 편이다. 그 적지 않은 몫은 일제 시대 우치무라 간조와 그의 제자들이 보여 준 '무교회' 신앙에 기인한다. 이들은 기독교 신앙을 서구의 것이 아니라 자신들 스스로의 문제의식을 담은 것으로 되찾고자 노력했고, 그 일환으로 선교사들이나 교단 교파의 제도적 전통에 매이지 않고 성경에만 근거를 둔 신앙을 추구했다. 사회적으로는 천황제에 대한 비판적 태도, 전쟁에 대한 반대 등으로 제국주의 시기에 많지 않은 지식인 저항 세력으로 기능했다. 야나이하라 다다오 같은 이는 동경대 교수에서 해직되는 어려움을 겪기도 했다. 전쟁 후 야나이하라는 복직되어 동경대 총장은 지내기도 하는데, 일본 사회가 사상 어두운 시기를 통과할 때 지식인으로서 제 몫을 감당한 대표적 집단으로 무교회주의자들이 꼽힌다는 것은 매우 흥미로운 사실이다. 이들은 결코 다수가 아니었지만, 근대 일본 사회의 형성에 기독교적 정신을 인상적으로 실천한 이들이었다. 그들의 영향력은 제도 교회로 이어지지는 않았지만, 그 사회에 공기처럼 존재하는 기독교의 존재 양식을 확인할 수 있다.

교회가 존재하는 양상을 고체, 액체, 기체에 비유한 것은 각각의 상태에 우열이 존재한다는 의미는 아니다. 서로 다른 양상은 저마다의 장단점이 있을 따름이다. 고체는 안정감이 있고, 액체는 변화에 능하고, 기체는 훨씬 침투성이 강하다. 반면에 고체는 경직되고, 액체는 불안정하고, 기체는 모으기 어렵다. 교회의 존재 양식을 이런 변화 양상으로 비유하는 것은 우리의 상상력이 하나의 범주에 지나치게 제한되어서 개신교 신앙이 발현할 수 있는 다양한 가능성을 제약할 것에 대한 우려 때문이다. 개신교 생태계는 사람들이 상상하는 것보다 훨씬 다양한 양상으로 발현할 수 있을 것이고, 한국 사회와 역사는 그 만남을 통해 큰 유익을 누릴 수 있을 것이다.

<u>6</u> 평양대부흥에서 3.1운동으로

2007년에 한국 개신교는 평양대부흥 백 주년을 맞았다. 한국 개신교의 원형적 신앙 체험을 형성하는 데 중요한 계기를 제공한 평양대부흥 운동을 되새김으로써 한국 교회의 영적 갱신을 고대했던 여러 움직임이 있었다. 그러나 그 한 해를 돌아볼 때 그런 취지에 걸맞은 시도가 이루어지고 기대했던 결과를 얻었는가는 의문이다. 오히려 월드컵경기장에서 열렸던 기념 집회에서 주강사로 올라와 "내가 죄인입니다"라며 눈물로 호소했던 고 옥한흠 목사는 그 다음해에 "[한국 교회는] 하나도 안 변했다"며 큰 실망감을 드러낸 바 있다. 2019년은 3.1운동 백 년을 맞는 해이다. 어쩌다 보니 한국 개신교는 백 년 전의 역사적 사건을 뒤따라 평양대부흥 운동과 3.1운동을 기리게 되었다. 전자는 한국 개신교의 원형질을 구성하는 경험이란 평가를 받고 있고, 후자는 한국 개신교가 민족의 가장 절실한 염원이었던 독립운동과 강력하게 결합했던 사건으로 인정되고 있다. 한국교회사가 민경배 교수는 이 두 사건을 한국 개신교 신앙이 내연이외연內燃以外延, 즉 내면에서 불타오른 것이 바깥으로 펼쳐져 나아갔던 대표적 사례로 꼽는다.

2017년 종교개혁 5백 주년은 우리가 과거를 기억하는 방식을 반성할 중요한 계기를 제공한다. 한국 개신교가 2007년에 보여 준 내실 없는 복고풍의 회고에 다시 머문다면 매우 안타까운 일이다. 그리고 2019년을 민족사적 맥락에서 재발견하는 기회로 삼으려면 2017년을 지내는 과정에서 어떤 적극적 반전의 계기가 마련되어야 할 것이다. 개신교가 종교개혁이란 자신들의 기원을 상기하고 그 현재적 의미를 살려 내려고 노력하는 것은 개신교 자체에 내장된 개혁의 본능을 유지하느냐 못 하느냐와 연관되어 있는 정체성의 문제다. 개신교의 개신교다움을 재발견하는 것은 개신교 자체의 정체성에도 부합하고, 한국 사회와 역사 속에서 바람직한 존재 방식을 찾는 일과 직결된다. 역사 앞에, 하나님 앞에 늘 갱신되기를 기대한다.

찾아보기